CONECTA TU CEREBRO

La Neurociencia de la Iluminación

4ª edición: julio 2023

Título original: POWER UP YOUR BRAIN
Traducido del inglés por Miguel Portillo Díez
Revisión: José Manuel Moreno Cidoncha
Diseño de portada: Editorial Sirio, S.A.

© de la edición original
2011, David Perlmutter y Alberto Villoldo

Editado originalmente por Hay House, Inc., USA en el año 2011
Para oír la radio de Hay House, conectar con www.hayhouseradio.com

© de la presente edición
EDITORIAL SIRIO, S.A.
C/ Rosa de los Vientos, 64
Pol. Ind. El Viso
29006-Málaga
España

www.editorialsirio.com
sirio@editorialsirio.com

I.S.B.N.: 978-84-7808-804-1
Depósito Legal: MA-716-2017

Impreso en Imagraf Impresores, S. A.
c/ Nabucco, 14 D - Pol. Alameda
29006 - Málaga

Impreso en España

Puedes seguirnos en Facebook, Twitter, YouTube e Instagram.

Cualquier forma de reproducción, distribución, comunicación pública o transformación de esta obra solo puede ser realizada con la autorización de sus titulares, salvo excepción prevista por la ley. Diríjase a CEDRO (Centro Español de Derechos Reprográficos, www.cedro.org) si necesita fotocopiar o escanear algún fragmento de esta obra.

 El papel utilizado para la impresión de este libro está **libre de cloro** elemental (ECF) y su procedencia está certificada por una entidad independiente, no gubernamental, que promueve la sostenibilidad de los bosques.

David Perlmutter y
Alberto Villoldo

CONECTA TU CEREBRO

La Neurociencia de la Iluminación

A nuestras esposas, Marcela Lobos y Leize Perlmutter,
que siempre nos han apoyado, querido y comprendido.

Prólogo

¿Qué tienen en común el chamanismo y la neurociencia? Ambos son fundamentales para la salud y el bienestar personal, la excelencia mental, la conciencia espiritual, el crecimiento y la prosperidad, para mejorar las relaciones personales, para obtener una mejor calidad de vida y para aumentar la capacidad de actuar y contribuir a la sociedad, por nombrar solo algunos de sus múltiples beneficios.

No obstante, rara vez hemos visto usar estas dos palabras —«chamanismo» y «neurociencia»— en la misma frase. ¿Por qué? Porque vivimos en una época de reduccionismo, en la que el campo espiritual y el científico permanecen separados, divididos y divorciados entre sí.

Sin embargo, no siempre fue de esta manera. Durante miles de años, los chamanes también fueron astrónomos, hechiceros y científicos; los buscadores espirituales eran exploradores, y los investigadores se atrevían a asumir nuevos retos. Sus opiniones eran tomadas en consideración por emperadores, caciques, zares, reyes y potentados. Y así continuó siendo hasta el momento en el que los poderes establecidos —los papas y los reyes que detentaban el poderoso *status quo*— etiquetaron a los visionarios de herejes, y decretaron que religión y ciencia debían seguir caminos opuestos.

Por fortuna, la relación entre espíritu y materia, aunque estuvo arrinconada en un segundo plano, nunca acabó de desaparecer totalmente de la conciencia humana. Los científicos siempre han sospechado que existe una conexión, conservada en algún paradigma elemental, entre el alma y el cerebro. Ese pensamiento comenzó a resurgir hace algunas décadas, expresado como la conexión mente-cuerpo-espíritu.

Y ahora dos visionarios —un chamán y un científico— están combinando sus experiencias y habilidades para estudiar, como una unidad, el inabarcable mundo espiritual y científico.

Conecta tu cerebro: la neurociencia de la iluminación es una colaboración entre los doctores David Perlmutter, neurocientífico y neurólogo, y Alberto Villoldo, antropólogo médico y chamán. A diferencia de la mayoría de los científicos que han investigado la meditación y las extraordinarias proezas de los yoguis, ambos tienen experiencia clínica, y han ayudado a incontables pacientes a sanar sus emociones, reparar sus cerebros e iluminar sus mentes.

Por ello, el mensaje de este libro es una combinación de espíritu etéreo y ciencia pura y dura. Y su contenido representa tanto una bendición espiritual como un beneficio físico para el lector, así como para aquellos con quienes comparta esta historia. ¿Por qué? Porque *Conecta tu cerebro* es

PRÓLOGO

una amalgama de verdades chamánicas y profundos hechos científicos.

¿Se atreven David Perlmutter y Alberto Villoldo a utilizar las palabras «neurociencia» y «chamanismo» en la misma frase? ¡Sí! Desde luego que sí. De hecho, la neurociencia y el chamanismo comparten un único tejido, y son hilos que urden el mismo tapiz de la historia y la evolución humanas.

PREFACIO

**David Perlmutter:
exploraciones pasadas y presentes**

Mientras seguíamos al chamán montaña arriba, por el antiguo sendero empedrado creado por los incas hace seis siglos, el silencio era únicamente interrumpido por el sonido de su flauta. Nuestro destino era Ollantaytambo, cerca del Machu Picchu, que no solo es uno de los yacimientos arqueológicos mejor conservados de Perú, sino también un centro de gran importancia espiritual.

Mis compañeros parecían estar animados por su búsqueda espiritual, pero a mí me preocupaban más las intensas palpitaciones que sentía en la cabeza. La alteración que para mi cuerpo representaba viajar con rapidez desde Florida, que se halla al nivel del mar, hasta los Andes, a más de tres mil metros de altitud, hizo que concentrase mi atención en el hecho inevitable de que estaba sufriendo falta de aliento y visión borrosa. Por fortuna, mi esposa y mis dos hijos parecían menos afectados.

Uno de los chamanes que viajaban con nosotros percibió mi agotamiento y me ofreció un puñado de hojas de coca para mascar. Decidí probarlo en lugar de echar mano de la acetazolamida que llevaba en la mochila para contrarrestar el mal de altura. No tardé en sentir la boca entumecida y, en pocos segundos, ¡desaparecieron mis problemas!

¿Cómo sabía ese descendiente de los incas que las hojas de la planta *Erythroxylum coca* ayudaban a eliminar los síntomas del mal de altura? La respuesta más obvia es que era fruto de la sabiduría antigua, pero esa conclusión me satisfizo solo parcialmente. Parecía improbable que algún desdichado antepasado suyo hubiera sido elegido para mascar todas las plantas autóctonas y de esa forma comprobar sus usos medicinales. Mientras tanto, mi compañero estudiaba mi semblante, de forma muy parecida a como yo observo a mis pacientes. Al cruzar nuestras miradas, me di cuenta de que su conocimiento de la hoja de coca no procedía de lecciones aprendidas sino que estaba enraizado en un profundo entendimiento del alma y el espíritu —un concepto difícilmente compatible con mi formación médica occidental y que, sin embargo, me sentí inclinado a aceptar.

Mi viaje por los Andes acompañado de mi familia, fue una iniciativa de mi esposa después de que leyese varios libros del doctor Alberto Villoldo. Precisamente elegimos esa expedición porque la dirigía Alberto, y poco después de mi encuentro curativo tuve la oportunidad de hablar con él. Nuestra conversación fluyó de manera natural, sin presentaciones complicadas, y al cabo de poco tiempo nos vimos inmersos en una charla acerca de la sostenibilidad de las culturas que aparentemente viven apartadas de las coordenadas culturales dominantes. Más tarde, ese mismo día, tras regresar al hotel, le pregunté sobre la capacidad, supuestamente única, del chamán, de acceder a información compleja a través de la intuición.

—Esa ha sido mi misión durante los últimos treinta años —contestó Alberto, y me explicó que el cometido principal de su vida era descubrir cómo unas personas tan humildes podían acumular tan vasto compendio de información—. No es un conocimiento que proceda de otros —continuó diciendo—. Mana de la fuente de toda sabiduría, que es el Gran Espíritu. Los sabios pueden aprovechar ese conocimiento y, hasta cierto punto, todos contamos con el potencial de hacerlo, no solo los pueblos indígenas. Después de todo, siempre ha habido personas en todas las épocas y culturas a las que se les ha considerado iluminadas.

Regresé a mi consulta médica y me ocupé de pacientes con diversos y complicados trastornos cerebrales. En mis tratamientos siempre integraba elementos que hacían referencia a hábitos de vida y regímenes nutricionales, junto con enfoques farmacológicos convencionales. Esta metodología neurológica poco tradicional me permitió obtener una comprensión profunda sobre temas de salud, a la vez que mantenía una actitud mental abierta a nuevas ideas. Sin embargo, continué sintiéndome cuestionado por pacientes que sufrían dolencias que estaban mucho más allá del ámbito de la neurología, como el cáncer, la artritis avanzada, la diabetes y otros trastornos igualmente complicados.

Empecé a concentrarme en el pequeño pero cada vez más abundante número de personas capaces de recuperar la salud, a pesar de habérseles diagnosticado enfermedades incurables. ¿Qué ocurría con esos pacientes para que su situación cambiase? La respuesta se me reveló un viernes por la tarde, tras la consulta con una mujer que sufría de esclerosis múltiple progresiva y crónica, un trastorno cerebral autoinmune e incapacitador.

Hacía años que le habíamos recetado a Beth nuestro tratamiento estándar a base de suplementos nutricionales, ácidos grasos esenciales e inyecciones de nutrientes. Y aunque su deterioro se detuvo en cierta medida, a veces se veía obligada a utilizar un andador e incluso una silla de ruedas. Pero esa tarde, mi equipo y yo nos quedamos de una pieza al verla caminar por el pasillo sin ayuda.

—Te vamos a incluir en nuestra «lista de milagros» —le dije, haciendo referencia al número cada vez mayor de nuestros pacientes cuya mejoría no podía explicar la ciencia médica.

En la sala de exploración, examinamos lo que había cambiado en su vida y a qué atribuía ella su milagroso restablecimiento.

—Llevo años estudiando chamanismo —contestó, escudriñándome el rostro en busca de alguna señal que denotase familiaridad con el término—. Básicamente, he aprendido a aprovechar lo que yo denomino *energía sanadora* —continuó diciendo Beth—. No solo me encuentro mucho mejor en lo concerniente a mi esclerosis múltiple, sino que me siento realmente en paz y positiva con mi vida. Llevo practicando técnicas de meditación desde hace años —explicó—, pero nunca conseguí tener éxito hasta hace tres meses.

Posteriormente a este caso, comencé a darme cuenta de que cada vez inscribíamos a más gente en la «lista de milagros». Y me hice consciente de que, en su mayoría, los pacientes que lograban las recuperaciones más profundas eran aquellos que se hallaban inmersos en algún tipo de práctica meditativa o espiritual. Tanto si repetían afirmaciones, meditaban o rezaban, casi todos ellos conectaban de algún modo con lo que los chamanes denominaron el Gran Espíritu.

PREFACIO

Además de las prácticas espirituales, en nuestra lista milagrosa de pacientes había otras características que empezaron a manifestarse. Muchos adoptaron la costumbre de ayunar de vez en cuando. Casi todos practicaban algún ejercicio físico. Y un número abrumador de ellos tomaba alguna forma de ácido docosahexaenoico (ADH). El uso de este suplemento de omega-3 fue, sin duda, resultado de mi entusiasmo personal por él; en realidad, más tarde descubrí que cuenta con un atributo especial que seguramente jugó un papel mucho más importante de lo que imaginara previamente, a la hora de incrementar la eficacia en los cambios de hábitos de vida de mis pacientes.

Durante los tres años siguientes, mis encuentros con Alberto fueron dando paso a una gran amistad, y ambos nos dimos cuenta de que debíamos colaborar. Supimos con claridad que el acercamiento al Gran Espíritu o Energía Divina —esa fuerza natural a la que llamamos con tantos y distintos nombres— es posible para todos. En cierto sentido, todos somos chamanes, y los hallazgos más avanzados en biología celular están ratificando los cambios de hábitos de vida que, durante siglos, han estado facilitando el camino hacia la iluminación a través de prácticas meditativas, no solo para unos pocos elegidos, sino también para todos aquellos que se toman la molestia de aprender. Nuestra colaboración explora las implicaciones de todo esto, tanto para algunos individuos como para toda la humanidad.

Alberto Villoldo:
viaje desde el laboratorio cerebral hasta la iluminación

Con el tiempo, me acostumbré al hedor del formol. Hediondas cubas de veintidós litros contenían todo tipo de cerebros —de ovejas, de vacas, de humanos...— pero era el único lugar en el laboratorio del Departamento de Biología de la Universidad Estatal de San Francisco en el que podía trabajar a placer. Y así, en esas condiciones, rodeado de cientos de cerebros, fue como llevé a cabo mis investigaciones acerca de cómo la mente sana o crea enfermedades psicosomáticas, y de cómo los chamanes pueden curar diversas dolencias.

Un día, dos años después de iniciar mis investigaciones, advertí que había estado observando la mente desde una perspectiva errónea. Había intentado comprender una tradición espiritual de los indígenas americanos observando cambios en el cerebro y en la química sanguínea. A la semana siguiente, dimití de mi puesto en la universidad y cerré el laboratorio. Y antes de que el mes hubiese finalizado, había comprado un billete de ida a la Amazonia peruana para estudiar a los chamanes en su entorno. Mi mejor amigo, un estudiante de medicina, me regaló un enorme cuchillo de caza, acompañado de una nota que decía: «Tal vez lo necesites en el Alto Amazonas». Todo el mundo que me conocía, incluyendo mi propia familia, creyó que estaba loco al lanzar por la borda una prometedora carrera profesional en el mundo académico para seguir el sueño atolondrado de llegar a ser explorador y aventurero. Yo mismo tenía mis propias dudas y reservas, pero no las compartí con nadie. Era un chico de ciudad que nunca había puesto un pie en la selva. Pero había algo de lo que sí estaba seguro: no iba a encontrar respuestas sobre la mente en un laboratorio.

Me pasé los veinticinco años siguientes viajando y estudiando con los sabios más renombrados de América. Durante esa época fui testigo de sanaciones extraordinarias de personas a las que la medicina occidental habría abandonado, y que, sin embargo, habían recuperado la salud a través de lo que solo puedo considerar como milagros o remisión espontánea. Con el tiempo me convertí en aprendiz de los chamanes, y estudié sus prácticas y metodologías sanadoras. No obstante, una parte de mí seguía sintiéndose como un extraño en aquel mundo. Un anciano indio con el que trabajé durante muchos años, un hombre que con el tiempo se convertiría en mi mentor, me explicó:

—Eso es porque tu Dios es un Dios descendente. Desciende de los cielos en raras ocasiones para entrar en contacto con quienes habitamos la Tierra, mientras que nuestra divinidad es ascendente, se eleva de la Tierra como el maíz dorado y reside entre nosotros. Nuestra fuerza creativa se conoce como Pachamama, la Madre Divina.

Los sabios con los que estudié trabajaban con la Madre Divina, una energía o inteligencia con la que podían interaccionar a fin de sanar a sus pacientes. Creían que nosotros mismos *somos* esa energía divina encarnada en la materia, similares a lazos de luz solar que se enroscan alrededor de los troncos de los árboles y que luego liberan su luz, cuando ponemos un tronco en la hoguera. Afirmaban ser capaces de *ver* emanaciones de esta energía rodeando el cuerpo de una persona en forma de matriz luminosa. Y aseguraban también que los puntos oscuros de la matriz indicaban la presencia de enfermedad, aunque dicha enfermedad no se hubiese manifestado todavía en el cuerpo físico.

Al cabo de muchos años, también aprendí a *sentir* este campo luminoso y a comprender el concepto de los chamanes de que todo ser vivo está interconectado a través de haces de luz. Al principio, mi mente científica tuvo que aceptar este concepto explicándome a mí mismo que comemos animales que, a su vez, se alimentan de hierba que se nutre de la luz del sol. Recordé que la clorofila convierte la luz en hidratos de carbono, como el trigo y otros cereales, y que nosotros reconvertimos los hidratos de carbono en luz dentro de nuestras células para obtener combustible a través de un proceso denominado ciclo de Krebs. Con el tiempo, mi cerebro lógico relajó su dominio sobre mi conciencia, y pude percibir de manera más directa la onda luminosa de toda creación.

Asimismo, con el paso del tiempo aprendí que los traumas dejan una marca casi indeleble que un sanador puede percibir en el campo lumínico de sus pacientes. Los curanderos creen que eso marca una experiencia de salud o enfermedad durante toda la vida, como una cruz con la que cargamos cada uno de nosotros. Un chamán puede ayudar a las personas a aligerar su carga, tal vez incluso a permitirles comprender las lecciones que necesitan asimilar a partir del trauma que experimentaron, pero dependerá de cada una de ellas elegir si cargan su cruz con ligereza, si se libran de ella o si se la hacen demasiado pesada y acaban aplastadas bajo su peso. Según los chamanes, la manera de limpiar esas marcas y despojarse de la carga que define nuestra personalidad y salud es curando nuestras emociones dañinas a través de la medicina de la energía.

Aprendí la práctica de la medicina de la energía durante los años que compartí con los chamanes, y ahora la imparto a estudiantes de Estados Unidos y Europa. Nuestros alumnos aprenden a utilizar técnicas sanadoras eternas para ayudar a amigos, familiares y clientes. Como chamanes modernos, también sabemos que si una persona quiere curarse de una enfermedad y liberarse e iluminarse verdaderamente, es esencial robustecer la fuerza vital femenina interior. Eso requiere ayunar, rezar y meditar, combinándolo con el uso de hierbas y plantas curativas.

Durante los años que pasé estudiando a los chamanes, aprendí acerca de su creencia en la Madre Divina que todos tenemos el potencial de descubrirla en la naturaleza. No se trata de la imagen de un anciano barbudo que yo tenía asociada con «Dios». Más bien consiste en una fuerza que anima toda la creación, un mar de energía y conciencia en el que todos nadamos y del que todos formamos parte. Llegué a comprender que nuestras nociones occidentales acerca de lo divino tal vez sean una versión masculina de esta fuerza vital que insufla a todas las células de nuestro cuerpo, que anima a todos los seres vivos y que incluso alimenta a las estrellas. Los chamanes me ayudaron a desarrollar una relación original y plena con el poder de Pachamama.

En 2006, durante una de mis primeras expediciones a los Andes, conocí a David Perlmutter. Me llamó la atención mientras subíamos por los antiguos escalones de piedra incas para llegar al templo del Viento, cerca de la población de Ollantaytambo. Le faltaba el aliento pero le ayudó mucho mascar hojas de coca, que los habitantes del lugar consideran medicinales. Recuperó el paso y el humor, y más tarde entablamos conversación de manera cómoda y fácil, como si nos conociésemos de siempre.

Había oído hablar de David y de su obra desde hacía años, y me encantó saber que también le interesaban las prácticas curativas indígenas. Mientras charlábamos ese primer día, mencioné lo importante que era restaurar la fuerza vital femenina para el concepto chamánico, y vi que su rostro se iluminaba repentinamente.

—Sí –dijo–. Son las mitocondrias.

Al oírle decir eso, casi me caigo de la silla. Ahí se hallaba el vínculo entre las antiguas prácticas chamánicas y la neurociencia moderna. Recordé que heredamos nuestras mitocondrias únicamente de nuestra madre. Ese era el principio –en el interior de cada una de las células de todas las criaturas vivas– de la fuerza vital femenina de la que hablan los sabios. Me sentí muy emocionado cuando habló acerca de la manera en que esas factorías de energía se venían abajo a causa del aluvión continuado de estrés proveniente de nuestras agitadas vidas y de las toxinas bioquímicas como el mercurio, los pesticidas y la polución del agua y el aire. David apuntó que las antiguas prácticas chamánicas, la oración, el ayuno y la meditación, así como los suplementos alimenticios a base de hierbas especiales, ayudan a restablecer la función mitocondrial.

Cuanto más hablábamos, más obvio nos parecía que existían muchos elementos de la curación *antigua* y de las prácticas espirituales que podían describirse en términos neurológicos *modernos*. La fuerza vital femenina de Pachamama podía descubrirse en las mitocondrias; las huellas de los traumas en nuestro campo energético luminoso corresponden a redes neuronales cerebrales que producen emociones nocivas y definen nuestra personalidad.

¡Qué alegría! Ahí tenía el elemento perdido que se me había escapado en el Amazonas pero que había estado siempre cerca de mí durante mi época en el laboratorio, oculto entre los estantes repletos de cerebros conservados en compuestos químicos.

El hecho es que, aunque tuve éxito a la hora de trasladar antiguos métodos curativos chamánicos a prácticas científicas, y mis estudiantes y pacientes de la Healing the Light Body School describieron extraordinarias transformaciones vitales, a otros les resultó muy difícil liberarse de sus creencias y emociones destructivas. A mis estudiantes también les resultaba imposible llevar a cabo lo que yo había hecho durante esos veinticinco años en la Amazonia y en los Andes, es decir, ayunar durante muchos días en la selva alimentándome únicamente con determinadas cortezas de árboles y bayas.

David conocía ricos nutrientes cerebrales que podían conseguir lo mismo, tal vez incluso de manera más precisa y sobre todo más eficaz, que las rigurosas dietas prescritas por los chamanes. Sabía cómo reparar las mitocondrias y restaurar la fuerza vital femenina. Sabía cómo preparar el cerebro para la iluminación. Por mi parte, yo había estudiado en profundidad las prácticas chamánicas y yóguicas que podrían ser de ayuda a la hora de cambiar las funciones superiores de nuestro cerebro, sanándolo de traumas y llevándolo a experimentar la alegría.

¿Y si uníamos esas metodologías para impulsar a nuestros estudiantes y pacientes a curar sus cerebros, restablecer la salud y liberarse de emociones destructivas como la cólera y el miedo?

INTRODUCCIÓN

Iluminación, ese estado tan difícil de alcanzar ha sido el centro de atención de algunas de las más grandes mentes de la historia. Miles de personas han dedicado sus vidas a ir en pos de ella. Vemos imágenes de monjes sentados serenamente en cojines de meditación, de monjas arrodilladas rezando, de chamanes viviendo en las selvas amazónicas... Y aunque esas representaciones de seres iluminados puedan ser acertadas, también implican que ese anhelado estado queda reservado a unos pocos privilegiados.

Creemos que solo pueden alcanzar la iluminación todos aquellos que estén dispuestos a dedicar el tiempo y el esfuerzo necesarios para su consecución. Sin embargo, conseguir este estado no requiere una forma de vivir incompatible con la supervivencia en el mundo moderno occidental. Y las recompensas de la iluminación no se limitan a la conquista del conocimiento espiritual disfrutado por el místico contemplativo. También puede alcanzarlas un científico innovador al descubrir la secuencia del ADN, un chef imaginativo al preparar una comida deliciosa o un artista intuitivo al crear una obra inspiradora. Creemos que la iluminación permite a todo el mundo la posibilidad de tener capacidad de innovación, una extraordinaria creatividad y paz interior.

También creemos que la búsqueda de la iluminación puede acelerarse siguiendo una práctica enfocada en despertar la energía de un cerebro superior. Cuando se ponen en marcha las funciones de esta mente superior, contamos con el potencial necesario para cambiar nuestras vidas, tanto espiritual como biológicamente.

Pero para obtener ese deseado estado de conciencia, no solo debemos dominar antiguas técnicas, sino también restablecer la salud cerebral a nivel celular. Esos dos objetivos están consustancialmente unidos.

UN CEREBRO MARAVILLOSO

Aunque se trata de emociones comunes, la cólera, el miedo, los celos, la codicia y la aflicción socavan nuestra paz interior y nuestra autoestima. Pero incluso durante un retiro de meditación de fin de semana o durante un paseo en el sosiego y la paz del bosque, la mente continúa persiguiendo pensamientos, creando listas con asuntos pendientes y agobiándose por cuestiones que o bien no se han acabado, o bien no terminan de resolverse. Por mucho que intentemos sentarnos tranquilamente y vaciar nuestra mente de pensamientos, esta continúa gravitando alrededor de asuntos pendientes que pertenecen a nuestro pasado.

Conecta tu cerebro te ayuda a comprender por qué, en lugar de operar a su nivel óptimo, tu materia gris prefiere confiar

INTRODUCCIÓN

en las redes neurológicas creadas por las regiones cerebrales prehistóricas centradas en la supervivencia: el cerebro reptiliano y el cerebro límbico. También te enseña a superar las emociones nocivas de tus viejas conexiones, el condicionamiento basado en experiencias negativas del pasado. Al curar el cerebro prehistórico, pones en marcha estructuras cerebrales más nuevas, elevadas y evolucionadas —el neocórtex y, especialmente, el córtex prefrontal— que te ayudarán a eliminar de tu vida el miedo, la mentalidad victimista y la ira. Eso se consigue creando nuevas redes neuronales.

Hasta hace bien poco, la mayoría de los investigadores de este órgano sostenían que, aunque es maleable en los primeros años de desarrollo del niño, la oportunidad de cambiar sus conexiones desaparece alrededor de los siete años de edad. Aunque es cierto que el cerebro de un feto o de un niño pequeño es como una esponja seca con el potencial de empaparse de todos los conocimientos, creencias y comportamientos que necesita para sobrevivir en su nuevo entorno, recientemente se le ha dado la vuelta a la premisa de que no puede reconectarse después de cierta edad.

Investigaciones neuronales de vanguardia confirman ahora que podemos cultivar nuevas células cerebrales y cambiar las redes actuales. Una vez que les proporcionamos a nuestras neuronas los nutrientes específicos que se hallan ausentes en la dieta cotidiana y nos embarcamos en nuevas y estimulantes actividades, podemos establecer nuevas conexiones neuronales que nos ayuden a transformar creencias y comportamientos condicionados, y así, recuperar las sensaciones olvidadas de alegría, optimismo y tranquilidad.

Para lograr estos beneficios, debes empezar sabiendo cómo funciona el cerebro y cómo se han puesto en peligro tus mitocondrias.

UN CUERPO SANO

En el lenguaje de la neurociencia, la iluminación es la condición de funcionamiento mitocondrial y cerebral óptimo que nos permite experimentar tanto bienestar como paz interior, así como la necesidad de crear e innovar. Las mitocondrias son las fábricas de energía que operan en el interior de tus células. Afectan a tu estado de ánimo, a tu vitalidad, a tu proceso de envejecimiento e incluso a las posibles causas de tu muerte. También se encargan de la eliminación de las células viejas y su sustitución por otras nuevas, una función que tiene lugar de manera automática, sin que seas consciente de ello.

Las mitocondrias son influidas por los alimentos que consumes, las calorías que ingieres, el ejercicio físico que realizas y la incorporación a tu dieta de nutrientes específicos.

Conecta tu cerebro te dará acceso a claves que se hallan codificadas en tu ADN mitocondrial y que, hasta el momento, han estado protegidas con «contraseñas» debido a la incapacidad para invertir los daños causados al cerebro por los radicales libres. Cuando descubres ese código, te liberas del periplo plagado de enfermedades que padecen tantos occidentales desde la cuna hasta la tumba. Al restaurar las mitocondrias, las células podrán expresar la información genética que fomenta la salud cerebral y la longevidad física, y no tendrás que seguir perpetuando las dolencias y traumas de tu herencia genética.

EL PROGRAMA *POWER UP YOUR BRAIN*
(Conecta tu cerebro)

Las zonas azules son regiones del planeta donde existe un diez por ciento más de personas que han alcanzado los cien años de edad que en Estados Unidos. Dan Buettner, escritor e investigador de *National Geographic*, escribió un libro sobre este fenómeno e informó que esas personas compartían ciertos rasgos, como la reducción de calorías —comen el 25% menos de lo necesario para sentirse ahíto—, la exclusión de la carne y los alimentos procesados, y el encaminamiento de sus vidas hacia un sentido y un propósito[1]. Buettner cita un estudio científico danés sobre los gemelos que indica que la herencia genética influye menos del 25% en la salud y la longevidad de una persona. El 75% restante viene determinado por factores relativos al estilo de vida: lo que comes, cómo amas y eres amado, la cantidad de ejercicio que practicas y cómo descubres el sentido de tu existencia.

Los factores relativos al estilo de vida modifican nuestra expresión genética al detener los genes que nos predisponen a la malignidad y la enfermedad. Las mitocondrias regulan el encendido y apagado de esos genes. Así pues, para vivir más y mejor, debemos optimizar su funcionamiento.

En nuestras instalaciones —el Centro de Medicina de la Energía de Los Lobos, en Chile, y el Perlmutter Health Center de Naples, en Florida— ayudamos a nuestros pacientes a restablecer sus mitocondrias para reparar sus cerebros. Nuestros protocolos utilizan glutatión intravenoso y oxígeno hiperbárico para optimizar la función mitocondrial, así como alimentos y suplementos que ayudan a revertir los daños infligidos al cerebro durante nuestras vidas estresantes. Hemos descubierto que las mitocondrias, la mente y el cerebro responden con extraordinaria rapidez a esas intervenciones. Luego, a través de prácticas meditativas chamánicas, podemos recuperarnos de nuestras emociones negativas y descubrir la paz interior.

Pero para conseguirlo no has de participar en uno de nuestros programas intensivos de siete días. En *Conecta tu cerebro* presentamos un método para ayudarte a lograr lo mismo: sanar tus mitocondrias y renovar tu cerebro para lograr paz y alegría en lugar de sufrimiento. Combinamos dos estrategias complementarias: nutrientes cerebrales específicos, sumados a ayunos y prácticas iluminadoras. Los neuronutrientes recomendados por el doctor Perlmutter operan reparando regiones del cerebro que se han visto afectadas por el estrés, los traumas psicológicos y las enfermedades cerebrales degenerativas, posibilitando el crecimiento de nuevas células cerebrales y activando los genes responsables de la longevidad, la mejora inmunitaria y el funcionamiento cerebral. Y las prácticas iluminadoras introducidas por Alberto Villoldo ayudan a despertar regiones cerebrales que permiten la manifestación natural de la paz, la compasión, la innovación y la alegría. Todo ello te posibilitará el establecimiento de nuevas redes neuronales de alegría y bienestar.

Utilizando este programa puedes desarrollar los dones antaño atribuidos a unos pocos privilegiados. Y de paso, dispondrás de la oportunidad de alcanzar otros beneficios para tu salud, como la reducción del riesgo de padecer devastadoras enfermedades cerebrales, cáncer, trastornos cardíacos y Parkinson; la eliminación de debilitadores cambios de humor; la interrupción de pautas malsanas, tanto emocionales como de comportamiento; la superación de recuerdos dolorosos y traumas pasados; una potente claridad de pensamiento, y el potencial de una longevidad máxima. Y todo ello sin utilizar medicamentos.

Cuando reparamos nuestros cerebros y eliminamos nuestras emociones negativas, nos acercamos a un estado de salud y bienestar personal. Después, podemos manifestar las cualidades atribuidas a los seres iluminados: paz interior, sabiduría, compasión, alegría, creatividad y una nueva visión de futuro.

CAPÍTULO **1**

LA **N**EUROCIENCIA DE LA **I**LUMINACIÓN

¿Puede cumplir la neurociencia las promesas hechas por la religión: liberarnos del sufrimiento, la violencia, la pobreza y la enfermedad? ¿Puede ofrecernos una vida en la cual reine la salud, la paz y la abundancia?

Los compromisos de todas las religiones del mundo son tan universales que es probable que los anhelos de felicidad, paz interior y bienestar estén completamente incrustados en el cerebro humano y se hayan convertido en un instinto social tan potente como el de procreación. La Biblia, el Corán y las escrituras budistas e hinduistas enseñan que podemos alcanzar un estado paradisíaco después de la muerte, al final de los tiempos, tras muchas reencarnaciones o como resultado del esfuerzo y el mérito personal. A este estado de liberación se le conoce como gracia o cielo en las religiones cristianas y paraíso en el islamismo, mientras que las tradiciones orientales se refieren a él como despertar o iluminación, y utilizan diversos términos como *samadhi, mukti, bodhi, satori* y *nirvana*.

Pero ¿y si la gracia, el *samadhi* y la iluminación estuvieran realmente basados en las ciencias biológicas? ¿Y si fuesen estados de un nivel y una complejidad superiores, creados por circuitos programables en el cerebro? ¿Y si esos circuitos pudieran facilitar la realización de toda una vida plena de felicidad, de paz, salud y bienestar, ahora, en este mundo físico, y no en un hipotético y distante futuro o más allá?

LA MATRIZ ENERGÉTICA

En 1930, los chamanes dogón, del África occidental, informaron a dos antropólogos franceses de la existencia de otro sol, compañero de Sirio: la estrella Canis Majoris. Este cuerpo celestial no podía verse a simple vista, y los chamanes no tenían acceso a telescopios sofisticados. No obstante, lo describieron como un astro extremadamente pesado, que orbitaba alrededor de Sirio siguiendo un recorrido elíptico y que para completar un ciclo necesitaba de medio siglo. Cuarenta años más tarde, unos astrónomos con potentes telescopios identificaron la estrella y la llamaron Sirio B.[1]

Existen muchos otros ejemplos de descubrimientos de conocimiento aparentemente imposible. Por ejemplo, los sabios amazónicos afirman que, tras ayunar y rezar durante la búsqueda de visiones, fueron las mismas plantas las que les enseñaron a sus antepasados a preparar el curare, una neurotoxina utilizada para cazar y también, hoy día, empleada en la anestesia moderna.

El curare contiene venenos mortales procedentes de la corteza del *Strychnos toxifera* y de otras flores menispermáceas, en especial de la *Chondrodendron tomentosum*. El método más común de preparación consiste en cocer lentamente las raspaduras de la corteza del *Strichnos* y de estas flores durante exactamente setenta y cinco horas, tras lo cual la mezcla se convierte en una pasta almibarada y oscura. Si durante la cocción sus vapores perfumados son inhalados, los músculos que participan en el movimiento respiratorio se relajan y dejan de responder, provocando la muerte instantánea por asfixia. Por esa razón, los hombres que la preparan observan el proceso desde una distancia segura para evitar inhalar los gases. Una víctima de envenenamiento por curare es horriblemente consciente de su imposibilidad de respirar, y testigo lúcido de sus convulsiones corporales y su incapacidad de moverse o pedir ayuda. Sin embargo, resulta sorprendente que *después* de ser preparado, el curare pueda tocarse y amasarse sin problemas, convirtiéndose en una pasta inocua, aunque se trague. No obstante, si entra en contacto directo con la sangre, es mortal, como cuando se aplica a las puntas de las flechas que atraviesan la piel de las víctimas.

¿Cómo se enteraron los chamanes de este efecto? Resulta estadísticamente imposible descubrir la fórmula del curare a través de ensayos, lo cual subraya la afirmación de los chamanes de que acceden a información sobre el mundo natural —de la propia biosfera— aprovechando la sabiduría invisible de un campo energético que penetra todo aquello que está vivo. Esta red de vida, a la que denominan la Madre Divina, es un sistema de energía viviente que sustenta e informa a todas las criaturas. Es, en esencia, una matriz de energía que conecta a todos los seres vivos. Este concepto está regresando a las mentes de la comunidad científica, cuyos miembros empiezan ahora a replantearse la idea del espacio como un enorme vacío. En lugar de ello, cada vez son más los físicos que consideran que el espacio no está vacío, sino repleto de energía: la radiación cósmica procedente del *Big Bang*, los palpitantes campos electromagnéticos y la gravedad. ¿Podría esa energía ser también un enorme repositorio de información?

LO FEMENINO A TRAVÉS DE LA HISTORIA

Los pueblos de la antigüedad reconocieron y veneraron el poder de la divinidad femenina en sus múltiples formas, como en el caso de los chamanes con la Madre Divina. Durante milenios, antes del advenimiento del alfabeto, hubo culturas en todo el mundo, desde el valle del Indo hasta Europa central, que reverenciaron a la diosa. En la India lleva mucho tiempo venerándose a Kali como la Gran Madre y la realidad esencial. En Grecia, Hera representó una divinidad maternal mucho más antigua, tal vez relacionada con la diosa sumeria Inanna, mientras que la diosa Deméter, adorada en los Misterios Eleusinos, fue la Gran Madre de la agricultura y las cosechas.

En Europa central, las primeras representaciones de la Gran Madre son piezas de piedra y hueso a las que colectivamente se llama estatuillas de Venus. La más conocida es la Venus de Willendorf, un símbolo de fertilidad de grandes pechos y caderas que recibe el nombre de una aldea de la zona central de Austria, en cuyas cercanías se encontró. Esta estatuilla fue tallada hace unos veinticinco mil años en piedra caliza y teñida de un color rojo ocre que no pertenece a la zona, lo que sugiere que tal vez fuera una valiosa posesión traída de otro lugar por un peregrino. Por toda la zona se han descubierto estatuillas parecidas, en tal cantidad que algunos antropólogos están convencidos de que señalan una época en la que la forma femenina era la única representación de lo divino.

Marija Gimbutas, arqueóloga conocida por su investigación de las culturas neolíticas europeas, ofrece una evidencia muy convincente acerca de que el núcleo central de Europa, situado en lo que en la actualidad es Ucrania y el sur de Rusia, fue antaño invadido por pueblos indoeuropeos. Estos fieros guerreros montaban a caballo, un animal recién domesticado, y por ello vencieron con facilidad a los agricultores neolíticos adoradores de la diosa. A los invasores se los conoció como los miembros de la cultura del «hacha de guerra», porque en las tumbas de sus guerreros depositaban un hacha de piedra, que en aquella época era fútil como arma pero que poseía un valor simbólico.

Cuando llegaron los pueblos del «hacha de guerra» a Europa, alrededor del 3000 a. de C., la mitología de la Gran Madre fue sustituida por la de una divinidad masculina, y la representación de lo divino pasó a ser el falo o el árbol de la vida. La principal divinidad del panteón indoeuropeo es Dieus, Dios del Cielo, al que se llamaba Padre del Cielo o Padre Luminoso. El nombre *Dieus* es la raíz de la palabra latina para divinidad, *deus*. En Grecia, Dieus se convertiría en Zeus, y en Roma, en Júpiter.

LA PÉRDIDA DE LO FEMENINO

Con las primeras tablillas cuneiformes sumerias, la escritura del Indo y los jeroglíficos egipcios de alrededor del 3000 al 2500 a. de C., al principio de la Edad del Bronce, los escribas de ese período empezaron a registrar las historias de los líderes militares y los cantos de los poetas. Los relatos de los sucesos históricos comenzaron a considerarse hechos indiscutibles y a sustituir a las leyendas, que eran una mezcla de hechos y mitos transmitidos entre generaciones a través de una rica tradición oral. Los dioses masculinos del cielo, como Zeus, Yahvé, Thor y Shiva, fueron poco a poco dominando sobre las tradiciones femeninas y las diosas terrenales.

La gente no consideraba ya la naturaleza como la manifestación de la divinidad, sino como fuente de recursos: bosques para construir casas y barcos, terreno para ser cultivado y animales que se criaban para proporcionar alimento. Empezó a prevalecer una visión mecanicista de la naturaleza, al tiempo que los alquimistas cedían el terreno a los químicos, y los astrólogos a los astrónomos. Con la llegada de la física newtoniana a finales del siglo XVII, cualquier fuerza que no pudiera ser explicada por la ciencia se descartaba y se veía como superstición.

La medicina nació a partir de esa visión del mundo. En lugar de confiar en remedios naturales para curar las dolencias corporales, los médicos se volcaron en los medicamentos sintéticos y la cirugía. La visión científica sustituyó al mundo misterioso de los antiguos. La invención del microscopio permitió que los científicos investigasen lo que antes se consideraban «espíritus» invisibles que causaban enfermedades y los clasificasen como microbios.

Más tarde, los investigadores descubrieron el código genético y empezaron a acariciar la idea de que el ser humano podía controlar la salud de la misma manera en que controlaba la naturaleza. Los genetistas hallaron la manera de manipular los genes y controlar las dolencias con medicamentos.

En la actualidad, los médicos occidentales parecen estar demasiado concentrados en responder reflexivamente a los problemas físicos que creen que subyacen a las enfermedades de sus pacientes. Tanto si la causa es un agente infeccioso latente como un desequilibrio químico, el facultativo y el paciente suelen considerar el talonario de recetas como el único medio para tratar una enfermedad, ignorando así la cuestión fundamental en el tratamiento de un paciente: su singularidad.

EL REGRESO A LO FEMENINO

Y no obstante, el péndulo ha comenzado a regresar a la creencia en un universo interconectado y en la importancia de lo divino femenino. Científicos contemporáneos, tales como el premio Nobel Erwin Schrödinger, el neurocientífico Humberto Maturana y el físico Francisco Varela, han sugerido la interrelación de todas las partículas del universo.

En física, podemos descubrir evidencias sobre esta interrelación en la noción del entrelazamiento cuántico. Las evidencias indican que cuando dos partículas se crean juntas, como sucede a través de la descomposición radiactiva de otras partículas, permanecen unidas, o entrelazadas, por muy alejadas que pudieran estar entre sí. Las variables en la condición de cada partícula permanecen indeterminadas hasta que se las observa y evalúa. Por ejemplo, cuando una partícula entrelazada tiene una carga positiva, su compañera tendrá una carga negativa. Invertir la carga en una provoca una inversión instantánea en la otra. Eso desafía las leyes de la relatividad general porque implicaría que una señal puede desplazarse a mayor velocidad que la luz. No obstante, el concepto del entrelazamiento es coherente con las leyes de la mecánica cuántica, que describe un universo en el que las interacciones distantes no solo se permiten, sino que son comunes. Se cree que la mecánica cuántica únicamente se puede aplicar a partículas subatómicas porque los efectos cuánticos no son observables a una escala mayor. Pero tanto Stuart Hameroff, anestesista y profesor de la Universidad de Alberta, en Canadá, como Jack A. Tuszynski, físico, también de la Universidad de Alberta, sugieren que el proceso cuántico —a un nivel mayor que el subatómico— podría estar sucediendo en el interior del cerebro.[2]

Un modelo científico ampliamente aceptado afirma que la conciencia surge como resultado del «poder computacional» —la capacidad de procesar la información— del cerebro humano. Hameroff estudia los microtúbulos, componentes estructurales de las células que transportan nutrientes desde el cuerpo celular hasta los axones terminales. En sus investigaciones, el profesor explica que la anestesia funciona a través de un efecto sobre los microtúbulos neuronales. La correlación entre conciencia y capacidad de procesado condujo a Hameroff a considerar que esos microtúbulos podían actuar efectivamente como módulos procesadores de información, lo cual multiplicaría las actuales estimaciones sobre las capacidades humanas de procesado en más de un millón de veces. De ser así, este simple poder de procesamiento de información podría ofrecer a los seres humanos el «ancho de banda» mental necesario para estar en comunión con la biosfera, es decir, aprovechar la información de nuestro universo interconectado. A partir de investigaciones como esta, los científicos están descubriendo modelos para esclarecer lo que los chamanes y los visionarios han explicado de manera tan elegante y sencilla en el pasado: nuestra capacidad de mantener un diálogo activo con la naturaleza.

TU MENTE «COMPUTACIONAL»

El número de neuronas del cerebro es de diez elevado a la undécima potencia —es decir, un uno seguido de once ceros—, o más concretamente de ¡cien mil millones! Con cerca de diez mil sinapsis en cada neurona grande y con una tasa de conmutación cercana a las mil veces por segundo, esto significa que la cantidad de operaciones que el cerebro puede procesar por segundo es de diez elevado a la decimoctava potencia.[3] Aunque es un número increíblemente colosal, se convertiría en una nimiedad si los microtúbulos neuronales actuasen como subunidades de procesamiento. Con más de cien millones de microtúbulos en cada neurona, el aumento de la capacidad de procesamiento del cerebro se torna gigantesco.

Pero aunque el número de cálculos que el cerebro humano puede llevar a cabo sea de diez seguido de dieciocho ceros o de diez seguido de veintisiete ceros, lo cierto es que no reviste tanta importancia como la manera en que utilicemos nuestras capacidades cerebrales. Si tuviéramos que pedirte que recordases la canción *Hey Jude* durante un instante y luego te pidiésemos que la olvidases, lo que sucedería es que a ti, al igual que a la mayoría de la gente, te costase bastante quitártela de la cabeza. A pesar del número de cálculos que nuestro cerebro pueda realizar, la cuestión radica en que la mayoría de las personas utiliza su capacidad «computacional» o de procesamiento en asuntos cotidianos. Este desperdicio en el uso de nuestras capacidades cerebrales apenas deja energía para la innovación, la resolución creativa de problemas y la iluminación.

Si Hameroff tiene razón al afirmar que los microtúbulos participan en los procesos de mecánica cuántica que se desarrollan en el interior de las células de tu cerebro, deberías considerar aquello de lo que eres capaz, sobre todo cuando eliminas los pensamientos de miedo, deseo sexual, codicia o preocupación incesante. Podrías disponer de la energía necesaria para establecer interacciones lejanas, acceder a la información presente en toda la galaxia y aprovechar las lecciones de tu pasado o tu futuro, o incluso del pasado y el futuro colectivos de la humanidad, igual que hacen y han hecho los sabios y chamanes iluminados. Tal y como dice el Dalai Lama: «Quienes han alcanzado un elevado nivel de experiencia espiritual han desarrollado la concentración meditativa hasta el punto de devenir clarividentes y generar milagros».[4]

CEREBRO E ILUMINACIÓN

Por consiguiente, si disponemos de todo este amplio poder cerebral, ¿por qué nos esforzamos tanto? En Oriente, la iluminación se ha asociado tradicionalmente a cualidades como la generosidad, la compasión, el perdón y una experiencia de unidad con toda la creación. En el feroz e individualista

Occidente, nuestra idea más bien vaga de la iluminación sugiere una aceptación del mundo tal cual es, o descubrir cómo podemos mejorarlo. La iluminación también implica para nosotros un anhelo común de novedad, exploración y creatividad, personificado por los exploradores que se aventuran en el espacio.

Si extraemos las cualidades orientales de la iluminación de su contexto religioso y las situamos en la esfera de las ciencias biológicas, descubriremos que son atributos asociados con la activación del córtex prefrontal, la parte más nueva del cerebro humano. En exploraciones mediante imágenes de resonancia magnética (IRM), se aprecia que las personas que meditan de manera asidua desarrollan cerebros que están *conectados* de manera distinta que los de aquellas que no meditan. Son más capaces de permanecer tranquilas y sin estrés, de vivir en paz y de practicar la compasión. Curiosamente, el córtex prefrontal es la región más activa del cerebro durante el estado que se describe como *samadhi* o iluminación. El Dalai Lama describe la iluminación como «un estado de libertad no solo de las emociones contraproducentes que impulsan el proceso de la existencia cíclica, sino también de las predisposiciones establecidas en la mente por parte de esas emociones aflictivas»,[5] y sugiere que es un estado de liberación respecto de las emociones destructivas, de las creencias condicionadas y de los comportamientos repetitivos creados por esas emociones.

La generosidad y la compasión solo surgen cuando el córtex prefrontal es capaz de acallar las regiones cerebrales más prehistóricas. No obstante, para que el córtex prefrontal cree circuitos funcionales de alegría y paz, el cerebro y el resto del cuerpo han de estar sanos, alimentados con los nutrientes adecuados y entrenados con una disciplina interna. Debemos sanar nuestros cuerpos y nuestras mentes para potenciar el córtex prefrontal –el cerebro nuevo–, que puede programarse biológicamente para hallar la felicidad, una longevidad extraordinaria, paz y regeneración. Durante demasiado tiempo, esta región cerebral ha sido mantenida al margen, silenciada por las mismas fuerzas –limitación, violencia y trauma– de las que promete liberarnos.

La sinergia cerebral es posible una vez que esa nueva región del cerebro se reconecta. La palabra «sinergia» significa que el todo es mayor que la suma de sus partes. Los ingenieros están familiarizados con esta forma de operar. Por ejemplo, la elasticidad del acero inoxidable es casi diez veces superior a la del hierro, aunque el primero sea básicamente hierro con una cantidad mínima de carbono. Tanto el carbono como el hierro, por sí mismos, son quebradizos y se laminan con facilidad. No obstante, cuando se combinan, dan como resultado un material de una extraordinaria fortaleza.

La sinergia cerebral es como un «neuroordenador» cuyos circuitos están todos activos, sincronizados y operando en colaboración, con cada región atendiendo a sus funciones –de forma parecida a como el corazón se ocupa de la circulación de la sangre mientras los pulmones lo hacen de la respiración–, creando un sistema que no puede definirse ni tampoco describirse a través de las partes que lo componen.

LOGRAR LA SINERGIA

Los orientales dicen que el camino hacia la sinergia cerebral pasa por la práctica de la meditación. Los chamanes utilizan el término «percepción clara», mientras que en el yoga se denomina *samadhi*, la etapa más elevada de la meditación, la unidad con el universo. Sea cual fuere el término utilizado para describir el proceso, el desafío radica en *desapegarte de tu limitado sentido del yo, creado por las emociones destructivas*.

Imagina un lago. Cuando las aguas están en calma, reflejan perfectamente todo lo que le rodea. Ves los pinos de la orilla contraria o la luna como si fuesen imágenes en un espejo. Pero cuando sopla la mínima brisa sobre la superficie del lago, este solo se refleja a sí mismo. De hecho, es como si dijese: «Mírame». De igual manera, cuando tu mente es perturbada por pensamientos o emociones no deseados, o cuando se distrae con la televisión o con el bombardeo de anuncios, chismorreos sociales o trivialidades, se aparta de su conexión con el universo más elevado. Interrumpe tu deseo profundo e innato de percibir el gran misterio de la creación y de formar parte de él.

Los chamanes creen que para interaccionar con los enormes campos de información de la biosfera es necesario entrar en un estado de percepción clara. Tu mente debe estar en paz para poder percibir la verdadera naturaleza del mundo y no únicamente el reflejo de tu propio drama personal que se halla bajo la superficie y que es creado por tus emociones destructivas.

Un instructivo relato de los amerindios de las llanuras cuenta la historia de un joven que se dirige a su abuelo y le dice: «En mi interior hay dos lobos. Uno quiere matar y destruir, y el otro quiere crear paz y belleza. ¿Cuál acabará ganando, abuelo?». El anciano le contesta: «Aquel al que tú alimentes».

También tú tienes una elección: alimentar al lobo del caos y la confusión, a ese que devora tu pensamiento positivo, destruye tu autoestima y consume todo tu ser, o alimentar al lobo de la paz interior que permitirá que tu mente se torne como la superficie hermosa y reflectante de un lago sereno, con la cual accederás a los atributos y dones de tu cerebro superior.

Una vez que repares las emociones de tu cerebro y crees el estado de sinergia cerebral, se conectarán de manera natural las posibilidades de tu córtex prefrontal. Ya no necesitarás buscar la felicidad a través de medios artificiales, porque *surgirá de ti* con facilidad. Para el córtex prefrontal, la felicidad no es el resultado de la buena suerte o la casualidad. No, es más bien un tesoro de percepción clara que será eternamente tuyo.

CAPÍTULO 2

LA MENTE PODEROSA

En nuestros respectivos trabajos —como antropólogo que ha dedicado muchos años a investigar las prácticas curativas de los sabios amazónicos y andinos, y como neurólogo que ha pasado muchas décadas tratando a pacientes con enfermedades cerebrales degenerativas— nos hemos sentido muy intrigados por el poder de la mente a la hora de realizar lo que considerábamos hazañas increíbles, tanto física como mentalmente. Hemos conocido —y estudiado con ellos— a sabios capaces de alcanzar paz interior, creatividad y una brillantez extraordinaria. Hemos oído hablar de monjes tibetanos que pueden meditar toda la noche en una montaña cubierta de hielo ajenos a la muerte por congelación, y que únicamente habían de sacudirse la nieve de los hombros desnudos al clarear el día.

El auténtico poder de la mente no acaba de comprenderse del todo, pero somos testigos continuos de su existencia.

SALUD Y PENSAMIENTOS

Años atrás, la gente consideraba los grupos de apoyo y las técnicas de control de estrés como terapias ineficaces en los tratamientos médicos de quienes padecían enfermedades graves. Sin embargo, desde no hace mucho, van apareciendo estudios que demuestran que los pacientes que utilizan técnicas como la meditación consciente no solo se encuentran emocionalmente menos estresados a causa de sus enfermedades, sino que también experimentan una mejoría en su salud física. De hecho, estas investigaciones están demostrando de qué manera los pensamientos, creencias y emociones influyen en la salud corporal.

En el número de julio de 2009 de la revista *Scientific American*, el neurólogo Martin Portner describió el caso de Gretchen, una paciente que participó en un estudio realizado en el año 2005 acerca de la viabilidad de un parche de testosterona con el que se trató un desorden de deseo sexual hipoactivo o inhibido, una afección en la que la libido de una persona está tan mermada que no siente interés ni atracción sexual. La testosterona, una hormona producida por los testículos masculinos y los ovarios femeninos, está asociada con la excitación sexual. Gretchen no sentía deseo sexual desde que se sometió a una operación que le extirpó los ovarios.

Después de usar el parche durante doce semanas, la paciente volvió a sentir de nuevo la agitación del deseo. «Solo puede deberse a ese parche», afirmó. Poco después ya pudo volver a hacer el amor con su marido y experimentar el primer orgasmo en años. Pero la parte más sorprendente de la historia es que, sin saberlo, formaba parte de un grupo de control de estudio y que el parche que le proporcionaron fue un placebo sin testosterona.

El regreso del apetito sexual de Gretchen estuvo claramente ligado a un cambio en su red neuronal, un cierto *cambio mental* del que ni siquiera fue cognitivamente consciente. No obstante, sucedió. Además, sintió ese cambio en todo su cuerpo.

La mayoría de nosotros estamos más familiarizados con las enfermedades psicosomáticas que con el bienestar psicosomático. Sabemos que podemos enfermar de tanto preocuparnos, y sospechamos que podemos sanar riendo. No obstante, la medicina otorga escaso crédito a la idea de que sea posible alcanzar la salud psicosomáticamente. Después de todo, no podemos autoadministrarnos un placebo, de la misma manera que es imposible hacerse cosquillas uno mismo. Sin embargo, las sociedades que confían en sanadores profesionales han comprendido hace tiempo el poder que tiene la mente tanto para curar como para matar. A veces, los chamanes recurren a una gran pompa y ceremonia para movilizar la capacidad de la mente a fin de curar el cuerpo. Se trata de complejos ceremoniales que activan el córtex prefrontal para generar salud.

No obstante, en las sociedades modernas, se los ha considerado siempre meras supersticiones o charlatanería; incluso el término «placebo» tiene un uso peyorativo. La ironía es que la «ceremonia» de nuestro mundo moderno consiste en darle al paciente un azucarillo, un comprimido que no contiene ningún ingrediente farmacéutico. Probar nuevas medicinas utilizando también un placebo es una práctica común para determinar la eficacia de todos los medicamentos, lo cual es, en definitiva, una evidencia palmaria de que solo la mente cuenta con el poder de aliviar la inflamación, serenar los nervios e influir en los órganos y los tejidos corporales a fin de recuperar un estado saludable.

Hay estudios que han demostrado, por ejemplo, que un azucarillo puede ser tan efectivo como la morfina en el 56% de las personas.[1] Sin embargo, aunque este azucarillo sea el «medicamento» más cuidadosamente estudiado por los fabricantes e investigadores de la industria farmacéutica, es también uno de los menos apreciados o reconocidos como cura potencial.

Un amigo nuestro sugirió en una ocasión que si queríamos hacernos ricos debíamos convertir caldo de pollo en píldoras y venderlo sin receta con el nombre *Placebo*, ya que así podríamos realizar afirmaciones científicas legítimas de su eficacia, similar a la de medicamentos mucho más caros que tratan toda una variedad de dolencias, desde las migrañas hasta la disfunción eréctil.

El efecto placebo y la salud psicosomática son el resultado de aprovechar el potencial sanador de la mente, algo que ha sido práctica común para la humanidad durante miles de años. Al despreciar el efecto placebo, la medicina occidental ha fracasado a la hora de investigar la forma en que este fenómeno podría proporcionarnos un atisbo del inmenso poder del córtex prefrontal.

David: ¿cáncer? ¿Qué cáncer?

Como neurólogo, me siento intrigado por la cantidad de veces en las que se me acusa de practicar medicina «no tradicional», ya que además de ofrecer recomendaciones dietéticas, los protocolos de nuestra clínica también incluyen terapias como las afirmaciones y la meditación. La paradoja radica en que estas prácticas, u otras similares, han formado parte de la asistencia sanitaria durante milenios, y por lo tanto son «tradicionales» por definición.

A finales de 2007 vino a verme un paciente con un problema de salud muy grave. «Marvin» era una persona de setenta y cuatro años de edad que acababa de regresar de un importante centro de tratamiento del cáncer donde se le había aconsejado que «arreglase sus asuntos», ya que le habían diagnosticado un grave cáncer de páncreas que se había extendido a los nódulos linfáticos adyacentes. La quimioterapia era una opción, pero el porcentaje de éxito, sobre todo a su edad, era casi del 0%. Teniendo en cuenta lo que la medicina moderna tiene que ofrecer a alguien en el estado de Marvin, los especialistas oncológicos le informaron acerca de lo que consideraron era la verdad acerca de su devastadora enfermedad: le quedaban, como mucho, seis meses de vida.

Sabiendo lo mucho que influyen las creencias en la salud física, le pregunté si realmente se lo creía, y me contestó: «¡Desde luego que no!», que era exactamente la respuesta que yo esperaba escuchar.

Trabajando con mi equipo, diseñamos un programa de suplementos alimenticios específicos para mejorar su sistema inmunitario. También añadí una elevada dosis de ADH para aumentar las prácticas de meditación y las afirmaciones, que estaba a punto de iniciar. El objetivo de ambas técnicas era simplemente conseguir que asimilara el pensamiento: «Estoy sano».

En el transcurso de una semana desapareció su aspecto amarillento anterior, y lo curioso es que al cabo de seis meses, los análisis de sangre que informaban sobre las funciones pancreática y hepática se normalizaron por completo. Tres meses más tarde, regresó al afamado hospital donde había sido desahuciado. Sus escáneres TAC no revelaron ninguna evidencia de cáncer.

—¿Qué le dijeron al ver los resultados? –pregunté.

—Bueno –contestó–, en realidad no parecían muy interesados en saber qué estaba haciendo, pero me dijeron que fuera lo que fuese, debía continuar.

Casi dos años después, mientras escribimos este libro, Marvin continúa recuperado del cáncer. De hecho, podría decirse que se trata simplemente de un caso de remisión espontánea, pero esto es algo muy raro en este tipo de cáncer, como cualquier especialista confirmaría. Yo sostengo que el punto clave fue la relación que Marvin cultivó con lo divino como resultado de utilizar el doble enfoque de neuronutrientes y técnicas meditativas chamánicas, que le permitieron ponerse en contacto con la energía curativa que insufla todo lo que existe.

A diferencia del placebo, el «nocebo» es un complemento engañoso. Un nocebo no es más que una sustancia inocua o un medicamento inerte que puede provocar efectos muy dañinos debido a las expectativas, creencias y condiciones psicológicas negativas del paciente, independientemente del estado físico en el que se encuentre.

Alberto: la maldición es real

El ejemplo más dramático del efecto nocebo que he presenciado ocurrió en la Amazonia peruana, cuando conocí a un hombre totalmente sano que había sido «maldecido» por un hechicero local. Por entonces yo investigaba las prácticas curativas de los chamanes cerca del nacimiento del río Marañón. Cuando el paciente se presentó en la consulta, el curandero le informó que sus náuseas y dolores de cabeza estaban causados por la maldición, que no había nada que él pudiera hacer para ayudarle y que debía prepararse, y también a su familia, para su muerte. Veinticuatro horas más tarde, el hombre estaba muerto. Cuando le pregunté al curandero por qué no le había ayudado, me contestó que esa persona había roto un tabú del pueblo, pero que lo que lo mató fue su propio miedo. De inmediato le pregunté si la maldición estaba únicamente en la mente del hombre, si esa brujería no era auténtica.

—Oh, no –aseguró–. La maldición, la brujería, es totalmente real.

Lo que aprendí en ese rincón de la Amazonia fue lo mismo que hace tiempo comprendieron las agencias de publicidad de Madison Avenue: que la mente puede ser programada para comprar vehículos que nos harán sentirnos jóvenes otra vez, y ropa que cumplirá la promesa de hacer desaparecer el dolor de la depresión. La mente puede incluso ser programada para ir en contra de todas las funciones instintivas de supervivencia, arraigadas durante millones de años de evolución. Anular el sistema inmunitario del cuerpo es algo muy difícil. No obstante, la credulidad de aquel hombre consiguió matarlo. Las preguntas que me vinieron a la cabeza en esa ocasión fueron: ¿y qué ocurre con la larga lista de renuncia de responsabilidades y posibles efectos secundarios que encontramos en todos los medicamentos que adquirimos? ¿Podrían estar afectando de forma nociva a nuestras sugestionables mentes? ¿Cómo podríamos programarnos para la vida, la salud y la alegría, en lugar de caer presa de los nocebos, tanto del cuerpo físico como de la mente?

Desde entonces he comprendido que los médicos dudan a la hora de sugerir un placebo o de recomendar lo que antaño se llamaban «terapias suaves», tales como la orientación psicopedagógica, las técnicas de relajación o la meditación, porque creen que esas metodologías son una medicina falsa. Temen las implicaciones de «engañar» al paciente para que cure el cuerpo, aunque el éxito de muchas terapias e intervenciones quirúrgicas médicamente aceptadas y realizadas por esos mismos médicos puedan ser, en gran parte, realzadas o facilitadas por el efecto placebo.

Pero por encima de todo, al ir dándome cuenta de las capacidades de nuestra mente, he comprendido que tanto tú como yo o como el resto del mundo podemos utilizar esas facultades de manera consciente para crear nuestra propia salud psicosomática. Así es, podemos autocurarnos volitivamente de nuestros trastornos físicos y emocionales, sin necesidad de recurrir a argucias. Para ello, primero debemos entender cómo funciona el cerebro, y cómo los traumas pueden lesionar las regiones cerebrales que nos permiten aprovechar esas capacidades.

EL CEREBRO TRINO

A mediados de la década de 1950, el neurocientífico estadounidense Paul D. MacLean propuso un modelo para ayudar a explicar la evolución del cerebro humano. El modelo de MacLean se conoció como el «cerebro trino», y describe cómo contamos con tres neuroprocesadores que se pueden distinguir evolutivamente, y que disponen de su propia inteligencia, percepción subjetiva del mundo, y un sentido particular del tiempo y el espacio. Aunque este modelo es demasiado general para que pueda ser útil a estudiantes de anatomía evolutiva, no obstante sí que lo es para comprender metafóricamente cómo cada uno de nosotros reacciona de manera distinta según las situaciones ante las que nos enfrentemos, y dependiendo del «cerebro» con el que lo hagamos.

Esto explica por qué cuando percibimos el rastro de un lobo, a algunos de nosotros puede provocarnos sensación de peligro mientras que para otros puede indicar una oportunidad.

Los viejos cerebros

El primer cerebro es el reptiliano, o cerebro R, que anatómicamente es muy parecido al de los reptiles actuales. Es totalmente instintivo y su principal interés radica en la supervivencia. Regula la mayoría de las funciones autónomas, como la respiración, el ritmo cardíaco y la temperatura corporal. También está involucrado en las respuestas que implican huida y lucha. No hay nada tierno en los reptiles, y esta región cerebral, al igual que una serpiente de sangre fría, no recibe emociones.

El segundo cerebro es el sistema límbico, también denominado cerebro mamífero o cerebro M, compuesto sobre todo por la amígdala, el hipotálamo y el hipocampo. MacLean lo describe como el cerebro del instinto y la emoción. Tal y como implica su nombre, se trata del cerebro más dominante en los mamíferos, que florecieron aproximadamente en la misma época en que los dinosaurios trataban de evitar su extinción. Como tal, representa un paso más en la escala de la complejidad evolutiva.

En el sistema límbico, las señales son decodificadas en función de cuatro programas fundamentales, conocidos en inglés como las cuatro efes: *fear* (el miedo), *feeding* (la alimentación), *fighting* (la lucha) y *fornicating* (la fornicación).

Al conocer a una persona por primera vez, el cerebro M lo interpretará como alguien de quien debe estar alerta; de la misma forma sucederá con una cita para salir a cenar, con un prometedor socio comercial, con un adversario potencial o con una posible pareja. El cerebro también interpreta el color según el entorno cultural que lo programó: el rojo, por ejemplo, significa «peligro o *stop*» para los norteamericanos; sin embargo, se interpreta como «buena suerte» para los chinos, y «lo mejor» o «hermoso» para los rusos.

Anatomía del cerebro límbico

Para comprender mejor cómo funciona el cerebro límbico o mamífero, observemos sus estructuras internas, que evolucionaron con el fin de asegurar nuestra supervivencia. El cerebro límbico contiene el hipocampo, en forma de caballito de mar, y la amígdala cerebral, en forma de almendra. Ambos están involucrados en el procesamiento de información de nuestro entorno a través de nuestras emociones. Si un enemigo nos tiende una emboscada, nos aterramos y luchamos o huimos. Si nos ataca una serpiente, saltamos instintivamente para alejarnos.

El hipocampo está localizado en la parte más profunda y adelantada de los lóbulos temporales mediales y se extiende por ambos hemisferios del cerebro. Recibió su nombre en el siglo XVI, cuando el anatomista Giulio Cesare Aranzi señaló su extraño parecido con el caballito de mar y eligió su nombre de *hippocampus,* la palabra griega utilizada para designar a esa criatura.

Los primeros investigadores, en un intento de atribuir funciones particulares a zonas concretas del cerebro, pensaron que el hipocampo estaba involucrado en el olfato. Sin duda, esa creencia se vio reforzada por su cercanía con el sistema olfativo. A pesar de que los estudios posteriores demostraron que el olfato no era la principal función del hipocampo, los investigadores continuaron explorando la relación entre el recuerdo de los olores y la función hipocampal. Observa cómo un olor familiar puede recordarte a tu infancia, como sucede cuando una ráfaga de olor a carne cocinada te trae a la memoria los guisos que hacía tu madre.

Sin embargo, estudios actuales más elaborados revelan que, en lugar de servir como un centro de almacenamiento de memoria, el hipocampo actúa más bien como un punto intermedio desde donde recibe información de los cinco sentidos a fin de distribuirla para su procesamiento, o bien a la amígdala, en el caso de que se perciba una amenaza, o bien al córtex cerebral, en el resto de los casos.

De hecho, el hipocampo opera como una cámara digital que puede procesar tanto imágenes fijas como videos. Las situaciones, al igual que las fotografías, son trozos de información que en general pueden verbalizarse utilizando términos simples. A la acción de recordarlas se le denomina memoria declarativa. Situaciones como el vídeo son más complejas e implican relaciones personales tanto espaciales como temporales. Esta actividad mental se conoce como memoria episódica.

Cuando el hipocampo empieza a deteriorarse, las nuevas experiencias tienen menos probabilidades de ser almacenadas y memorizadas, y este es un sello distintivo de la enfermedad de Alzheimer. Actualmente las técnicas avanzadas de imágenes, como las de resonancia magnética (MRI) y las tomografías por emisión de positrones (PET), muestran con claridad que la pérdida de tejido físico y de función en el hipocampo es un indicador precoz de esta enfermedad.

Como verás más adelante en *Conecta tu cerebro*, el hipocampo comienza a fallar debido a los radicales libres y a los daños químicos provocados por los traumatismos y el estrés. Básicamente, una vez que esto empieza a ocurrir, se deja prácticamente de aprender. La sabiduría popular cree que la capacidad de procesar información a través de los centros del cerebro superior se atrofia, que nuestro repertorio emocional disminuye y que las emociones verdaderas se vuelven inaccesibles.

Sin embargo, nuestra misión consiste en rebatir ese paradigma y demostrarte que la neurodegeneración es prevenible e incluso reversible. Suena la campana, regresamos a clase.

La amígdala cerebral, cuyo nombre proviene de la raíz griega «almendra», gobierna nuestra respuesta de huida o lucha, que es nuestra reacción automática e instantánea ante amenazas reales o imaginarias. Básicamente es el centro del cerebro que genera el miedo, y que nos permite responder inconsciente e inmediatamente a situaciones peligrosas.

El cerebro nuevo

El tercer cerebro identificado por MacLean es el neocórtex, que está bien desarrollado en todos los mamíferos superiores y es responsable del habla, la escritura y el pensamiento de orden superior en los seres humanos. Si no necesitamos temer o seducir a alguien a quien hemos conocido en una situación particular —o luchar o ir a cenar con él—, el tálamo confía la información sensorial —impregnada por las alegrías, las emociones, las preocupaciones o las inquietudes del cerebro límbico— al neocórtex, para que reflexione sobre ella y adopte un comportamiento adecuado.

El neocórtex procesa señales de manera holística, interpretando visiones y sonidos del entorno y traduciéndolos en mensajes coherentes. A través de él reconocemos el valor de todas las personas y descartamos cualquier pensamiento acerca de cómo podrían sernos útiles o qué podríamos obtener de ellas, tanto legal como ilegalmente. El neocórtex nos recuerda que debemos llamar a los amigos simplemente para saludarlos y desearles que les vaya bien, y no solo cuando necesitamos pedirles un favor.

En esas áreas corticales superiores es donde tiene lugar el amor desinteresado, el razonamiento y la lógica. Este cerebro nos permite crear nuevas ideas y alimentar conceptos como la democracia, además de entender las matemáticas, escribir poesía, componer música y arte, soñar con la libertad e imaginar el futuro.

Nuestros dos neuroprocesadores más antiguos, el cerebro R y el sistema límbico, piensan sobre todo en términos de distancia respecto a la muerte, lo lejos que se está del lugar de origen, los añorados confines del hogar de la infancia y el espacio personal. Reconocen lazos espaciales asociados con relaciones personales, la familia consanguínea, el territorio del clan, las vecindades étnicas y las fronteras nacionales. Con esas bases firmemente grabadas en la memoria, los cerebros primordiales pueden identificar con facilidad cuál es «mi terreno» y cuál es «el de ellos»; creen que unos límites bien claros facilitan las relaciones personales y perciben «a aquella gente que se encuentra más allá» como «otros» y no como «uno de los nuestros», y asocian a las personas con lugares, lo cual es un conocimiento muy útil para asegurar la supervivencia pero limitado para crear un concepto de comunidad global. Considera con qué facilidad puedes olvidar el nombre de alguien pero lo bien que recuerdas su rostro. Esa situación deriva de la capacidad de tu cerebro primitivo para echar mano de la memoria y la emoción a fin de discernir entre «los chicos malos del barrio de enfrente» y «los chicos buenos que son como nosotros».

En cambio, el neocórtex, asociado con las funciones ejecutivas superiores, es capaz de pensar en términos de tiempo y no solo de espacio. Puede almacenar alimentos para el invierno, planificar un canal de riego para la temporada seca y anticipar adónde irá el rebaño en primavera. Señalará el ciclo de las estaciones y se sentirá inclinado hacia las matemáticas y la música. Este cerebro es capaz de elegir entre el bien y el mal, diferenciar lo correcto de lo erróneo, y suprimir comportamientos y respuestas socialmente incorrectos. El neocórtex puede restringir las funciones del cerebro límbico —las cuatro efes— y participa en las experiencias meditativas y trascendentes.

Tal vez sea la capacidad del neocórtex para comprender nuestro limitado tiempo de existencia en la Tierra lo que genere en nosotros el miedo a la muerte, y lo que haga que muchos nos detengamos ante la exploración de nuestro propio potencial. El cerebro límbico comprende que la muerte tiene lugar esencialmente de la misma manera en la que los niños saben que los gatitos y los abuelos se mueren. Pero no percibe que la muerte nos pueda suceder a *nosotros* e imagina que somos inmunes a ella. Esto, unido al hecho de que el cerebro desarrollado es más propenso a adoptar un comportamiento de aceptación de riesgos, explica por qué algunos adolescentes actúan como si las leyes de la gravedad y la fuerza centrífuga no tuviesen nada que ver con ellos cuando conducen a toda velocidad con su coche lleno de amigos a través de una serpenteante carretera de montaña, y después de haber bebido más de la cuenta.

Si no despertaste tus habilidades «neocorticales» en tu juventud, tenderán a permanecer en estado latente hasta una etapa más tardía de tu vida, para acabar despertando a regañadientes. A los cuarenta, la mayoría de nosotros ya hemos crecido lo suficiente como para aceptar que no tendremos una segunda oportunidad de ser jóvenes. Tal vez sea esa la razón, por ejemplo, por la que los rabinos ortodoxos tradicionalmente desaconsejen el estudio de textos místicos antes de haber cumplido los cuarenta años, momento en el cual es más probable que la madurez vaya acompañada de sabiduría. De igual manera, los corredores de seguros saben que es casi imposible venderle una póliza a alguien que todavía no haya reconocido que su tiempo de vida es finito y que todos los instantes de su existencia son preciosos; hasta esa época de iluminación práctica, que sucede alrededor de los cuarenta, esas personas están convencidas de que la muerte no va con ellas.

Pensamiento neocortical avanzado

La sinestesia, que es la capacidad de mezclar varios sentidos, es una de las muchas facultades del neocórtex. Los pintores y los músicos poseen dicha cualidad, lo cual les permite distinguir la V que forman unos gansos volando a lo lejos, imaginar el sonido de su aleteo y luego traducir esa composición auditiva y visual en música o en un lienzo. Incluso en el lenguaje común, a veces usamos descriptores sinestésicos o transensoriales para crear expresiones yuxtapuestas, como «viento cortante» o «color chillón».

Daniel Tammet, un inglés afectado con el síndrome de Savant,[*] es una persona que expresa capacidades sinestésicas elevadas literalmente a la enésima potencia. Tammet puede, por ejemplo, recitar hasta 22.514 decimales del número *pi*, y dividir 97 entre 13 con total precisión, llegando a más de cien cifras decimales. En su libro *Nacido en un día azul* (publicado en esta misma editorial), describe cómo piensa.

Dice que cuando lleva a cabo cálculos matemáticos, como multiplicar 37 elevado a la cuarta potencia, puede hacerlo con más rapidez que alguien que utilice una calculadora, y la respuesta le llega en una rica y caleidoscópica convergencia de colores, texturas, formas, matices y sensaciones.

A Tammet le diagnosticaron un autismo de elevado nivel funcional. Desarrolló sus extraordinarias capacidades tras una serie de ataques epilépticos durante la infancia que pudieron haber cambiado las conexiones neuronales de su cerebro, lo que le permite acceder a una limitada gama —una franja profunda pero estrecha— de sus ca-

[*]. Las personas que sufren el síndrome de Savant padecen retraso mental o autismo en diversos grados, pero poseen una habilidad sobresaliente en un área que las hace especiales. Estos individuos destacan por su capacidad de cálculo extraordinaria, su memoria fotográfica, pueden ser músicos virtuosos que reproducen fielmente una pieza musical con tan solo escucharla una vez o pintores deslumbrantes que son capaces de reproducir un monumento con tan solo verlo unos segundos, es decir, rozan la genialidad en un área determinada, pero en sus capacidades sociales, cognitivas e intelectuales presentan un desarrollo que se considera deficiente. Aparece en uno de cada diez autistas y en uno de cada dos mil individuos que tienen dañado el cerebro o padecen retraso mental.

pacidades neocorticales. Su experiencia no difiere de la de los sabios de los Andes que afirman que esas extraordinarias habilidades telepáticas y clarividentes aparecieron en ellos poco después de ser alcanzados por rayos o tras la agotadora búsqueda de una visión a base de ayunos y oraciones durante muchos días.

Las dotes de Daniel Tammet no se limitan a las matemáticas. También tiene la capacidad de aprender un idioma desconocido en un corto período de tiempo. En un programa especial de televisión, llegó a dominar la compleja y difícil lengua islandesa –que contiene, por ejemplo, doce palabras para cada uno de los números uno, dos, tres y cuatro, dependiendo del contexto, además de una estricta adhesión en la concordancia de géneros entre sustantivos y adjetivos– en menos de una semana. Eso le permitió realizar una entrevista en directo en la televisión islandesa en la lengua nativa, una tarea que llevó a cabo de manera impecable.

Algunos investigadores afirman que tan grandes dotes también acarrean un alto precio; dicen que alrededor del 50% de los afectados por el síndrome de Savant también son autistas. Eso ha provocado que Darold Treffert, psiquiatra e investigador de Wisconsin, haya sugerido que el síndrome del sabio autista esté causado por daños en el hemisferio cerebral izquierdo, sobre todo en las zonas frontales, lo que provoca que el hemisferio derecho deba «compensarlos».[2]

El doctor Treffert asegura que lo anteriormente mencionado conlleva un cambio que va desde un procesamiento y una memoria superior del lóbulo frontal hasta un procesamiento de la memoria de bajo nivel, lo cual permite que personas como Daniel Tammet dominen los números y el lenguaje con tanta facilidad.

CAPÍTULO **3**

La **E**volución del **C**erebro y de la **M**ente

Hace miles de años, nuestros antepasados se vieron ante una oportunidad neurológica parecida a la que percibimos en la actualidad, una oportunidad que facilitó un salto evolutivo hacia delante. Con el despertar del neocórtex, adquirieron una nueva estructura cerebral que la naturaleza «conectó» para desarrollar la alegría, la creatividad y la innovación.

Para acceder a dicho potencial, nuestros ancestros tuvieron necesidad de alimentarse con nutrientes específicos que proporcionasen el combustible adecuado para poner en funcionamiento su neuroprocesador. Una vez que añadieron a su dieta alimentos que potenciaban la actividad cerebral, las facultades de algunos individuos, los visionarios de la época, se manifestaron, y comenzaron a crear grandes obras de arte, a concebir el lenguaje escrito, a establecer civilizaciones y a sentar las bases de nuestra experiencia humana moderna.

Durante esa época, los chamanes ancestrales describieron la creación como un tejido de vida en el que todos estamos interconectados. Una especie de red de Indra, que la mitología de la antigua India describe como una red con un número infinito de hilos que se entrecruzan, con una preciada joya en cada intersección. Cada una de esa infinitud de joyas refleja perfectamente a todas las demás. En esa mítica red, todos los seres están interrelacionados, y todas nuestras acciones, por ligeras que sean, afectan a todos los demás. En esa red, los profetas hablan con Dios e interpretan Su voluntad, mientras que los místicos buscan el elixir de la inmortalidad y los alquimistas intentan transformar el plomo en oro. Esos sabios, místicos y alquimistas compartían las mismas preocupaciones que los visionarios de la actualidad. Se preguntaron, igual que hacemos nosotros ahora: «¿Cómo podemos vivir una vida longeva y sana, sin que se vea afectada por enfermedades debilitantes y afecciones cerebrales degenerativas? ¿Cómo podemos convertir el denso *plomo del sufrimiento humano* en el *oro de la conciencia iluminada?*».

En el esquema de la historia, la búsqueda de respuestas metafísicas acerca del origen de la vida llegó a su fin cuando Charles Darwin publicó *El origen de las especies*. La comprensión popular de la época fue que la vida es una lucha continua en pos de la supervivencia y que la humanidad está gobernada por una inmisericorde «ley de la selva» donde solo ganan los más adaptados.

Pero, por fortuna, tras siglos de negación y de rechazo de las enseñanzas antiguas por parte de los científicos, personas de toda condición vuelven a hacerse las mismas preguntas que se hicieron los místicos acerca del sentido y el potencial de la conciencia humana. ¿Es posible que la evolución haya favorecido también la supervivencia de los más sabios?

LOS CAMINOS DEL MIEDO Y LOS CAMINOS DE LA SABIDURÍA

La historia de la conciencia humana se caracteriza por la batalla entre la vieja conciencia, *los caminos del miedo*, y la nueva conciencia, *los caminos del amor*. Cuando prevalece la más nueva, la más reciente, descubrimos a un Dios de amor y compasión, se expresa la libertad religiosa y se practica la generosidad. Cuando la que domina es la conciencia antigua, tendemos a venerar a un dios colérico que flagela a sus enemigos con plagas y que envía a su pueblo elegido a pelear pretendidas guerras santas para asegurar su dominio. Con el cerebro antiguo prevalece la codicia y la intolerancia.

La conciencia inferior lo percibe todo, incluso la belleza y la abundancia de la naturaleza, como una mercancía, que solo tiene valor para generar beneficios. El agua, uno de los elementos esenciales de la vida, no se considera el hogar de muchos organismos vivos o un medio natural de transporte, sino como un líquido que puede embotellarse y venderse. El aire, otro elemento esencial, no se percibe como una sustancia vital indispensable para la respiración, sino como un espacio vacío en el que emitir productos industriales de desecho. El suelo no es visto como un elemento indispensable para el cultivo de alimentos, sino como una propiedad que debe ser poseída, vallada y contaminada con abonos químicos y basura industrial y doméstica. Las montañas no son apreciadas por su majestuosidad sino que se las considera territorios que deben ser despojados de sus yacimientos minerales. Los bosques no son vistos como hábitats de los animales o lugares de retiro espiritual, sino como potenciales proveedores de tablones y tablas. Incluso el espacio más allá del cielo se percibe no como una oportunidad de exploración galáctica, sino como un lugar donde tirar basura planetaria y espiar a nuestros vecinos de otros países.

También se considera a los seres humanos como una mercancía cuando nuestro pensamiento permanece encadenado a los caminos del miedo. Los niños de las naciones en desarrollo, por ejemplo, son utilizados como mano de obra en fábricas esclavizantes, o en los países desarrollados, como futuros obreros y empleados. Los ancianos, al menos en las sociedades occidentales, no son venerados por su sabiduría, sino que son «almacenados» en asilos hasta que finalmente la muerte los quita de en medio. Las personas de edades intermedias, de acuerdo con el protocolo darwiniano, suelen ser formadas en técnicas de guerra o programadas para «ajustar cuentas», o incluso para «sacar provecho», a costa de otros seres humanos, en caso de ser necesario. Pero tal vez el mayor desprecio por el valor humano tenga lugar en el manipulado y eufemístico término «daños colaterales», que nos permite pasar por alto y sin remordimientos el asesinato de civiles inocentes atrapados en una zona de guerra.

Y aunque esa conciencia nueva y más elevada nos ofrece la oportunidad de pensar a una gran y sofisticada escala —ver la Tierra desde el espacio y comprender que, tal y como empeora la salud del planeta, también empeora la nuestra—, descubrimos que hay sociedades, tanto desarrolladas como emergentes, que vuelven a recurrir una y otra vez a una violencia aparentemente inevitable, con el fin de resolver conflictos e imponer ciertos valores a otras.

Aunque hay argumentos para todos los gustos acerca del cambio climático —si existe o no, quién tiene la culpa, y cuál es la causa y el remedio—, y aunque el mundo se encuentre o no al borde de un desastre ecológico, muchas personas empiezan a darse cuenta de que la sociedad humana también está a punto de dar un extraordinario salto de conciencia.

En el capítulo anterior observamos atentamente las características de las tres primeras etapas evolutivas cerebrales, es decir, el cerebro reptiliano o cerebro R, el sistema límbico y el neocórtex. Ahora bien, para comprender este extraordinario salto y manifestar mejor la oportunidad que se nos presenta, debemos ocuparnos más detalladamente del desarrollo del cuarto cerebro: el córtex prefrontal.

EL CÓRTEX PREFRONTAL: LA LLAVE DE LA ILUMINACIÓN

En los seres humanos, el córtex prefrontal, situado en la parte delantera del cerebro, adquiere una relevancia muy importante como nuestro vínculo con el futuro, nuestra llave para alcanzar la iluminación y la respuesta a estas antiguas preguntas: ¿cómo podemos vivir una vida longeva y sana, sin que se vea afectada por enfermedades debilitantes y afecciones cerebrales degenerativas? ¿Cómo podemos convertir el denso plomo del sufrimiento humano en el oro de la conciencia iluminada?

El córtex prefrontal está asociado a las funciones cerebrales más elevadas, como el raciocinio, la invención del alfabeto y la música, el descubrimiento de la ciencia y la participación del pensamiento creativo. Muchas de sus funciones siguen siendo un misterio, pero sabemos que está asociado con la iniciativa personal y la capacidad de proyectar escenarios futuros, y que es el lugar en el cual se desarrollan la individualidad y nuestras señas de identidad.

Cuando nuestro cerebro funciona sinérgicamente, nuestro córtex prefrontal está totalmente despierto y disponemos de la capacidad de desarrollar la más elevada forma de inteligencia y creatividad, así como de permanecer conectados y de ser eficaces para el mundo. Comprendemos quiénes somos en relación con nuestro pueblo y nuestra historia. Somos capaces de pensar con originalidad, y reconocemos lo que nos impide llegar al nivel más elevado de conciencia y lo que nos ayudará a alcanzarlo. Somos conscientes de cómo podemos sobrevivir y prosperar.

> **¿Qué cerebro estás utilizando?**
>
> ¿Tu vida es una lucha por la supervivencia? ¿Intentas llegar continuamente a fin de mes? ¿Vives una existencia precaria? De ser así, tu cerebro reptiliano se ocupa de la dirección de tu aparato cognitivo.
> ¿Aprendes las lecciones que te pone la vida a través de relaciones personales amorosas difíciles? ¿Tu príncipe se ha convertido en un sapo con problemas de bebida tras la luna de miel... igual que sucedió con el anterior? ¿Acabas siempre en las manos de jefes o socios poco respetuosos que nunca parecen apreciar tus contribuciones? Si es así, tu cerebro emocional mamífero es el que está mayoritariamente a cargo de tu conciencia.
> ¿Se interpone tu intelecto en el camino hacia la pasión y la alegría? ¿Estás siempre dándole vueltas a la cabeza? ¿No aciertas a escuchar el instinto y la intuición? ¿Te sientes desconectado de tus sentimientos e insensible ante los sentimientos de otros, incluso cuando intentas lo contrario? De ser así, permaneces atado al aspecto endiabladamente lógico del neocórtex.
> ¿O, por el contrario, te sientes frívolo y desconectado, con la cabeza en las nubes? ¿Entras en una habitación y olvidas lo que ibas a hacer allí? ¿Hablas más de física cuántica, del linaje de María Magdalena y de teorías de conspiración internacional que de las tareas escolares de tus hijos o de lo que sucede en tu barrio? Si es así, probablemente tu conciencia esté en manos del córtex prefrontal.
> Si experimentas la predominancia de cualquiera de estos cerebros, es señal de que las partes de tu materia gris no actúan armónicamente entre sí, que las que se encuentran situadas en segundo plano están permitiendo que otra parte domine y exhiba únicamente sus rasgos limitados.

> En realidad, para experimentar la sinergia cerebral, es necesario que seas consciente de tu situación económica y de tus relaciones personales; es bueno pensar con lógica y soñar fantasiosamente. En definitiva, es vital mantener equilibradas entre sí todas estas actividades mentales.

DESPERTAR EL NUEVO CEREBRO

En el siglo XVII, James Ussher, arzobispo anglicano de Armagh y primado de Irlanda, publicó un tratado que señalaba la fecha en la que Dios creó el mundo: la noche anterior al domingo 23 de octubre del 4004 a. de C., según el calendario juliano. Aunque su cronología se basaba en los linajes patriarcales descritos en el Génesis y resultaba inexacta desde un punto de vista científico, lo cierto es que el arzobispo no andaba del todo desencaminado. En la actualidad, aunque rechazamos su afirmación, considerándola una fantasía religiosa, sí reconocemos que se aproximó a la fecha en que las aptitudes del córtex prefrontal empezaron a estar disponibles para grandes segmentos de la humanidad, en los albores de la civilización y la invención de la escritura.

Pero esta autoconciencia no se presentó de la noche a la mañana, sino que hicieron falta incontables generaciones para que el córtex prefrontal fuese lo suficientemente funcional como para garantizar una conexión con las regiones más antiguas del cerebro. De hecho, las evidencias halladas en fósiles acerca de los cambios más tempranos sucedidos en esta parte del cerebro datan de hace dos millones y medio de años, durante el período plioceno, cuando vivió un homínido temprano llamado *Australopithecus africanus*. El cráneo dilatado del *A. africanus* —miembro de la familia de los «monos antropoides», que incluye a los humanos— era más parecido al del hombre moderno que al de sus inmediatos predecesores.

Eso significa que los artistas de la cueva de Altamira y los cazadores del pleistoceno, que vivieron hace veinte mil años, disponían de las mismas estructuras cerebrales que tenemos hoy. No obstante, la mayoría de los miembros de la especie carecían del apoyo nutritivo y las disciplinas psicofísicas que les hubieran permitido experimentar la creatividad artística y los descubrimientos científicos. Por eso, solo algunos individuos aislados despertaron el potencial del córtex prefrontal. En realidad, esos individuos mejor dotados intelectualmente crearon sus grandes obras de arte durante ceremonias secretas realizadas en el interior de profundas grutas.

Con el final de la era glacial, hace unos diez mil años, cuando hubo abundancia de alimentos potenciadores del cerebro, el córtex prefrontal empezó a moverse. Durante el período neolítico posterior, que comenzó hace unos siete mil años, nuestros antepasados iniciaron la horticultura, que acabó con la necesidad de llevar una vida nómada. Domesticaron rebaños, plantaron cosechas y molieron a continuación el grano para convertirlo en harina. Desarrollaron cierta curiosidad por la ciencia, la exploración y quizá incluso el amor. Imaginaron los viajes transoceánicos. Por ejemplo, hubo navegantes micronesios que construyeron canoas con las que se adentraron cientos de kilómetros en mar abierto, utilizando únicamente las estrellas como referencia y alcanzando islas que no eran visibles desde el punto de partida. Fue aproximadamente en ese momento de la historia cuando la escritura y las ciudades-estado surgieron en muchas sociedades desconectadas geográficamente, en todo el planeta.

En esa época, mientras la civilización emergía en el Creciente Fértil de Asia occidental y la conurbación de Mohenjo-Daro, iban apareciendo a orillas del río Saraswati, en el actual Pakistán, los alimentos básicos de los líderes políticos y religiosos que procedían de los ríos himalayos y del mar

Mediterráneo. Se trataba de pescados y moluscos ricos en ácido docosahexaenoico (ADH), un nutriente cerebral que se ha ido tornando cada vez más escaso en la dieta humana actual. El ADH proporcionó el estímulo neuroalimentario que propició la conexión de los componentes lógicos anteriormente instalados. ¿No sería posible que los beneficios de una dieta rica en ADH explicasen por qué un gran maestro —Jesús de Nazaret— eligiese a unos sencillos pescadores como candidatos lo suficientemente sabios como para ser sus apóstoles, sus «pescadores de hombres»?

No obstante, aunque esa programación prefrontal ya estaba instalada en todos los seres humanos de la época, las masas, aun siendo capaces de aprovecharse de la sabiduría de este cerebro, seguían luchando entre dos configuraciones mentales: la vieja y la nueva.

LA VIEJA MENTALIDAD FRENTE A LA NUEVA

Para comprender verdaderamente el conflicto que reside en el interior de la mente humana, comparemos el poder del córtex prefrontal, o cerebro nuevo y más elevado, con las capacidades del cerebro antiguo. Esta comparación es semejante a «los caminos del miedo y los caminos de la sabiduría» que presentamos anteriormente, también en este capítulo. Sin embargo, entonces exploramos el miedo y el amor desde la perspectiva del *software*, es decir, las emociones procedentes de nuestros valores. Ahora los examinamos desde la perspectiva del *hardware*, es decir, el cerebro físico que procesa dichas emociones.

El cerebro antiguo percibe el mundo como un lugar terrible, lleno de rivales que compiten por los mismos y escasos recursos. Para él, lo más importante es la supervivencia, y por ello está siempre dispuesto a luchar o huir. Teniendo en cuenta que el cerebro antiguo se desarrolló en los mamíferos en un momento en el que seguían vagando por la Tierra enormes y demoledores dinosaurios, no es de extrañar que esos mecanismos de supervivencia estuvieran firmemente integrados en el núcleo de aquellas criaturas pequeñas y vellosas de las que procedemos.

El cerebro antiguo de los seres humanos dio lugar a la creencia de que el mundo de los espíritus está poblado de dioses feroces que demandan sacrificios, y que el mundo físico es presa de fuerzas invisibles que deben ser apaciguadas. En muchas mitologías, el planeta estaba poblado por titanes, gigantes con poderes extraordinarios, que debían ser derrotados. Los primeros griegos, por ejemplo, identificaron a los doce titanes que gobernaron la Tierra durante la legendaria Edad de Oro. En la Biblia del rey Jacobo, Dios le habla a Moisés acerca de «una Tierra de gigantes que moraron allí en la antigüedad».[1] En la mitología griega, los titanes eran una raza de antiguos dioses que fueron expulsados del Olimpo a las profundidades más oscuras del inframundo en la guerra de los titanes.

El cerebro antiguo busca explicaciones mágicas y religiosas de los fenómenos naturales, trátese de la formación de cadenas montañosas, del curso de los ríos o de tempestades y tormentas. Las leyendas de los incas hablan de los cuatro seres originales que podían mover montañas y establecer el curso de los ríos con sus manos desnudas. Zeus, el soberano del cielo, blandía un rayo que utilizaba de cuando en cuando para causar estragos en la Tierra.

Con un precedente mítico así, el cerebro antiguo afirma, virtuoso: «Mi Dios es más fuerte que el tuyo», y cree que solo aquellos poseedores de «nuestra fe» han sido elegidos para la salvación, y que el resto son paganos o herejes destinados a una experiencia infernal en el más allá.

Sin embargo, el nuevo cerebro comprende que no tenemos por qué vivir en un continuo estado de amenaza. Sabe que no luchamos para sobrevivir en un mundo hostil en el que ronda la muerte. Comprende que todos estamos interrelacionados, que podemos practicar la compasión «ofreciendo la otra mejilla», que hay que «amar a nuestros semejantes como nos amamos a nosotros mismos» y que la «muerte» física es en realidad una oportunidad para regresar a un reino celestial, un precepto que conforma el núcleo de las tres religiones abrahámicas: judaísmo, islamismo y cristianismo.

Pero incluso esa configuración mental es una cuestión de conciencia. Al principio, solo aquellos que vivían en comunidades monásticas y entre órdenes religiosas tenían esta comprensión de las distintas formas de la sabiduría. Entretanto, la configuración antigua de la mayoría de la población hacía que esta continuase siendo tentada por la «conexión del miedo». Esta configuración mental siguió buscando la riqueza y justificando la codicia, mientras que la más nueva y elevada reclamaba los caminos del amor. Estos dos llamamientos, aparentemente opuestos, han asediado a la humanidad durante milenios, y siguen haciéndolo. La disparidad solo se resolverá cuando podamos poner en marcha programas neuronales auténticamente beneficiosos, inherentes al córtex prefrontal.

Está claro que nuestras capacidades de razonamiento, enraizadas en el cerebro más evolucionado, no bastan para evitar nuestro sufrimiento o para darnos la oportunidad de crear un mundo más habitable, pacífico y sostenible. En realidad, si la razón hubiera prevalecido sobre la pasión, la historia de la humanidad no se habría escrito con sangre.

En este momento de la historia, nuestra especie necesita la próxima gran oportunidad que nos ofrece el córtex prefrontal, que nos permitirá mantener la antigua noción de una red de vida en la que todas las criaturas, e incluso la materia inanimada, están interconectadas formando parte de un campo de información y energía. Para experimentar la iluminación y aprender a interactuar con esta red cósmica, debemos empezar curando esa parte de nuestros cuerpos que nos permite soñar con la existencia de un nuevo mundo: el córtex prefrontal.

CAPÍTULO 4

LAS MITOCONDRIAS Y LA FUERZA VITAL FEMENINA

Las mitocondrias están irreversiblemente relacionadas con la capacidad del córtex prefrontal de conectarse totalmente. Son las centrales energéticas, los motores de tus células y la fuerza vital femenina a la que aluden los chamanes. Las mitocondrias son las directoras de la orquesta genética que regula la manera en que toda célula envejece, se divide y muere. Sostienen la batuta que ayuda a dictar qué genes se conectan y cuáles se desconectan en cada una de nuestras células, y proporcionan el combustible para establecer nuevas redes neuronales. Todo el ADN mitocondrial del cuerpo es herencia del linaje de la madre. Eso significa que la fuente de energía que sustenta tu vida deriva exclusivamente de las mujeres de tu árbol genealógico familiar, tu «matrilinaje».

LA FUENTE DE ALIMENTACIÓN DENTRO DE TUS CÉLULAS

El patólogo alemán Richard Altmann observó por primera vez las mitocondrias en 1890. Vistas a través de un microscopio, esas pequeñas partículas intracelulares parecen granos diminutos y filiformes. De ahí el nombre de mitocondrias, que proviene del griego *mitos*, que significa «hilo», y *chondrin*, que quiere decir «grano». No obstante, sería en 1949 cuando dos investigadores bioquímicos —Eugene Kennedy, de la Harvard Medical School y Albert Lehninger, entonces en la Universidad de Wisconsin-Madison— explicarían de manera completa el papel de las mitocondrias como productoras de energía celular.

Las mitocondrias usan hidratos de carbono como alimento, junto con otros derivados, como el agua y el dióxido de carbono, que transforman en energía vital. Este proceso se denomina «metabolismo oxidativo», llamado así porque en el proceso se consume oxígeno, de la misma manera que el fuego —como se demuestra al extinguir una llama a la que se le priva de oxígeno.

Pero, a diferencia de lo que ocurre con el fuego, que libera energía en una reacción incontrolada, la energía o fuerza vital producida por las mitocondrias queda almacenada en una «batería» química, una molécula única llamada adenosina trifosfato (ATP). La ATP, rica energéticamente, puede ser transportada a través de la célula, liberando energía a medida que se necesite en presencia de enzimas específicas.[1]

Además del combustible que producen, las mitocondrias también crean un derivado relacionado con el oxígeno: las «especies reactivas del oxígeno» (ERO), también conocidas como radicales libres.[2]

EL PAPEL DE LOS RADICALES LIBRES

Los radicales libres realizan una función importante y positiva en la fisiología humana. Desempeñan un papel esencial al regular la apoptosis, el proceso a través del cual las células inician su autodestrucción. La apoptosis ocurre cuando se activan los conmutadores genéticos que ordenan a la célula que muera. Aunque pudiera resultar cuando menos paradójico considerar la muerte celular como un suceso positivo, lo cierto es que la apoptosis es una función crítica que permite el crecimiento y la curación del organismo en su conjunto.

Hasta hace bien poco, los científicos suscribían el paradigma de que todas las funciones celulares, incluyendo la apoptosis, eran dirigidas por el núcleo de la célula. Pero, tal y como señala Nick Lane en su inspirador libro *Power, Sex, Suicide*:

> Ha tenido lugar un cambio de énfasis que equivale a una revolución, subvirtiendo el paradigma emergente. El paradigma decía que el núcleo es el centro de operaciones de la célula, y que controla su destino. En muchos aspectos es totalmente cierto, pero en el caso de la apoptosis no lo es. Sorprendentemente, las células que carecen de núcleo pueden seguir cometiendo apoptosis. El descubrimiento fundamental ha sido que las mitocondrias controlan el destino de la célula: determinan si una célula debe vivir o morir».[3]

Así pues, las mitocondrias deben considerarse como algo más importante que simples orgánulos cuya tarea consiste en convertir combustible en energía. Lo cierto es que enarbolan la espada de Damocles que pende sobre las células.

Hipócrates fue el primero en utilizar el término «apoptosis», que literalmente significa «la caída de las hojas de un árbol». Sin embargo, la apoptosis no se ganó el interés de la comunidad científica hasta que el patólogo Alastair R. Currie publicó un importante informe donde se describía la autodestrucción celular como un fenómeno biológico básico.[4] A partir de entonces, los investigadores utilizaron la palabra «apoptosis» para describir el proceso a través del cual el cuerpo elimina células intencionadamente con el fin de servir a un propósito mayor.

Este proceso comienza incluso cuando el feto se encuentra en el vientre materno. Por ejemplo, al inicio del desarrollo embrional, las manos humanas se parecen a los apéndices palmeados de una rana. Pero la muerte de las células en la zona palmeada transforma esas extremidades, permitiendo la definición de dedos individuales y el refinamiento del conjunto de la mano.

Además, tras el nacimiento, la apoptosis es el protocolo que permite que tu cuerpo se deshaga continua y diariamente de un total de hasta diez mil millones de células, creando espacio para otras nuevas y más sanas. Entre las desechadas, hay multitud de células cancerosas. La mayoría de las veces, cuando esas células patógenas aparecen, las mitocondrias envían una señal que las manda morir en lugar de reproducirse. Se trata de una muy importante función mitocondrial, porque las células cancerosas descontroladas no saben que deben pasar por la apoptosis y, sin ese mensaje procedente de las mitocondrias, continuarían reproduciéndose descontroladamente hasta llegar a perjudicar al anfitrión: tú mismo.

EL PROBLEMA CON LOS RADICALES LIBRES Y LA MUERTE DE LAS CÉLULAS

Aunque el suicidio celular, tal y como aparece descrito anteriormente, suele ser positivo, se convierte en una situación dañina cuando la función mitocondrial se deteriora y envía señales a células sanas para que mueran. De hecho, ese es el principal fallo del mecanismo mitocondrial que conduce a la destrucción de células cerebrales en prácticamente todas las patologías neurodegenerativas, como el Alzheimer, la esclerosis múltiple, el Parkinson y la enfermedad de Lou Gehrig, por nombrar solo algunas de ellas. No obstante, la apoptosis de las células cerebrales no se limita a esas enfermedades. El proceso ocurre durante toda la vida y es responsable de un declive generalizado de la función cerebral, aunque no se considere propiamente una enfermedad.

Los catalizadores —o culpables— son los radicales libres, unas sustancias químicas que provocan daños de oxidación en los tejidos, es decir, haciendo que se oxiden como un trozo de hierro expuesto a la intemperie. También pueden afectar a las proteínas, los ácidos grasos e incluso al ADN. De hecho, se cree que el daño causado a los tejidos por parte de los radicales libres subyace al proceso de envejecimiento. Esta teoría fue presentada por primera vez por Denham Harman, biogeriatra que por entonces era investigador titular en el Donner Laboratory of Medical Physics de la Universidad de California, en Berkeley. Su artículo, aparecido en 1956, que ha sido ampliamente citado, es ahora considerado un hito.[5]

El doctor Harman también afirmó que los radicales libres son «aplacados» por los antioxidantes, lo cual sentó las bases para una mejor comprensión de los efectos positivos del consumo de antioxidantes, de los que más tarde aprenderemos más en este libro.

EL ADN MITOCONDRIAL

Las mitocondrias desempeñan un papel mucho más importante que el de simplemente ser una central energética y el origen de las ERO. En realidad, son muchas las características que diferencian a las mitocondrias del resto de las partes estructurales de nuestras células. Por ejemplo, poseen su propio ADN –al que se denomina ADNmt o ADN mitocondrial–, separado del ADN más familiar y estudiado, que se encuentra en el núcleo de la célula –el ADNn.

Mientras que el núcleo de la célula contiene exactamente dos copias de su ADN, las mitocondrias pueden tener de dos a diez copias del suyo. Curiosamente, el ADNmt, a diferencia del ADNn, está dispuesto en forma circular, una configuración muy parecida a la observada en las bacterias. Además, aparte de las similitudes en la forma de su ADN, las mitocondrias y las bacterias carecen de la proteína que rodea su código genético y que ayuda a protegerlas de los radicales libres, mientras que el ADN nuclear cuenta con proteínas protectoras, llamadas histonas, que también sirven para regular su función.

Esas similitudes llevaron a la bióloga Lynn Margulis a proponer una nueva e importante teoría acerca del origen de las mitocondrias.[6] Postuló que estas evolucionaron hace cientos de millones de años a partir de bacterias aerobias –que respiran oxígeno– que gradualmente fueron entrando en una relación «endosimbiótica» con bacterias anaerobias, lo cual significa que empezaron a vivir en el interior de los cuerpos de esos otros organismos. Esta simbiosis permitió que los organismos anaerobios sobreviviesen en un entorno rico en oxígeno. Con el tiempo, las mitocondrias asumieron la función básica de la producción de energía, la de señalización intracelular, la de regulación de la apoptosis y, tal vez, la de comunicarse con la biosfera. El ADNmt humano solo contiene treinta y siete genes, mientras que el ADNn cuenta con miles, y es posible que con el paso del tiempo el ADNn haya ido haciéndose cargo de más funciones mitocondriales, permitiendo que otros orgánulos de la célula se especializasen en actividades como la creación de proteínas, la eliminación de residuos y la reproducción.

Finalmente, unas bacterias engulleron a otras. El resultado es que esos antiguos organismos libres residen ahora en el interior de cada una de tus células. Debido a su papel en el metabolismo de la energía, es de esperar que hallemos grandes cantidades de mitocondrias en las células de los tejidos con el fin de ser metabólicamente más activos. Y lo cierto es que las células individuales del cerebro, los músculos, el corazón, los riñones y el hígado pueden contener miles de mitocondrias, llegando a concentrar en algunas células hasta el 40% del material celular. Según el profesor Enzo Nisoli, de la Universidad de Milán, un adulto humano posee más de diez billones de mitocondrias, lo cual representa un 10% del total del peso corporal.

Por tanto, aunque la principal función del ADN nuclear sea la de proporcionar la información que las células necesitan para reparar y fabricar las diversas proteínas que controlan el metabolismo, así como para mantener la integridad estructural del cuerpo físico, el ADN mitocondrial es el que dirige la producción y utilización de tu *energía vital*. Determina el destino de cada célula, tejido y órgano del organismo, así como el destino energético de tu cuerpo en su conjunto.

David: una crisis energética

—¿Por dónde le gustaría empezar? –le pregunté a Susan mientras me acomodaba en mi silla del consultorio.

—Permítame que le confiese que tengo una larga lista de problemas –comenzó a decir mientras su madre, que la había acompañado desde su estado de origen, a cientos de kilómetros de distancia, nos observaba.

—Perfecto, porque soy un médico «holístico» –contesté, con la esperanza de que sonriese.

Los problemas de Susan habían comenzado cuatro años antes, justo cuando cumplió cuarenta. Describió su vida antes de enfermar como activa y satisfactoria. Lo cierto es que había sido una atleta bastante dotada, a la vez que trabajaba a jornada completa y criaba dos hijos pequeños junto con su esposo.

Más tarde, ese mismo verano, cayó muy enferma de repente a causa de lo que ella describió como una «mala gripe» que la obligó a tomarse la baja laboral durante casi una semana. La enfermedad estuvo acompañada de una fiebre que llegó a alcanzar los treinta y nueve grados. Pero no fue una gripe normal, ya que después de que la fiebre y otros síntomas, como tos y diarrea, hubieron desaparecido, siguió experimentando fatiga, incluso al cabo de varias semanas.

—No puedo más. No consigo funcionar —continuó diciendo.

Responder a las expectativas de su activa vida anterior resultaba imposible, así que después de un mes de espera, acabó visitando a su ginecólogo, el único médico con el que había mantenido una relación profesional. Los análisis de sangre indicaron la necesidad de administrar un potente antibiótico oral, que tomó a disgusto pero obedientemente. Dos semanas más tarde, la salud de Susan no había mejorado.

—¿Podría describirme exactamente cómo se sentía entonces? —pregunté.

Procedió a enumerar las diversas molestias, que iban desde el agotamiento mental hasta la fatiga física.

—Puedo dormir diez horas seguidas y no obstante levantarme agotada —se lamentó.

Siguió describiendo un dolor difuso en los músculos y, aunque de menor intensidad, ciertas molestias también en las articulaciones.

Como suele ocurrir, Susan comenzó un periplo, visitando a todo tipo de médicos que le prescribieron una amplia batería de análisis, todos los cuales fracasaron a la hora de proporcionar alguna pista que resultase útil. En más de una ocasión le aconsejaron que considerase la posibilidad de ir a ver a un psiquiatra, ya que no hallaban ninguna explicación a través de los diversos análisis físicos.

—Todo lo que hacían era recetarle antibióticos y esteroides, para luego decirle que estaba deprimida —me informó su madre.

La mirada de frustración en el rostro de la madre rivalizaba con la de la hija.

Unos dieciocho meses antes de recibir a Susan, ella había acudido a un médico de un estado cercano, especializado en la enfermedad de Lyme —o borreliosis—. Mediante exhaustivos análisis de sangre, el especialista confirmó que padecía la enfermedad crónica de Lyme, y le prescribió un agresivo programa a base de antibióticos que le ayudaría a recuperar la salud.

—Para mí fue un primer rayo de luz —recordó Susan.

Primero, y durante dos semanas, estuvo tomando dos potentes antibióticos por vía oral. Al no notar ninguna mejoría, cambiaron el tratamiento por antibióticos intravenosos, tras adaptarle un dispositivo de acceso vascular en el pecho para facilitar su administración. Estuvo con ese tratamiento durante cuatro meses, siete días a la semana, pero sin resultados. Después intentaron otras tandas con diversos antibióticos orales, pero nada pareció mejorar su estado.

Para cuando Susan llegó a nuestro centro de Naples, en Florida, estaba muy claro que había llegado casi al límite de su resistencia. En el tono de su voz resultaba palpable su desesperación. Su vida estaba destrozada. Se sentía abrumada por el cansancio, los dolores corporales y un nuevo síntoma que había empezado a notar un año atrás, una gran sensibilidad a diversos compuestos químicos. Solo con pasar junto a una persona que llevase perfume o loción para después del afeitado, le bastaba para comenzar a sentir un debilitador dolor de cabeza e incluso más confusión.

Llegados a este punto, repasamos el resto de su historial médico: aparte de algunas molestias menores a lo largo de los años, no había nada digno de mención que pudiera proporcionarnos una clave acerca de qué podía provocarle ese grave estado. El historial familiar tampoco nos ofreció una información relevante. En realidad, su madre confirmó que antes del inicio de los primeros síntomas, Susan era una mujer sana que disfrutaba de una maravillosa relación con su esposo e hijos.

Las exploraciones médicas normales que realizamos no añadieron nada nuevo, con la excepción de que su presión sanguínea era un poco baja. La exploración neurológica, que es una evaluación más en profundidad de diversas funciones del sistema nervioso, tampoco reveló anormalidades. Luego, tal y como lo he venido practicando desde hace muchos años, le comprobé el pulso, no siguiendo el modo convencional de contar pulsaciones buscando un ritmo normal, sino más bien desde una perspectiva ayurvédica.

Hace muchos años me formé en medicina ayurvédica, un sistema de medicina tradicional que se remonta al antiguo período védico de la India. La palabra «Ayurveda» proviene del sánscrito *ayus*, que significa «vida», y *veda*, que quiere decir «ciencia» o «conocimiento». Aunque nunca me consideré un verdadero practicante de la medicina ayurvédica, gracias a la formación que tenía sobre diagnosis del pulso, tuve buenos resultados con muchos de mis pacientes, pues a menudo me proporcionaba las claves diagnósticas que de otro modo no resultaban aparentes.

Efectivamente, el pulso de Susan lo reveló todo. El pulso ayurvédico proporciona información sobre las tres *doshas*, o energías –*vata, pitta* y *kapha*– que corresponden a las energías del viento o Aire, del Fuego y de la Tierra. Lo que sentí en el pulso de Susan fue como un viento frío que soplase a través de un árbol que no tenía hojas con las que capturar y mantener la energía. Básicamente, sentí como si estuviese «desconectada» de las fuerzas energéticas que circulaban a través y alrededor de ella.

Dejé la sala de exploración y comencé a repasar sus anteriores informes y análisis médicos, que eran muy extensos. Curiosamente, aparte de una anemia muy suave, su historial no revelaba nada que pudiera explicar sus síntomas. Incluso los análisis de sangre tomados para la enfermedad de Lyme, que había repetido en varias ocasiones antes, durante y al final de su tratamiento antibiótico, eran todos normales. Además, Susan y su madre habían traído los resultados de varias resonancias magnéticas, que repasamos juntos. Todo seguía pareciendo normal.

Cuando regresé al consultorio, observé que Susan había colocado sus numerosos suplementos alimenticios sobre la mesa. Obviamente, durante su periplo había visitado a algunos médicos alternativos, cada uno de los cuales parecía haberle dado los mejores consejos posibles con la intención de que se recuperase.

—Antes de repasar los suplementos –dije–, permítame que le exponga lo que pienso.

Empecé mostrándoles a Susan y a su madre un resumen de los análisis y de las pruebas médicas, diciéndoles también que los paneles de Lyme eran normales, algo que pareció sorprender a ambas. También repasé las resonancias, así como los informes redactados por los demás médicos. Luego me eché hacia atrás en la silla y comencé a darles mi opinión acerca de por qué se veía tan incapacitada.

—No tengo un nombre para su enfermedad –le confesé–, pero eso no quiere decir que no pueda ayudarle.

Le dije a Susan que la cuestión central de su salud radicaba en la energía. Le expliqué que las mitocondrias proporcionaban energía al cuerpo y que, por alguna razón, tal vez la grave infección viral del principio, las suyas no acababan de funcionar plenamente.

—Pero –continué– también hay otra energía que debemos tener en consideración.

Le expliqué que todas las personas están rodeadas de energía, que estar vivo significa interaccionar con ella y compartir la energía que existe en el universo. Observé atentamente su rostro, sabiendo que esa exposición podría hacer que ella, o su madre, se sintiesen incómodas. Pero Susan asintió con la cabeza, comprendiendo lo que le decía. Lo mejor de todo es que su madre también sonreía, mostrando su asentimiento.

Luego pasamos a sus numerosos suplementos alimenticios, y seleccioné varios que pueden ayudar a mejorar la función mitocondrial. Añadí algunos más al régimen así como aceite de coco, ADH y ácidos grasos omega-3.

—Vamos a conectar de nuevo sus mitocondrias –dije.

A continuación profundicé más en la idea de «aprovechar» la energía que nos rodea y le mostré una breve técnica de meditación que le pedí que llevase a cabo dos veces al día.

En realidad no eran necesarios más análisis de sangre, pues ya había traído los suficientes. Pero sí que hicimos uno sencillo, una evaluación de peróxidos lipídicos que puede obtenerse fácilmente en la mayoría de los laboratorios y que proporciona una evaluación de la función mitocondrial. Tardamos tres semanas en obtener los resultados, pero el estado anormal que mostraron confirmó que seguíamos el camino correcto.

Tras la evaluación inicial comenzamos con una serie de inyecciones con las que le administrábamos glutatión –un compuesto natural que favorece la función mitocondrial así como el proceso de desintoxicación–, junto con los suplementos orales.

Además, le prescribí un tratamiento de oxigenoterapia hiperbárica, en el que Susan permanecía sentada en una cámara acrílica llena de oxígeno bajo presión. Se trata de la misma tecnología utilizada para ayudar a los buzos a recuperarse del mal de descompresión causado por un regreso demasiado rápido a la superficie desde las profundidades presurizadas.

Juntos, los suplementos alimenticios, el glutatión y el oxígeno hiperbárico creaban un programa muy completo de cara a conseguir el restablecimiento de la salud y la función mitocondrial en el cuerpo de Susan (describiremos detalladamente cada una de esas terapias más adelante).

Examiné a Susan y su progreso durante la semana que recibió los diversos tratamientos, y luego la vi en mi consulta al cabo de una semana. En solo siete días se había transformado.

Pero la prueba real no residía en su aspecto, sino en el rostro de su madre. Con los años yo había aprendido que la preocupación de los padres por un hijo enfermo es la misma, tanto si el hijo tiene cinco como cincuenta. La madre de Susan había visto por fin algo de luz al final de lo que había sido un largo y oscuro túnel para ambas, y las lágrimas que vertió fueron de alivio.

—Vamos a añadir un par de cosas más a su programa –dije, y le recomendé la práctica de algunos ejercicios suaves.

Susan aceptó de buena gana.

—No me puedo creer que sea capaz de volver a hacer ejercicio –dijo, radiante.

Además de la práctica de meditación, empezamos a incluir afirmaciones. Susan repetía –varias veces al día– frases como: «Estoy bien» y «Formo parte de todo lo que me rodea».

El otro aspecto novedoso de su programa fue incluir un día de ayuno cada tres semanas. Aunque al principio, cuando se lo propuse, pareció sorprendida, le expliqué tanto la corriente científica que valida los efectos del ayuno en la función mitocondrial como la rica historia que tiene esta práctica en casi todas las religiones del mundo.

Al cabo de dos semanas de programa, Susan caminaba cuarenta y cinco minutos al día, tenía la cabeza lo suficientemente despejada como para llevar un diario sobre sus pensamientos y actividades, y, sorprendentemente, había perdido la sensibilidad a los productos químicos.

Regresó a su casa y lo organizó todo para recibir inyecciones de glutatión tres veces por semana, primero en la consulta de su médico y luego a través de una practicante. Continuó con el programa de suplementos y ayunó cada tres semanas, como convinimos. La meditación y las afirmaciones se habían convertido en parte regular de su jornada, y me informó, feliz:

—Mi marido también las practica.

Pasamos consulta telefónica tres semanas después de que dejase nuestra clínica, y me contó que podía acompañar a su esposo y a sus dos hijos a dar paseos en bicicleta. Ya no sentía dolor muscular, y los dolores de cabeza y la sensibilidad a los productos químicos habían desaparecido. Le recomendé que redujese las inyecciones de glutatión a una a la semana durante el mes siguiente.

Durante nuestro seguimiento telefónico al cabo de un mes, Susan me dijo que estaba muy bien. Había continuado con todos los componentes de su programa y vuelto a trabajar en jornada reducida. Detuvimos el tratamiento intravenoso a base de glutatión y quedamos en volver a hablar al cabo de unos meses.

Sin embargo, nuestro siguiente contacto tuvo lugar antes, cuando recibimos en nuestra oficina una postal de Navidad de Susan y su familia acompañada de una fotografía suya con aspecto juvenil y sano, junto a su esposo y sus dos hijos.

CAPÍTULO 5

REDES NEURONALES Y HÁBITOS MENTALES

Las redes neuronales son patrones únicos creados por millones de neuronas interconectadas. Las neuronas individuales tienden fibras nerviosas hasta alcanzar a otras neuronas, como las ramas de un árbol. Los vínculos que crean pueden dirigir el tráfico por muchas de las rutas de una red extraordinariamente intrincada. Las conexiones neuronales pueden unirse para conformar redes con patrones o pautas particulares de pensamiento, acción y reacción. Dicho de otro modo, las redes neuronales de tu cerebro están constituidas por un equipo de células nerviosas que han aprendido a encenderse juntas, y que luego se han unido para llevar a cabo una función concreta y que se puede reproducir. Gracias a las redes neuronales puedes realizar tareas como mascar chicle, chasquear los dedos o recordar la letra de *Hey Jude*.

CREACIÓN DE TUS REDES NEURONALES BÁSICAS

Para sobrevivir, un niño debe desarrollar un sentido instintivo a fin de identificar situaciones potencialmente amenazadoras. Por eso, ya al principio de la vida desarrollamos aversiones y miedos asociados con sucesos y experiencias que, con razón o sin ella, percibimos como peligrosos. Muchas de esas aversiones se desarrollaron mientras permanecíamos en el vientre de nuestra madre.

Un torrente de hormonas de estrés cruza la barrera placentaria e informa exactamente al feto del estado de ánimo de la madre. Si esta se siente feliz, el feto goza. Si se siente segura y querida, el mensaje es registrado por el feto, que también se verá seguro y amado. Si la madre sopesa acabar con el embarazo, las redes neuronales del cerebro fetal se codificarán para sentir miedo, ya que intuitivamente podrían percibir que su vida corre peligro.

En esa época formativa prenatal, se desarrolla un gran porcentaje de los circuitos neuronales de nuestro cerebro límbico, influyendo en la manera en que percibimos el mundo y determinando nuestra personalidad. Estas tendencias son reforzadas más adelante por los códigos de conducta y el repertorio emocional que aprendemos de nuestros padres.

Hasta los siete años de edad, el cerebro humano es un campo fértil que absorbe información, primero de la placenta materna y luego, tras el nacimiento, de toda una variedad de influencias externas. Algunas de estas, como el contacto cariñoso de la madre y el padre, o el sonido de la risa familiar, enriquecen el cerebro del bebé con experiencias positivas. Otras, como el primer aliento, traen consigo una sensación de cambio, e incluso de peligro en este mundo, fuera del cálido y acuoso vientre materno.

Durante esos primeros años de vida, el cerebro infantil es como una grabadora digital en constante funcionamiento.

Medido con un electroencefalograma, la frecuencia de onda cerebral de un niño desde el nacimiento hasta los dos años de edad se encuentra en la longitud delta, que también es la frecuencia de las ondas cerebrales de un adulto dormido, mientras que la de un niño de entre dos y seis años ocupa la longitud theta, es decir, la que experimenta un adulto en un estado de imaginación, meditación o mientras sueña. El cerebro infantil se torna totalmente funcional en el sentido adulto con la llegada de la adolescencia, operando en las frecuencias más elevadas de las longitudes de las ondas alfa o beta. Dicho de otro modo, un niño de menos de siete años funciona básicamente en un trance hipnótico o estado de ensueño, lo que permite que ese grabador digital del cerebro reúna información —y forme circuitos neuronales— adecuada para el entorno del pequeño sin el filtrado y la interferencia de la lógica y el razonamiento del neocórtex.

Luego, entre los siete y los dieciséis años, sucede lo contrario. Nos salimos del modo de grabación y empezamos a juguetear con el de borrado-eliminación. Durante la adolescencia, nuestros cerebros eliminan más del 80% de las interconexiones entre las neuronas en un proceso llamado poda sináptica.

¿Por qué? Porque hemos aprendido qué es lo que sucede en nuestro entorno. Tenemos una idea bastante aproximada de en quién podemos confiar y en quién no, de quién nos proporciona alimento y abrazos, y de quién nos inflige dolor y castigos. Y por esa razón ya no necesitamos reunir información de todas las fuentes posibles, ni explorar patrones de comportamiento, así que buscamos otras alternativas para examinar el mundo.

Poco después del final de la adolescencia, nos vemos atrapados por las costumbres, sujetos por la forma en que las cosas han sido siempre y atrincherados en la creencia de que todo seguirá igual aunque el mundo que nos rodea cambie. Nuestra visión del mundo habrá quedado fijada, no en piedra, sino en las redes neuronales del cerebro. Y aunque esas redes neuronales se comunican química y eléctricamente, nosotros las percibimos como emociones.

LA TIRANÍA DE LAS EMOCIONES

Son muchas las escuelas de pensamiento que estudian las emociones, pero no existe ninguna teoría o taxonomía de las emociones universalmente aceptada. Algunos biólogos hablan de un conjunto de emociones instintivas que son generadas por la amígdala –que participa en el procesamiento del recuerdo de las reacciones emocionales– y de otro tipo, generado por el córtex prefrontal, que son experiencias conscientes y cognitivas. En este libro, utilizaremos estas descripciones

Las *emociones cognitivas* son conscientes, únicas y suceden en el momento. Para ti es normal sentirte feliz, furioso o triste en diferentes momentos de tu vida, y a menudo sin razón aparente. Por mucho pensamiento positivo que practiquemos, no podremos evitar desarrollar, de vez en cuando, sensaciones desagradables. Por fortuna, esas sensaciones no perduran. Aunque puedas sentir algo por alguien durante toda la vida, esas emociones cognitivas no son agobiantes ni tampoco ocupan espacio en tu conciencia, y el acto mismo de recordarlas te ofrece una sensación breve y pasajera. Puede que recuerdes a tus seres queridos con cariño, a tu primera novia de la infancia con ternura o al matón del colegio con cierto temor. Estas emociones se razonan y tienen sentido con respecto a la situación a la que pertenecen.

Las *emociones instintivas* son perjudiciales. Cuando te enfadas durante una discusión y continúas en el mismo estado mucho después de que haya terminado, es señal inequívoca de que estás experimentando una emoción instintiva. Cuando ese tipo de emociones te supera, vas por ahí enfadado sin saber exactamente por qué, tu esposo o esposa te pregunta por qué has tratado con tanta brusquedad al camarero —y lo cierto es que no recuerdas haberlo hecho— o alguien te detiene para hacerte una pregunta y, sin que medie razón, estás que muerdes. Entonces, a pesar de que las funciones del cerebro superior tratan de interceder, se ven secuestradas, y tú te descubres a ti mismo intentando convencerte infructuosamente de que tenías razón y el otro estaba equivocado, incluso al cabo de los años. Esto se traduce en una negativa a perdonar, de manera que cada vez que recuerdas el incidente que ha causado la ofensa, la adrenalina entra en el sistema nervioso y tu cuerpo revive el suceso una y otra vez, como si estuviese sucediendo de nuevo, y vuelves a darle vueltas tratando de responder de modo distinto. Solo con dificultad, a veces con extrema dificultad, el sistema nervioso se calmará.

Las emociones instintivas se generan por antiguos instintos de supervivencia, a menudo asociados con candentes y traumáticos recuerdos conectados en nuestro cerebro. Las emociones negativas de miedo, tristeza, envidia y rabia, que a menudo son apasionadas y a veces violentas, pero siempre agotadoras, nunca son únicamente experiencias del momento presente. De hecho, podemos considerarlas como erupciones causadas por traumas que han quedado grabados en el tejido del ser. Esas emociones sacan a la luz historias de tu infancia que se superponen al momento actual. Te impiden percibir sentimientos auténticos, aquí, en el ahora. Todos aquellos que conoces te recuerdan a alguien que ya conociste antes, y toda nueva situación parece un *déjà vu*. Por eso las emociones instintivas son como antiguos programas víricos que secuestran el procesador central del cerebro y te empañan el juicio. Son la némesis de la verdadera experiencia espiritual.

Como esas emociones están asociadas con los cuatro programas fundamentales –miedo, alimentación, lucha y fornicación–, son primitivas e instintivas, y tienen su origen en un neuroprocesador prehistórico que compartimos con los mamíferos. Si experimentaste abusos físicos o verbales en tu infancia, corres el riesgo de asociar la intimidad con el peligro en el seno de la familia que has creado con tu pareja. Una experiencia aterradora durante un paseo nocturno en una gran ciudad puede provocar que relaciones las grandes comunidades urbanas con el peligro. De este modo, reavivas las brasas de antiguos recuerdos, trasladándolas al presente, donde arden con gran intensidad.

Las emociones instintivas persisten. Si estás enfadado y ese enfado se pasa tras unos pocos minutos, se trata de una emoción cognitiva. Pero si perdura durante veinte días o veinte años, estaríamos hablando de una emoción instintiva. Estas últimas son como programas tóxicos que se apoderan de todo el neuroprocesador. Esas redes neuronales hacen que malgastemos unos años preciosos en un matrimonio que se ha convertido en un calvario o encadenados a un trabajo insatisfactorio y frustrante. Finalmente, cuando consideramos que ya no aguantamos más, tal vez optamos por dejar el trabajo o pedir el divorcio, sin darnos cuenta de que lo que necesitamos es cambiar las redes neuronales a través de las cuales nos metemos en el entorno y la situación actuales.

REFORZAR CIRCUITOS NEURONALES NEGATIVOS Y CREENCIAS SUBCONSCIENTES

Las redes neuronales son una arquitectura plástica y dinámica, una constelación de neuronas que se activa momentáneamente para realizar una tarea específica. Por eso, cuando se le da vueltas a un pensamiento en particular –bueno o malo– o se realiza una actividad en concreto –beneficiosa o perjudicial—, estamos reforzando las redes neuronales relacionadas con esos pensamientos y capacidades. Cada vez que una situación te recuerda a una experiencia real temible o peligrosa procedente del pasado y se manifiestan las emociones instintivas, estás reforzando esa determinada red neuronal: fortalece las emociones negativas y las redes neuronales de nuestro cerebro límbico y empezamos a establecer creencias subconscientes sobre la vida. Esas creencias dirigen nuestras acciones y reacciones en todas las experiencias.

TEPT, ESTRÉS EMOCIONAL Y SUFRIMIENTO

Cuando nos vemos expuestos a un trauma grave, podemos desarrollar una condición conocida como trastorno de estrés postraumático (TEPT). Existen estudios que han demostrado que la mayoría de las personas experimentarán, durante su existencia, al menos un suceso violento o con peligro para su vida.[1] Los estudios indican que aunque un individuo se recupere del TEPT, continuará mostrando síntomas suaves.[2] Con este trastorno muchos de los sucesos típicos del día a día se canalizan inadecuadamente a través del cerebro límbico, donde aliviamos, al menos desde una perspectiva emocional, el traumatismo desgarrador que pudiera haber sucedido décadas atrás. El TEPT se complica a causa del cerebro límbico, que al ser primitivo, no reconoce el tiempo y por lo tanto no distingue la diferencia entre un suceso doloroso que tuvo lugar hace veinte años y el recuerdo de ese mismo suceso desencadenado en una situación actual parecida.[3] A modo de ejemplo, podríamos citar el caso de los soldados que regresaron de la guerra del Golfo y de los conflictos de Irak y Afganistán, que sentían ansiedad o angustia cuando oían petardos u otros sonidos fuertes repentinos porque su cerebro límbico no comprendía que ya no se hallaban en el escenario de guerra. De igual manera, las parejas que pasan por un divorcio amargo pueden sufrir un terrible choque emocional al escuchar de nuevo la voz del otro, muchos años después de haber finalizado el matrimonio.

Pero no tienen por qué haberte diagnosticado un TEPT para que determinados sucesos, aparentemente benignos, desencadenen en ti reacciones emocionales intensas.

Este refuerzo puede realizarse sin nuestro conocimiento o cuando aprovechamos un *trauma* emocional por simpatía, ya sea de otros o de nosotros mismos. Podríamos decir, por ejemplo: «No tengo por qué actuar de manera madura; después de todo, sufrí una infancia terrible». Creando y repitiendo esa afirmación, estamos reforzando *redes neuronales* y hábitos emocionales que son tan reconocibles como los hábitos posturales de un viejo traumatismo cervical que haya afectado a las vértebras y los músculos de la columna. Esas redes dan lugar a *emociones*, y luego a *creencias* que hacen que favorezcamos dolores pasados, así como a *comportamientos que refuerzan el trauma* continuamente, al igual que la compasión que hemos aprendido a provocar con tanta facilidad.

Representada gráficamente, la pauta sería algo así:

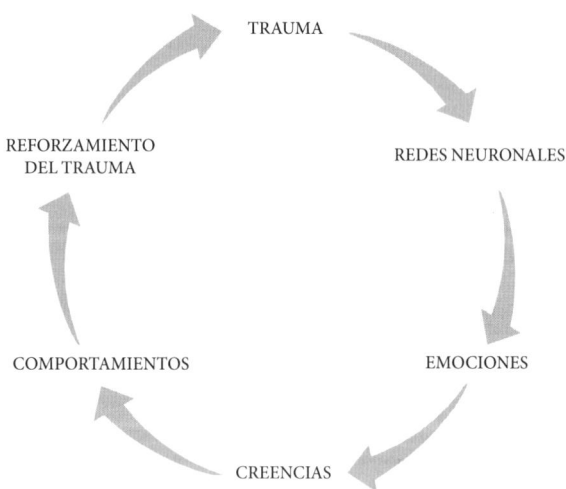

Si bien esta pauta repetitiva y circular puede servir en alguna ocasión para asegurar nuestra supervivencia, llega a convertirse en perjudicial porque origina creencias erróneas acerca del mundo y de nuestros conocidos, amigos e incluso familiares. Debido a que las creencias pueden ser inconscientes, también es posible que se presenten de maneras sorprendentes. Tal vez iniciemos una relación íntima que se rompe cuando descubrimos que la persona no es realmente como creíamos que era, pero en realidad la situación puede ser producto de nuestra propia creencia inconsciente de que nunca encontraremos una pareja. De igual manera, tal vez se nos presente una estupenda oportunidad laboral que no llegue a cuajar porque en nuestro interior no nos consideramos dignos de ella.

Por extraño que parezca, es posible reforzar las redes perjudiciales creadas por los traumas al reaccionar con miedo ante una amenaza *percibida*. Por desgracia, siempre que una situación sea mínimamente similar a la de un suceso doloroso de tu pasado, aparece una bandera roja en tu cerebro mamífero que hace que las percibas como una posible amenaza. Esto se debe a que el trauma no es realmente lo que sucedió, sino cómo lo guardaste en tu mente a modo de historia. Es decir, estás impactado por lo que *crees* que ocurrió. Y esa historia sigue viva bajo el umbral de la conciencia, sin que tu pensamiento se percate de ello.

Alberto: la recuperación del alma

Una de mis pacientes se obsesionó con una imagen recurrente de sí misma cuando era una niña de seis años que fue atropellada por un coche mientras iba en bicicleta. Aunque «Carol» resultó ilesa, recuerda estar bajo un vehículo detenido, observando la parte inferior del motor del coche y oliendo la penetrante mezcla de gasolina y grasa. Al recordar el incidente, se veía llamando a sus padres, pero ninguno de ellos aparecía. La única persona que le ayudó fue el desconocido que conducía el coche.

Años más tarde, Carol continuó viéndose perseguida por esa sensación de abandono. Sentía que su madre y su padre nunca habían estado presentes cuando ella los necesitaba y que solo podía confiar en desconocidos, que eran precisamente las mismas personas que le habían hecho daño. Al trabajar con esa percepción, las redes neuronales de su cerebro límbico originaban creencias erróneas sobre la amistad y los grupos de apoyo, que la empujaban a establecer relaciones personales y comportamientos inadecuados.

Carol confiaba totalmente en gente que conocía en aviones y fiestas, pero desconfiaba de su familia y amigos, que intentaban aconsejarla y ayudarla de verdad. Sentía una cólera tremenda hacia sus padres, pero perdonaba los actos más atroces a personas desconocidas.

Solo empezó a curarse cuando la ayudé a repasar ese incidente durante una meditación guiada. Persuadimos a esa parte de su personalidad que se había «dividido» o disociado durante el accidente para que regresase. Al hacerlo, tuvimos que asegurarle a la pequeña Carol que la Carol mayor se ocuparía de ella y la protegería, y que la recibiría con regalos y delicadeza. Los chamanes se refieren a este proceso como *la recuperación del alma*, y, de hecho, la ayudé a recuperar cualidades perdidas de su alma: confianza, curiosidad, seguridad, determinación y espontaneidad. Al ir adoptando esas cualidades, abrió el camino para la formación de nuevos circuitos neuronales que le permitirían experimentar el mundo de una forma más creativa. Empezó a percibir a las personas y las situaciones de una manera nueva, encontrando oportunidades donde antes solo había visto adversidades.

ACABAR CON LA PROPENSIÓN A SUFRIR

Durante muchos años, la psicología defendió la idea de que las emociones destructivas podían repararse con terapia, una opinión que es cuestionada por algunos médicos en la actualidad, los cuales ponen incluso en entredicho la legitimidad de la propia psicología. Por ejemplo, el psicoanalista James Hillman escribe:

> El fracaso de la psicoterapia para definir su legitimidad ha dado como resultado psicologías que son ciencias bastardas y filosofías degeneradas. La psicoterapia ha intentado apoyar su pedigrí apropiándose de lógicas impropias para investigar sus temas. Como esos métodos prestados van fallando uno tras otro, la psicoterapia parece cada vez más dudosa... no es física, ni filosofía ni religión.[4]

En el desarrollo de nuestras respectivas profesiones, nosotros —los autores— hemos conocido a muchos y dedicados psicoterapeutas que trabajan en colegios, prisiones y centros de salud. Estos profesionales están muy comprometidos a ayudar a sus pacientes tanto a aliviar sus sufrimientos como a encajar mejor en la sociedad. No obstante, estamos de acuerdo en que los populares tópicos psicológicos y la nueva espiritualidad han servido para poco más que para embrollarnos, aún más si cabe, en nuestros dolorosos cuentos psicológicos.

Aunque los medios de información han popularizado temas relativos a padres inadecuados, abandono y baja autoestima, nadie ha llegado a ofrecer explicaciones satisfactorias que alivien nuestras complejas personalidades. Como mucho, la atención de los medios y el diálogo abierto nos han ayudado a muchos a comprender de qué manera los dolorosos sucesos y traumas que experimentamos en la infancia han dado forma a nuestras relaciones personales. No obstante, esta comprensión no ha bastado para modificar las redes neuronales de nuestro cerebro que nos mantienen atrapados en esos cuentos, que es lo único que realmente podría ayudarnos a liberarnos o a hacer que nos sintiésemos mejor con nosotros mismos, para así vivir vidas más satisfactorias.

En lugar de ello, vamos por ahí diciéndonos a nosotros mismos y a quien quiera escucharnos por qué somos incapaces de amar o confiar, o por qué dudamos en creer en nuestra valía. Afirmamos que es porque nuestras madres no nos dieron el pecho o porque nuestros padres nos maltrataron. En otras palabras, continuamos abundando en cuentos enfermizos —muchos de ellos, de creación propia— acerca de quiénes somos y de lo que somos capaces de conseguir. ¡Y no dejamos de comprar los libros de autoayuda que siempre copan los primeros puestos en las listas de ventas!

Así pues, ¿por qué no mejoramos? Porque buscamos respuestas en lugares equivocados.

Alberto: tener respeto por uno mismo

Un paciente, «Chris», me dijo en una ocasión:

—Todos los trabajos que he tenido han sido estresantes porque siempre acababa con un jefe tiránico que no respetaba mi talento o mis contribuciones.

Este hombre llevaba muchos años tratándose con psicoterapia e intentando comprender por qué «no obtenía respeto». Había diseccionado de manera exhaustiva su dinámica familiar y trabajado muy duro para descubrir las razones por las cuales no dejaba de repetir ese patrón de autoderrota en su vida profesional.

Con mucho tacto, le señalé que la respuesta radicaba en las redes neuronales de su cerebro que hacían que su «realidad» habitual se repitiese continuamente. La psicología le ayudó a comprender el trauma infantil responsable de la creación de esas redes: el hecho de ser el hijo mayor de un padre anciano, que rara vez era elegido por sus compañeros de juegos cuando seleccionaban los equipos, que se vio obligado a rendir más de lo esperado en la escuela y que más tarde abandonaría los estudios. Pero la comprensión de los orígenes del conflicto con sus jefes no tuvo como resultado la mejora de sus relaciones personales cotidianas, de la misma manera que entender cómo afecta un virus al sistema inmunitario no significa que se cure la gripe. Le recomendé que tomara nutrientes fortalecedores de la función cerebral, sabiendo que eso le ayudaría a sanar las regiones de su cerebro límbico, que a su vez le permitiría la creación de nuevos y superiores circuitos corticales a través de otros métodos que le proporcionaría más adelante.

También asigné a Chris la práctica contemplativa de permanecer sentado durante diez minutos cada mañana y contar sus respiraciones. Le pedí que se preguntase: «¿Quién soy yo?», y que descartase cualquier respuesta que se le ocurriese. Una mañana, en una súbita inspiración, Chris comprendió que las personas para las que había trabajado no eran «exigentes» ni pretendían «degradarle», como pensaba. Más bien lo que sucedía es que esperaban lo mejor de él porque percibían un potencial que él mismo no había sido capaz de reconocer.

Mi trabajo con Chris consistió en trazar un mapa para su futuro que le orientase hacia nuevas creencias, nuevos comportamientos y una nueva dirección en la vida basada en una relación con el mundo profunda y confiada.

LOS SIETE PECADOS CAPITALES

En los primeros tiempos del cristianismo, muchas personas temían perecer por los siete pecados capitales: ira, codicia, lujuria, pereza, envidia, gula y orgullo. Se reconoció que estas emociones instintivas eran tan potentes que Peter Binsfeld, teólogo y obispo alemán del siglo XVI, atribuyó cada uno de estos pecados a un demonio en particular: a Satanás la ira, a Mamón la codicia, a Asmodeo la lujuria, a Belfegor la pereza, a Leviatán la envidia, a Belcebú la gula y a Lucifer el orgullo. Explicó esa teoría en su influyente libro *De confessionibus maleficarum et sagarum*. Si el obispo no se hubiera sentido tan inclinado hacia un análisis puramente demoníaco de los errores humanos y hubiera estado más versado en la anatomía del cerebro, tal vez podría haber expuesto un mensaje más científico en lugar de culpar de los «pecados» humanos a un reparto de personajes tan infernales. Por desgracia, en esa época no era posible realizar un estudio de la anatomía física del cerebro porque, sin la adecuada conservación, este órgano adquiere la consistencia de un batido a las pocas horas de la muerte.

No obstante, Binsfeld, en cierta forma un moderado que, a diferencia de otros inquisidores, creía que los niños no debían ser quemados en la hoguera, no erró mucho cuando afirmó que los demonios pueden tentar a los seres humanos para que se aparten de una vida de gracia y caigan en la condenación eterna. Aunque la sabiduría inquisitorial consideraba que los demonios seducían a los seres humanos con la ira, la codicia, la lujuria, la pereza, la envidia, la gula y el orgullo, lo cierto es que esas «debilidades» humanas proceden en realidad de programas antiguos y obsoletos del cerebro límbico.

CAPÍTULO 6

CÓMO EL ESTRÉS DAÑA AL CEREBRO

Desde un punto de vista técnico, podríamos definir el estrés como el grado de resistencia que un material ofrece frente a la posibilidad de ser rediseñado o reformado. Cuando colocas una carga sobre una viga de acero, esta resiste, evitando que el edificio se venga abajo. Si la carga es lo suficientemente pesada, la viga cede y la estructura sufre daños o se derrumba. El estrés psicológico es parecido. Cuando ya no podemos resistir las fuerzas que intentan darnos forma y moldearnos, tanto si se trata del comportamiento de nuestra pareja como del declive económico de la nación, perdemos el control, nos tornamos ansiosos y nos deprimimos, incapaces de poder con todo.

ESTRÉS SOCIAL Y AMBIENTAL

El origen del estrés está en todas partes. La velocidad de los cambios tecnológicos nunca se ha acelerado tanto como en la actualidad. Los universitarios se forman para ocupar empleos que todavía no existen. Los norteamericanos, en el mercado laboral actual, se hacen a la idea de cambiar al menos tres veces de trabajo en el transcurso de su vida profesional. Pensar en ello ya provoca estrés.

Y aunque los estresantes sociales afectan a nuestra salud emocional, los bioquímicos también causan estragos en nuestros cuerpos. Por ejemplo, muchos pesticidas matan a los insectos, destruyendo su función mitocondrial, lo que da lugar a una pregunta que resulta obvia: ¿pueden los pesticidas contribuir al desarrollo del Parkinson en la población general? La respuesta ha demostrado ser un sonoro «sí», a través de estudios iniciados en el año 2000 que demuestran un significativo aumento en el riesgo de desarrollar esta enfermedad incluso por el uso casual de pesticidas como la rotenona. Joan Stephenson escribió en el respetado *Journal of the American Medical Association*:

> Manipular o aplicar insecticidas también se ha relacionado con un importante aumento en las tasas de la enfermedad de Parkinson. Quienes utilizan insecticidas en el jardín o en el huerto tienen un 50% más de riesgo a la hora de padecer la enfermedad que quienes nunca han estado expuestos a pesticidas domésticos de ningún tipo. El uso de insecticidas químicos domésticos se asoció con un aumento del 70% del riesgo de sufrir Parkinson, comparado con su no utilización.[1]

Y puesto que los pesticidas afectan directamente a la función mitocondrial, existen razones para una preocupación mucho mayor, ya que esta función se deteriora en todo tipo de enfermedades neurodegenerativas, incluyendo el Alzheimer, la esclerosis múltiple, el autismo y la epilepsia. Están en marcha nuevos estudios centrados en los perjudiciales efectos de los pesticidas sobre la función mitocondrial para explicar el aumento significativo en el riesgo de diabetes en las personas expuestas a estos productos químicos.

Y las toxinas ambientales no solo afectan a los individuos de manera directa; sus efectos se transmiten también a la siguiente generación. Recientes análisis de sangre obtenidos a partir de los cordones umbilicales de recién nacidos de Estados Unidos y Europa muestran que aparecieron contaminados por más de doscientas sustancias químicas tóxicas, entre las que se incluían plásticos.[2] Estos bebés nacían con una tremenda carga tóxica que aumentaba drásticamente la posibilidad de que desarrollasen enfermedades graves y trastornos cerebrales degenerativos a lo largo de su vida.

Y aunque esos recién nacidos no tenían nada que ver con las toxinas consumidas por sus madres, voluntaria o involuntariamente, los adultos que cuentan con capacidad de decisión y elección permiten que entren en sus cuerpos toxinas bien conocidas. Por ejemplo, todo el mundo sabe que los empastes de mercurio utilizados por los dentistas liberan gases tóxicos que son rápidamente absorbidos por la masa cerebral, donde interfieren en el funcionamiento del sistema nervioso. Por desgracia, es muy difícil expulsar del cuerpo ese envenenamiento producido por el mercurio.

Transmitidas en el útero, ingeridas, inhaladas, absorbidas a través de la piel o taladradas en nuestros dientes, esas toxinas influyen en nuestras células, que no fueron diseñadas para eliminar grandes cantidades de venenos ambientales.

ESTRÉS AGUDO Y CRÓNICO

Los psicólogos identifican dos tipos de estrés: el agudo y el crónico. Ambos afectan a la salud de las mitocondrias de nuestras células y a nuestro bienestar general.

El estrés agudo tiene una duración relativamente corta. Es el que experimentas cuando te enfrentas al aprendizaje de una situación nueva, y en realidad es beneficioso en el sentido de que te permite recordar el suceso, sea positivo o negativo. Es el tipo de estrés que sufres cuando tienes el reto de dar lo mejor de ti mismo, tanto de niño, cuando has de ofrecer tu primera interpretación solista musical en el colegio, como de adulto, al enfrentarte a una difícil situación intelectual o a un desafío físico, como pudiera ser correr una maratón. Yo —Alberto— me encontraba en Chile durante el devastador terremoto de magnitud 8,8 del año 2010. Aunque sentir que la tierra se movía bajo mis pies durante varios minutos fue una experiencia terrible, lo cierto es que esa catástrofe sacó a relucir lo mejor de la gente: los vecinos se reunieron para ayudarse en el cuidado de los afectados y para reconstruir sus hogares y sus vidas.

El estrés crónico es perdurable. Sucede cuando te preocupas durante todo el mes sobre cómo te las vas a arreglar para pagar la cuota de la hipoteca, o cuando temes despertarte todos los días junto a la persona con la que te casaste hace muchos años, o cuando tus células se ven agobiadas con la tarea de eliminar residuos tóxicos o metales pesados procedentes de un entorno contaminado que se almacenan en la pared celular. El gran terremoto de Chile fue seguido de un mes de réplicas: más de trescientas por encima de los 5 grados. Durante ese mes, todo el mundo durmió de manera irregular, pues nadie sabía cuándo volvería a temblar la tierra. Al cabo de dos semanas, toda la población estaba falta de sueño y agotada, con sus sistemas de «huida o lucha» atascados en la posición de «encendido», porque no había nadie contra quien luchar y ningún lugar al que huir.

Nuestros cuerpos disponen de un sistema integrado para lidiar con el estrés. El eje HPA —que hace referencia a tres órganos: el hipotálamo, la glándula pituitaria y la adrenal (o suprarrenal)— regula nuestro sistema de «huida o lucha». La glándula pituitaria y el hipotálamo se encuentran en el interior del cerebro límbico y las suprarrenales están situadas por encima de los riñones. Si la amígdala percibe una amenaza inminente, el eje HPA, en lugar de transmitir la señal al neocórtex para su procesado lógico, libera hormonas de estrés —cortisol y adrenalina— en la corriente sanguínea. Esos esteroides nos proporcionan energía instantánea, aumentan nuestro ritmo cardíaco, alejan la sangre de la digestión y otras funciones corporales no urgentes, y la reprograman para que se dirija hacia nuestras extremidades y músculos a fin de que podamos luchar o huir. Las ventajas que ofrece la rápida respuesta del eje HPA son claras: igual que los hombres primitivos podían evitar que los atacase un animal durante una cacería, nosotros podemos apartarnos rápidamente del paso de un coche o de un compañero colérico.

En momentos de peligro, este influjo químico es necesario para ayudarnos a luchar o huir, pero también podemos quedarnos atrapados en un estado de estrés crónico cuando las glándulas suprarrenales no reciben la señal de detener la producción de esas hormonas. A diferencia del estrés agudo, que sirve a un propósito positivo, el crónico es muy destructivo. En la época colonial, los legendarios piratas del Caribe aprendieron que los habitantes de una ciudad sitiada se debilitaban en mayor medida al escuchar el sonido de los cañones que por el daño real causado por las balas que disparaban. La razón es que el sonido de las armas mantenía a esa gente en un estado de estrés crónico, incapaces de luchar o de huir y de descansar bien por la noche. Una exposición prolongada al estrés tiene consecuencias muy profundas.

LOS EFECTOS PERJUDICIALES DEL ESTRÉS CRÓNICO

Al relacionar esta información con lo que hemos aprendido acerca de la evolución del cerebro, resulta interesante tener en cuenta que el cortisol, la hormona del estrés que se produce en exceso cuando el eje HPA se halla bloqueado en un estado de estrés crónico, aumenta los efectos perjudiciales de los radicales libres en las neuronas del hipocampo. Esto provoca daños en las mitocondrias, lo que a su vez hace que aumente la producción de radicales libres. El acto final en esta obra trágica es que las propias neuronas del hipocampo perecen en el proceso de apoptosis. Y cuando esto sucede, el aprendizaje y la creatividad se tornan casi imposibles. Por no hablar de la sinergia del cerebro. La elusión del dolor eclipsa la curiosidad natural, no nos atrevemos a causar perturbaciones, atesoramos en exceso y nos arriesgamos tontamente. Quedamos paralizados por la torpeza para descubrir nuevas soluciones y somos incapaces de *pensar* o de *sentir* de forma original. Si permanecemos bajo la influencia del estrés agudo durante el tiempo suficiente, nuestras glándulas suprarrenales acabarán consumiéndose y nos sentiremos agotados y exhaustos.

En un reciente estudio, Eduardo Dias-Ferreira y sus colegas de la Universidad do Minho de Braga, Portugal, demostraron que las ratas estresadas de manera crónica perdían su capacidad para salir de pautas de comportamiento repetitivas, y se tornaban menos creativas y astutas.[3] En definitiva, el estrés modifica el comportamiento de los roedores, predisponiendo a los animales a hacer lo mismo una y otra vez. Comentando dicho estudio, Robert Sapolsky, neurobiólogo que estudia el estrés en la Stanford University School of Medicine, en California, señaló: «Se trata de un buen modelo para comprender por qué acabamos en una rutina, y luego nos hundimos cada vez más en ella... Somos muy malos a la hora de reconocer cuándo nuestros mecanismos de defensa dejan de funcionar».[4]

El estrés crónico puede llevarnos a una rutina en la que la conexión de las redes neuronales haga que repitamos el mismo comportamiento disfuncional mientras esperamos un resultado diferente. A medida que experimentamos depresión y comportamientos repetitivos que son resultado del estrés crónico, somos menos capaces de utilizar el pensamiento analítico. Las hormonas del estrés liberadas en la corriente sanguínea nos mantienen en un nivel de función cerebral inferior, incapaces de lograr sinergias. Al igual que el hierro y el carbono, que se mantienen frágiles, todo nos afecta con facilidad al no encontrar la fortaleza del acero. Cada vez nos resulta más difícil aprender de las experiencias pasadas, alterar las creencias que nos hacen recrear esas experiencias una y otra vez, y salir de nuestras rutinas de comportamiento. Debido a la forma en que nuestros cerebros han sido conectados por el estrés y los traumas, somos incapaces de pensar o imaginar una salida a nuestras crisis personales.

En su libro *Stress, the Aging Brain, and the Mechanisms of Neuron Death*, el doctor Sapolsky describe con elocuencia la ciencia que correlaciona el estrés, la exposición al cortisol y la destrucción total del hipocampo. Su importante investigación con roedores y primates apoya claramente la aseveración de que ese proceso neurodegenerativo inducido por el estrés, también ocurre en los seres humanos. Curiosamente, Sapolsky señala que al menos en el 50% de los pacientes con Alzheimer se encuentran elevados niveles de cortisol.[5]

Por fortuna, en los últimos años, los investigadores han descubierto que podemos detener este torrente de contingencias químicas destructivas. Los estudios con animales han demostrado que un elevado nivel del factor neurotrófico derivado del cerebro —FNDC—, una hormona cerebral protectora que aumenta con ciertas actividades como la reducción calórica, el ayuno y el ejercicio físico y mental, transmite un elevado nivel de protección para el hipocampo, proporcionándole resistencia frente a los daños ocasionados por un cortisol elevado; y ahora sabemos que en los seres humanos el FNDC juega un papel idéntico.

Alberto: disipar el nubarrón

«Natasha» vino a verme quejándose de que era muy infeliz en su vida y en su matrimonio. Ella y su esposo tenían tres niños pequeños y sentía que había acabado siendo una aburrida ama de casa de clase media ocupada en acompañar a sus hijos a las actividades deportivas. Antes de tener a sus niños, era diseñadora en una famosa revista, pero ahora sentía como si su vida careciese de dirección. Creía estar atravesando una ligera depresión y por tal motivo estaba pensando en medicarse para tratar sus cambios de humor.

Uno de los principios de la medicina energética chamánica es que nada es lo que parece. Le pregunté a Natasha si tomaba medicación y me explicó que tenía un tratamiento para la tiroides. Entré en el sosegado estado de conciencia que facilita la «visión» del chamán y comencé a explorar su campo de energía luminosa, buscando lagunas de energía estancada que pudieran indicar alguna patología. También comprobé sus chakras, los centros de energía que se encuentran a lo largo de la columna vertebral.

Los chakras son vórtices giratorios de energía en forma de embudo. El extremo ancho del embudo se extiende cinco centímetros fuera de la piel, mientras que el estrecho conecta con la médula espinal y las glándulas endocrinas que producen hormonas y las liberan en la corriente sanguínea. Los textos hinduistas describen los chakras como vórtices giratorios de energía, y los sabios de América los identifican como «pozos de luz». Mis propias investigaciones me enseñaron que los chakras coinciden con los plexos nerviosos, es decir, con redes de nervios que se cruzan.

Observé que el chakra de la garganta de Natasha giraba lentamente, lo cual no me sorprendió, pues su tiroides era hipoactiva. Luego noté que su sexto chakra, situado en la frente, estaba marchito y totalmente cerrado, como una flor que hubiera plegado sus pétalos hacía mucho tiempo. El sexto chakra está conectado con la glándula pituitaria, la P del eje HPA.

Siguiendo con el examen del campo de energía luminosa de Natasha, vi que no existía ninguna patología física, que por lo general suele presentarse como depósitos de energía oscura y estancada que se asientan sobre un órgano o tejido. En cambio, observé las marcas de un trauma emocional que aparecían como colores luminosos arremolinados alrededor del campo energético e interfiriendo con los chakras. Eran manifestaciones de redes neuronales tóxicas que siempre indican traumas al principio de la vida.

Le pregunté a Natasha sobre lo que le había sucedido cuando tenía seis o siete años, y me explicó que ella y su familia vivían en la región rusa de Bryansk, cerca de la central nuclear de Chernóbil, cuando el reactor número cuatro explotó, en 1986. Esa explosión depositó yodo radiactivo en los campos y pastos cercanos a Chernóbil, lo que provocó la evacuación de más de doscientas mil personas, incluida la familia de Natasha. Ese éxodo masivo forzado demostró ser un suceso tremendamente traumático y perturbador en sus vidas porque sabían que nunca podrían regresar a sus hogares.

Como el yodo se deposita en la tiroides, los antecedentes de Natasha podrían explicar sus problemas con esa glándula. Pero aunque no había vuelto a estar expuesta a radiación alguna y vivía en Canadá, donde los médicos realizaban un seguimiento de su salud, seguía sufriendo el trauma y el miedo causados por esa explosión nuclear.

En mi formación como chamán aprendí a rastrear e intervenir en la matriz energética de mi cliente, una práctica que enseñamos en la Healing the Light Body School a nuestros estudiantes, con gran éxito. Pude deshacer esos lazos de energía nociva, disolviendo las pautas habituales a través de las cuales Natasha percibía el mundo y permitiéndole crear nuevas redes neuronales en su cerebro.

También «afiné» su segundo chakra, que está conectado con las glándulas suprarrenales, haciéndolo girar en armonía con el resto de su sistema energético. Restauré su sistema de «huida o lucha» utilizando una intervención energética practicada por los chamanes y que aparece descrita en mi libro *Shaman, Healer, Sage (Chamán, sanador, sabio)*. Fue necesario porque su eje HPA llevaba en estado de alerta desde los seis años, agotando sus glándulas suprarrenales y confundiendo a todo su sistema hormonal.

Pero también supe que hasta que Natasha no reparase su hipocampo, no sería capaz de curarse de su recuerdo traumático y de la pérdida que sufrió de niña. Le pedí que empezase tomando ADH a diario y que eliminase todos los estimulantes —como el café— de su dieta. También le recomendé que practicase las meditaciones chamánicas.

Al cabo de tres meses, el nubarrón empezó a disiparse del cuerpo de Natasha. Encontró un trabajo a tiempo parcial en una revista local y su vida familiar mejoró muchísimo.

CAMBIO EN EL PUNTO DE AJUSTE DEL HIPOCAMPO

Para protegerse de los perjuicios del estrés crónico, es necesario cambiar el punto de ajuste del hipocampo. Aunque los estudios continuaron demostrando la conexión existente entre la producción de cortisol y los daños que se creaban en el hipocampo, los científicos empezaron a preguntarse qué era lo que controlaba en realidad la cantidad de cortisol producido por las glándulas suprarrenales durante un suceso estresante. Hacía mucho que se sabía, por ejemplo, que no solo los seres humanos y los animales de mayor edad presentaban elevados niveles de cortisol, sino que el grado de producción de cortisol que tiene que ver con el estrés también parece aumentar con la edad. Se han realizado grandes esfuerzos para descubrir el «marcapasos» de la glándula suprarrenal. Los científicos llegaron a la conclusión de que si esa estructura existía realmente en el cuerpo humano, tal vez también pudiera existir una manera de controlar el exceso de producción de cortisol. De este modo, los daños que el hipocampo sufre durante el envejecimiento normal —y a un ritmo más rápido en los enfermos de Alzheimer— podrían reducirse.

Para sorpresa de muchos, el principal responsable de la actividad suprarrenal no es otro que el propio hipocampo. ¡Así es, el hipocampo regula la producción suprarrenal de cortisol, controlando de hecho su propio destino! Cuando funciona de manera óptima, puede mantener la producción de cortisol a niveles normales como respuesta al estrés. Sin embargo, cuando sufre daños, pierde esa capacidad e inicia una producción excesiva de cortisol.

Para comprender lo que significa reiniciar el punto de ajuste del hipocampo, no hay más que pensar en él como en el termostato del aire acondicionado de casa. Con el estrés y los traumas, el punto de ajuste del hipocampo cambia, como cuando ajustas la temperatura en el aire acondicionado: bajar el termostato hace que el aparato funcione más tiempo; bajar el punto de ajuste del hipocampo tiene el mismo efecto en las glándulas suprarrenales.

Ahora sabemos que el punto de ajuste del hipocampo que modula la producción suprarrenal de cortisol se programa muy al principio de la vida. Por ello, los traumas a edad muy temprana aumentan la sensibilidad del hipocampo al cortisol. Y eso prepara el terreno para un declive progresivo de su función en la edad adulta, lo cual inhibe nuestra capacidad de responder a situaciones de manera novedosa.

Los investigadores se han preguntado si la intervención podría tal vez disminuir los niveles de cortisol. Concluyeron que si el estrés lo aumenta, tal vez vivir una vida sin estrés podría disminuirlo. El trabajo pionero en este terreno fue llevado a cabo por el psiconeuroendocrino Seymour *Gig* Levine, a partir de 1962. Su innovadora investigación demostró que cuando a las cobayas de laboratorio se las trataba cariñosamente cuando eran crías, su secreción de cortisol disminuía y esa reducción persistía durante la edad adulta.

Estos primeros experimentos de Levine allanaron el camino para que un sinnúmero de investigadores realizasen los mismos estudios con una gran variedad de animales, incluyendo a los primates, para reafirmar que las experiencias emocionales positivas pueden proporcionarle protección al delicado hipocampo, reduciendo la producción de cortisol. Aunque el punto de ajuste del hipocampo para el control de producción de cortisol suprarrenal puede venir genéticamente determinado, ahora sabemos que todas las experiencias positivas y negativas de la vida, tanto en la infancia como en la edad adulta, pueden modificar esa sensibilidad.

Así que no es necesario que nos marchemos corriendo a una cabaña aislada en el bosque para garantizarnos una vida libre de estrés, por muy atractiva que pudiera parecernos, pues como muchos de nosotros hemos descubierto, nos llevamos nuestros fantasmas y demonios allá adonde vamos, y nuestros dramas se convierten en el relato del viajero que se encuentra con otro compañero en el camino, yendo en dirección opuesta, y que le pregunta cómo es la gente en la ciudad a la que se dirige. El primer viajero responde preguntándole cómo era la gente en el lugar del que acaba de venir: «Estaba llena de ladrones y mentirosos. No había ni una persona decente en toda la ciudad», afirmó. A lo que el otro viajero contesta: «Exactamente igual que adonde te diriges».

El asalto bioquímico continuo por parte de las hormonas del estrés sobre nuestro hipocampo hace que sea imposible sanar los traumas emocionales. Al igual que el segundo viajero, vayamos adonde vayamos, todo estará siempre lleno de mentirosos y ladrones. Pero eso también puede ser una señal beneficiosa. Cuando nos sentimos atrapados por nuestras emociones negativas, *sabemos* en lo más hondo de nosotros mismos que debemos curar nuestro trauma crónico. *Sabemos* que, a fin de recuperar la cordura y descubrir nuevos comportamientos, debemos cambiar.

Aunque las emociones destructivas asociadas con traumas pasados, tanto reales como imaginarios, pueden llegar a dominar nuestros estados de ánimo, somos no obstante capaces de desarrollar redes neuronales que nos permitan pensar y sentir de modo distinto. Contamos con la capacidad de experimentar nuevas situaciones sin dejar que el pasado vierta sobre ellos una luz negativa. Una vez que convencemos al cerebro límbico para que se amolde a una mayor sinergia cerebral, empezamos a crear nuevas redes neuronales de alegría, bienestar y creatividad.

David: lo mejor de todo

En la primavera de 2001 tuve la oportunidad de impartir una conferencia titulada «Estrés, envejecimiento y trastornos neurodegenerativos» en el Simposio Internacional de Medicina Funcional celebrado en Vancouver, Canadá. Durante la disertación, les expliqué a médicos e investigadores los conceptos del estrés, del hipocampo y del reequilibrio en el punto de ajuste de este, tal y como aparece descrito anteriormente. Utilicé diversas diapositivas y animaciones técnicas a fin de aclarar la relación entre el estrés y la pérdida de funcionalidad del cerebro.

Según lo hacía, me daba la impresión de que la mayoría de los estudios, incluso casi todas mis diapositivas, se centraban en lo negativo: el estrés es malo. Pero yo también deseaba compartir lo bueno: que una emoción positiva puede curar el cerebro. Por tanto, para finalizar mi presentación, elegí una diapositiva en la que aparecía una imagen de mi hija, que en el momento de hacérsela debía de tener unos cuatro meses de edad. En ella aparecía durmiendo serenamente sobre el pecho de mi esposa. Incluí un extracto de la canción *Nature Boy*, de Nat King Cole, en la que canta acerca de la importancia de aprender a amar y de saber aceptar el amor que recibimos como respuesta.

LOS ASPECTOS POSITIVOS DEL ESTRÉS

Es necesario recordar que el estrés no es solo negativo. De hecho, resulta esencial para todo el progreso humano de la misma forma que la necesidad agudiza el ingenio. Cuando somos incapaces de responder a una situación difícil con creatividad, la razón es que nos hallamos atrapados en una especie de rutina neuronal. Nuestras conexiones cerebrales no lo permitirán. Cuando vas al gimnasio para estar en forma, estresas los músculos, y al final de la sesión, te marchas con el cuerpo tonificado y con cierta sensación de realización. El estrés biológico que sufre una especie, como el causado por la modificación del acceso a los alimentos debido a una prolongada sequía, se resuelve gracias a la adaptación creativa. Sin el estrés de un ecosistema cambiante, nuestros antepasados simiescos nunca habrían abandonado las sabanas de África en busca de zonas más fértiles en Asia y Europa; no habrían empezado a caminar sobre dos patas en lugar de cuatro. En esos casos, el estrés fue la manera en que la naturaleza invitó a sobrevivir a los más adaptables y sabios.

En el momento actual de la historia de la humanidad en el que nos encontramos, con un ecosistema cambiante y un incremento de la carga tóxica en nuestros alimentos y el agua, nuestra especie vuelve a enfrentarse al desafío de la supervivencia a largo plazo. Y la inspiración que se nos pide tal vez no sea tan distinta e intimidatoria como fuera la de aprender a caminar erguidos sobre dos piernas.

CAPÍTULO 7

EL DON DE LA NEUROPLASTICIDAD

A pesar de que originalmente desarrollamos nuestra respuesta de «huida o lucha» –situada en la amígdala–, así como las emociones instintivas, a fin de asegurar nuestra supervivencia como especie, permitir que la amígdala controle nuestro cerebro puede dar lugar, como ya hemos visto, a una situación de virtual incapacitación en la que, en realidad, sea nuestra propia supervivencia la que se vea amenazada.

Por fortuna, el cerebro humano cuenta con la capacidad de reconectarse y conformar nuevas conexiones entre neuronas, de manera que no tengamos que repetir una y otra vez los agotados y primitivos programas de agresión y miedo. No hace mucho que los investigadores descubrieron el potencial del cerebro humano y llegaron a apreciar verdaderamente las implicaciones positivas de la neuroplasticidad –la capacidad del cerebro de crear nuevas redes neuronales– tanto para nuestra salud individual como para la sociedad en general.

Ahora sabemos cómo aprovechar la neuroplasticidad de nuestro cerebro para mejorar ciertos circuitos neuronales. Básicamente, podemos alterar nuestra función cerebral para así disponer de un mayor acceso a esas zonas que nos facilitarán la capacidad de liberarnos de los traumas y las emociones destructivas; eso también nos permite hacer que se expresen los genes de la salud, la longevidad e incluso la iluminación.

Los neurocientíficos han recorrido un largo camino en los últimos veinticinco años. Han sustituido el paradigma –aceptado durante largo tiempo– del cerebro como un órgano estructurado fijo e inmutable por el de la neuroplasticidad, que ensalza su capacidad dinámica para aprender, adaptarse y cambiar.

David: un cambio en mi comprensión

De joven, no dispuse de la oportunidad de pasar mucho tiempo con mi padre porque estaba muy ocupado con su tarea de neurocirujano en el sur de Florida. Él también reconocía esa carencia en nuestra relación, y un día apareció con una solución: me invitó a la sala de operaciones para que le viese extirpar un tumor de la base del cerebro de un paciente. ¡Qué forma de pasar la tarde de un sábado, sobre todo si tenemos en cuenta que en esa época yo era un adolescente! No tardé en convertir las tardes del sábado en visitas a la sala de operaciones. Mirando hacia atrás, creo que mi padre incluso se esforzó en programar las intervenciones para los sábados, de forma que yo pudiera asistir a ellas. Y, claro está, me enseñó los procedimientos adecuados para mantener la esterilización en la sala de operaciones. Esos procedimientos requerían horas, así que, para pasar el tiempo, mi padre me explicaba la función específica de la zona del cerebro en la que operaría.

—Esta zona —decía, por ejemplo— se llama la zona de Broca, y recibe su nombre por Pierre-Paul Broca, un francés que en 1861 determinó que esta zona controla el habla.

Con el tiempo, acabó describiéndome detalladamente el cerebro, intercalando siempre algo de colorido histórico en su descripción.

Esas experiencias a una edad muy impresionable me proporcionaron una rica y amplia comprensión de la neurociencia. Más adelante, la idea de que hubiera determinadas partes del cerebro dedicadas a funciones específicas se vio reforzada por las investigaciones sobre este órgano que llevé a cabo en la universidad —fue uno de los temas claves de mis primeras publicaciones en el *Journal of Neurosurgery*—. En la Facultad de Medicina se acentuó esa relación entre determinadas partes del cerebro y sus funciones específicas. El hecho de que fueran tantas las fuentes que mencionaran esa relación, incluyendo a mi padre, me demostró que se trataba de una mentalidad que permeaba el campo médico. Y ese concepto se vio reforzado durante mis años de formación en neurología. En realidad, se decía muy a menudo que los neurólogos aprendían la anatomía funcional cerebral «apoplejía a apoplejía». Es decir, siempre que se ingresaba en el hospital a un paciente con una apoplejía en una zona concreta del cerebro, los neurólogos identificaban la deficiencia física correspondiente, pudiendo así concretar la función que tenía la zona dañada.

Esa sencilla relación mecánica de estructura-función comenzó a desenmarañarse, al menos para mí, a finales de la década de 1980, cuando empecé a notar que algunos pacientes recuperaban una función importante de una zona concreta del cuerpo dañada por una apoplejía, aunque no hubiera tenido lugar ningún cambio observable en el estudio de sus imágenes cerebrales. Así pues, aunque la imagen de la resonancia magnética de un paciente podía continuar mostrando daños, por ejemplo en la zona que controla la mano izquierda, no era extraño que el cerebro se las arreglase para «curarse», haciendo que retornase la funcionalidad de la mano izquierda. Como cada vez eran más los neurólogos, terapeutas y pacientes que observaban este fenómeno inusual, los neurocientíficos empezaron a ofrecer explicaciones que contradecían la opinión dominante acerca de las capacidades del cerebro.

Todavía recuerdo con gran claridad lo que más tarde se convertiría en un punto de inflexión en mi comprensión del cerebro. «Michael», diseñador gráfico de cincuenta y ocho años de Carolina del Norte, acudió a visitarme en 1988. Me informó de que catorce meses antes de dicha visita había perdido repentinamente la capacidad de hablar.

—Sabía lo que quería decir, pero me era imposible pronunciar las palabras —recordaba, con una fluidez totalmente normal.

Lo primero que pensé es que había experimentado un ataque isquémico transitorio, que se caracteriza por una breve disminución del riego sanguíneo a una región cerebral concreta, en este caso a una zona asociada con la expresión hablada. Pero, según continuó explicándose, resultó que tras ese episodio, su capacidad para hablar se había visto muy comprometida, al menos durante seis meses. No tenía, pues, nada de «transitorio». Y aunque su recuperación fue profunda, estaba claro que quería hacer todo lo posible para prevenir cualquier nuevo episodio cerebral.

Revisamos una resonancia magnética de su cerebro tomada justo dos meses antes de su visita a nuestra clínica, y allí aparecía, de manera muy clara, la existencia de un grave daño y pérdida de tejido, no solo en la zona asociada con el habla, sino también en zonas adyacentes relacionadas con el movimiento facial y el control del brazo derecho. Sin embargo, al examinarle no se apreciaba déficit alguno. ¿Qué había sucedido? Estaba claro que su cerebro no se había «curado» —al menos no físicamente— porque según la resonancia, la zona donde tuvo lugar el ataque inicial seguía presentando daños. No obstante, su cerebro se había *adaptado*, es decir, había empezado a utilizar *circuitos alternativos* para recuperar la funcionalidad de la parte de su cuerpo afectada.

Claro está, el paradigma aceptado en esa época consideraba fantasioso dicho concepto. Sin embargo, en la actualidad sabemos que el cerebro tiene la capacidad de cambiar y reorganizarse con respecto a las funciones que ejecuta. Este proceso se denomina neuroplasticidad, y es un don tan importante como la neurogénesis, la capacidad del cerebro de generar nuevas células durante toda la vida.

CAMBIAR LAS REDES NEURONALES

Gracias a la neuroplasticidad, el cerebro puede reconectar los circuitos neuronales e incluso crear nuevas «superautopistas» neuronales. Cuando una persona sufre una apoplejía y pierde la funcionalidad en la mano derecha, por ejemplo, el cerebro puede crear nuevos circuitos que permitan que la mano izquierda realice algunas de las funciones que antes solo hacía la derecha.

Las redes neuronales se crean mediante una estimulación concentrada y comprometida. Para crearlas hace falta algo más que la simple repetición. Los atletas profesionales hace tiempo que saben que la práctica no perfecciona necesariamente, porque las malas prácticas simplemente refuerzan una conexión cerebral que está lejos de ser la ideal. De igual manera, repetir una oración una y otra vez sin una intención concentrada y positiva hace que la iluminación sea menos probable. Si quieres experimentarlo, prueba a cepillarte los dientes o a sostener el tenedor con la mano no dominante y fíjate en la concentración que necesitas para realizar una tarea tan simple. De igual manera, la práctica de la alegría, la bondad y el perdón requiere concentrar la atención para su desarrollo, pero cuanto más la ejercitas, más fácil y naturalmente se manifiesta.

Michael Merzenich, profesor emérito de la Universidad de California, en San Francisco, realizó una serie de experimentos a mediados de la década de 1990 que demostró la necesidad de concentrar la atención a la hora de adquirir nuevas capacidades y comportamientos. En un experimento, aplicó un estímulo que consistía en dar golpecitos en los dedos de dos grupos de monos. Cuando el ritmo de los golpes cambiaba, los monos de uno de los grupos recibían un zumo como premio por responder al cambio. El otro grupo no era recompensado por responder. Al cabo de seis semanas, Merzenich examinó los cerebros de los monos. Los animales que habían prestado mucha atención a los estímulos, esperando el cambio de ritmo para obtener su recompensa, mostraron importantes modificaciones en las áreas del cerebro asociadas con el procesamiento de los estímulos táctiles, que no se apreciaban en los monos que no fueron recompensados por poner atención a los estímulos, aunque dichos estímulos fueran exactamente los mismos para ambos grupos.[1]

Existe otra razón por la que todas esas palmaditas en la espalda, medallas de oro e insignias de reconocimiento y distinción que obtuvimos de pequeños son tan importantes para el cerebro. Aunque esos premios, antaño tan deseados, ahora estén acumulando polvo en una repisa o permanezcan guardados y olvidados en una caja dentro del armario hace mucho ya, el cerebro sigue recordando y apreciando el refuerzo positivo de esa época tan impresionable.

Tal y como señaló Merzenich, las elecciones que tomas ciertamente influyen en las estructuras físicas y en las redes neuronales de tu cerebro:

> La experiencia, junto con la atención, provoca cambios físicos en la estructura y el funcionamiento futuro del sistema nervioso. Esto nos deja un hecho fisiológico claro: a cada momento elegimos la manera en que funcionarán nuestras mentes siempre cambiantes y le damos forma, elegimos quiénes seremos en el siguiente instante en un sentido muy real, y esas elecciones se mantienen grabadas físicamente en nuestra propia materia.[2]

Joe Dispenza, en su libro *Evolve Your Brain (Desarrolla tu cerebro)*, también confirma la necesidad de concentrar la atención:

> El ingrediente clave a la hora de realizar esas conexiones neuronales... es concentrar la atención. Cuando mentalmente ponemos atención en aquello que aprendemos, el cerebro puede manejar la información en la que nos concentramos. Por otra parte, cuando no ponemos atención total en aquello que estamos haciendo en el momento presente, nuestro cerebro activa un conjunto de redes sinápticas que pueden distraerlo de su intención original. Sin una concentración atenta no se realizan conexiones cerebrales, y el recuerdo no se almacena.[3]

Así pues, la atención es algo importante, tanto si se trata de una meditación serena como de la intensa concentración de un atleta en un momento competitivo crucial. Tal y como escribió Sharon Begley, una escritora científica muy premiada, en un artículo de 2007 en *The Wall Street Journal*:

> El descubrimiento de que la neuroplasticidad no puede suceder sin atención tiene implicaciones muy importantes. Si una habilidad se torna tan rutinaria que la utilizas como si activaras el piloto automático, su práctica no cambiará el cerebro. Y si te dedicas a realizar ejercicios mentales para mantener el cerebro joven, estos no resultarán efectivos si los haces sin prestarles demasiada atención.[4]

SUPERAR LAS EMOCIONES PERJUDICIALES

Sentir las amenazas de manera instintiva a través de las emociones y responder a ellas es uno de los papeles del cerebro límbico que nos permiten desarrollar comportamientos que nos apartan de las situaciones peligrosas. Al igual que nuestros antepasados aprendieron durante nuestra etapa como cazadores-recolectores que el peligro acechaba en un lugar concreto del bosque y que no era seguro apartarse del clan, también nosotros aprendemos a «detenernos, mirar y escuchar» antes de cruzar la calle, respetando el peligro que implican los coches que se acercan. El problema que plantea responder instintivamente a todas las amenazas que percibimos es que entregamos el control de nuestras respuestas a la amígdala en lugar de utilizar la lógica del córtex prefrontal.

Con nuestra nueva comprensión de la neuroplasticidad, sabemos que nuestro cerebro puede adaptarse no solo a las lesiones sino que, y esto es lo importante, también es capaz de hacerlo en respuesta a cualquier experiencia que nos salga al paso. Esto nos libera de tener que responder de manera automática como consecuencia de un circuito genéticamente determinado. Álvaro Pascual-Leone, investigador de neurología de la Harvard Medical School, afirmó recientemente que la neuroplasticidad «es una propiedad intrínseca del cerebro humano que representa un intento evolutivo de permitir que el sistema nervioso escape a las restricciones de su propio genoma y pueda adaptarse, así, a presiones ambientales, cambios fisiológicos y experiencias».[5]

Los investigadores han descubierto que no solo creamos nuevas redes neuronales, sino que podemos hacerlo de manera que sean lo suficientemente potentes como para superar nuestras reacciones emocionales instintivas. A los participantes de un experimento se les pidió que realizasen dos tareas, una perceptiva y otra intelectual. La primera era reflejar la emoción de ira o miedo que aparecía en las imágenes de rostros proyectados en una pantalla: una tarea perceptiva a base de imágenes. A continuación, se les solicitaba que observasen los rostros y los asociasen con los vocablos «ira» y «miedo»: una tarea intelectual que implicaba el uso de palabras. Al reflejar la expresión colérica o temerosa, los participantes experimentaban un aumento del flujo sanguíneo hacia la amígdala, el principal centro de temor del cerebro. Por el contrario, cuando los participantes asignaban las palabras propuestas a la imagen, el flujo sanguíneo hacia la amígdala disminuía, a la vez que aumentaba la circulación hacia el córtex prefrontal derecho. Como la región prefrontal se asocia con la superación de nuestras respuestas emocionales primitivas, los investigadores concluyeron que podemos desarrollar nuevas redes neuronales en regiones superiores del cerebro y reducir esas respuestas.

Las redes neuronales que se forman mientras nos hallamos en el vientre de nuestra madre y en la infancia son los cimientos de nuestras creencias posteriores. Se trata de las creencias con las que llegamos a la edad adulta y con las que comprendemos e interpretamos nuestras experiencias. Y aunque las primeras lecciones de nuestra infancia suelen ser de gran ayuda, lo cierto es que pueden teñir negativamente experiencias futuras que de otro modo habríamos percibido como benignas, e incluso positivas.

La ciencia de la neuroplasticidad sugiere que es posible rehacer las conexiones cerebrales y crear asociaciones nuevas y más positivas en nuestras experiencias cotidianas. Los chamanes aprendieron que las emociones instintivas de supervivencia —miedo, lujuria y odio— que tiñen la manera en la que se responde a los sucesos de la vida son en realidad las causas de las enfermedades. Ya no tienes por qué seguir sucumbiendo a la tiranía del cerebro límbico emocional, con sus pesadillas de creación propia, que son las que te impiden experimentar la alegría, ni padecer respuestas de miedo al enfrentarte a situaciones nuevas. En lugar de ello, puedes aceptarlas con frescura, abierto a las posibilidades que te ofrecen.

Puedes cambiar la caja de resonancia con la que juzgas tus experiencias presentes y permitirte observar el mundo, casi literalmente, bajo una nueva luz. Puedes apartar los viejos traumas y dramas e iluminarte con aquello que antes te cegaba, despertar a lo nuevo, emocionante, enriquecedor, dichoso, saludable y alegre.

Para liberarte de las respuestas emocionales inmediatas del cerebro límbico, deberás llevar a cabo dos tareas. La primera es que has de mejorar la fisiología del cerebro, algo que conseguirás a través de modificaciones específicas en tu modo de vida y en tu nutrición. La segunda, una vez que hayas optimizado tu cerebro, es que podrás aprovechar totalmente su potente capacidad para desarrollar conexiones que te permitan experimentar con la gente y los sucesos que antaño percibías con negatividad, con una nueva visión enriquecedora, satisfactoria y positiva.

Alberto: un hombre con barbas

Crecí en Cuba durante la revolución comunista y fui testigo de las secuelas de su tremenda violencia: una anciana que quitaba sangre fresca de la entrada de su casa con una manguera, o soldados asaltando nuestra puerta, exigiendo saber dónde estaba mi padre y amenazando con hacerle daño a mi madre. Durante años fui incapaz de confiar en las personas, sobre todo en las que llevaban barba, porque todos los soldados que pasaban años luchando en las montañas eran barbudos.

Poco después de nuestra llegada a Estados Unidos, se celebró Woodstock y llegó el Verano del Amor, que dio comienzo a la era *hippie*. Todos mis amigos se dejaron crecer el pelo ¡y la barba! Me fui apartando de ellos aunque yo también llevaba el pelo largo. Me preguntaban por qué me afeitaba. Comprendí muy bien por qué estaba reaccionando de aquella manera; no obstante, era incapaz de cambiar mi rechazo. Las redes neuronales de mi cerebro límbico no dejaban de superponer las imágenes de violencia de mi infancia ¡sobre los pacifistas y los hijos de las flores!

LA MECÁNICA DE LA NEUROPLASTICIDAD

Michael pudo recuperar el habla porque su cerebro estableció una nueva conexión neuronal que, por fortuna para él, permitió el regreso de su funcionalidad. Pero ¿cómo se conectan realmente las neuronas a nivel individual? ¿Qué inicia la conexión y las mantiene conectadas?

Aunque la unidad activa e individual del cerebro es la neurona simple, incluso las tareas más sencillas requieren que un vasto número de neuronas interconectadas funcionen como una unidad o una red dedicada a llevar a cabo las actividades más sencillas. En su libro *Evolve Your Brain*, Joe Dispenza describe elocuentemente una red neuronal como «millones de neuronas, literalmente disparadas a la vez, a través de diversos compartimentos, módulos, secciones y subregiones de todo el cerebro. Se unen para formar comunidades de células nerviosas que actúan al unísono, agrupadas en relación con un concepto, idea, capacidad, recuerdo, o hábito particular. Son estructuras neuronales que se conectan por todo el cerebro a través del proceso de aprendizaje, a fin de producir un nivel mental único».[6]

Las investigaciones pioneras sobre neuroplasticidad se remontan a los trabajos del psicólogo canadiense Donald Hebb, que propuso una teoría, de lo que él denominó «asamblea celular», para explicar la manera en que las neuronas desarrollan una relación entre sí. En su emblemático libro *The Organization of Behavior (Organización de la conducta)*, publicado en 1949, el doctor Hebb presentó la hipótesis de que «las neuronas que se disparan juntas permanecen conectadas», que es ya comúnmente conocida como ley de Hebb.

Aunque los cambios bioquímicos precisos para facilitar este proceso de crecimiento cuando las neuronas se conectan para conformar redes neuronales es bastante complejo, los investigadores suelen estar de acuerdo en que el factor neurotrófico derivado del cerebro —FNDC— crea el terreno fértil para que esa unión tenga lugar, ayudando a transformar el simple abrazo de dos neuronas en una danza eterna.

El corolario de la hipótesis del doctor Hebb acerca de que las «neuronas que se disparan juntas permanecen conectadas» es que hay que mantener los pensamientos y las actividades estructurados si queremos que las redes neuronales asociadas con esas actividades sigan siendo funcionales. O, dicho en otros términos: las neuronas que no se disparan juntas no permanecen conectadas.

Así pues, ¿está el vaso medio lleno o medio vacío? De ambas formas.

¿Es eso bueno o malo? Por fortuna, es bueno.

Lo que tiene de bueno es que, concentrando la atención, como dijimos antes, puedes cambiar tus pensamientos, tus actividades y tus comportamientos, a fin de mejorar tu vida. Además, también resulta beneficioso en el sentido de que no refuerzas las redes neuronales que utilizas actualmente para formar pensamientos, realizar actividades y tener comportamientos negativos, como ocurre con el sufrimiento emocional, y por ello el cerebro dejará de utilizar esas redes, que pasarán a formar parte de las experiencias pasadas no deseadas, de manera similar a lo que implica separar la paja del heno.

Tu labor, pues, es dejar de alimentar las viejas conexiones que refuerzan tus temores y tu ira y, en lugar de ello, dirigir tu atención hacia conexiones neuronales nuevas y positivas. Por fortuna, cuentas con la capacidad de hacerlo.

Tal y como dijimos anteriormente –y vale la pena repetirlo y reforzarlo… Después de todo, así es como creamos nuevas redes neuronales, ¿verdad?–, implicarse mentalmente en una actividad es un requisito de suma importancia para aprender a llevar a cabo esa actividad y reforzar las conexiones que son positivas.

Así sucede en el mundo físico y, como veremos más adelante, también es la ciencia que subyace a tu capacidad de conectar con el campo de energía divina que permea tu existencia.

¡Pero espera! El vaso empieza a llenarse y esta historia se torna cada vez más interesante. Las investigaciones más recientes demuestran que con solo imaginarte a ti mismo sumergido en una actividad, puedes crear las conexiones neuronales asociadas con aprenderla, sin tener que realizarla.

En 1995, el doctor Pascual Leone efectuó unos experimentos que comparaban los cambios en los cerebros de individuos que habían tocado el piano, físicamente, con personas que se habían imaginado tocando un teclado. Los cambios cerebrales en ambos grupos eran prácticamente idénticos.[7] Las zonas cerebrales motoras implicadas en tocar el piano aumentaban de tamaño en el grupo que imaginaba la actividad de la misma manera que en quienes habían realizado realmente ese ejercicio. Esas personas demostraron que el mero acto de pensar en una actividad provoca cambios físicos en el cerebro.

Eso significa que no tienes por qué utilizar las viejas y gastadas redes neuronales que te llevan a tener desconfianza, mantenerte en actitud de lucha o sentir complejo de víctima. En lugar de ello, puedes concentrar la atención para crear redes neuronales funcionales de bienestar, felicidad, paciencia, confianza, compasión y el resto de las emociones positivas... No obstante, eso requiere una mente serena, la cual puede lograrse a través de la práctica de la meditación y de las técnicas iluminadoras que se presentan en este libro.

Ya no tendrás que seguir viviendo en los oscuros recovecos de la percepción deficiente de tu cerebro límbico, que te da a entender que el mundo es un lugar hostil y lleno de desasosiego. Simplemente, podrás crear nuevas conexiones neuronales que te permitan liberarte de un destino percibido subjetivamente y condicionado por tu familia de origen, por los primeros traumas de la vida e incluso por las épocas de salud o enfermedad que, según el viejo y deficiente paradigma médico, están predeterminadas por tus genes.

El descubrimiento de la neuroplasticidad se ha convertido en el centro de atención en el que convergen los discursos de filósofos, científicos y teólogos. Tal y como proponen Jeffrey Schwartz y Sharon Begley en su libro *The Mind and the Brain*:

> Ha llegado la hora de que la ciencia se enfrente a las importantes implicaciones que conlleva el hecho de que la actividad mental dirigida e intencionada puede, clara y sistemáticamente, alterar la función cerebral; que el esfuerzo intencionado genera una «fuerza física» que tiene la capacidad de cambiar la manera en que opera el cerebro e incluso su estructura física. El resultado es la neuroplasticidad dirigida.[8]

LLENAR EL VASO

Aquí es donde exploramos el efecto de la atención mental *no* dirigida a cualquier actividad física o a un determinado recuerdo, es decir, a la atención mental dirigida a sí misma, de manera que facilitemos la experiencia de la gracia o la iluminación.

Andrew Newberg, director del Center for Spirituality and the Mind de la Universidad de Pensilvania, utiliza una sofisticada cartografía cerebral, así como técnicas a base de imágenes, para examinar de qué manera la meditación cambia tanto la estructura como las funciones del cerebro. En su libro *How God Changes Your Brain*, afirma que la meditación no solo modifica zonas concretas del cerebro, sino que ayuda al meditador a comportarse y expresar emociones de un modo más positivo.

El trabajo de Newberg muestra que la meditación mejora el flujo sanguíneo y el funcionamiento en un área del cerebro llamada cingulado anterior, un recién llegado evolutivo que media entre la empatía, la conciencia social, la intuición, la compasión y la capacidad de regular las emociones. Esta estructura se asienta en la zona delantera del cerebro, alrededor de la parte delantera del cuerpo calloso, la espesa red de neuronas que une ambos hemisferios. Además de estas funciones, el cingulado anterior actúa como conducto comunicativo entre la amígdala, que, como ya dijimos, es una de las estructuras cerebrales más primitivas, y el córtex prefrontal.

Así pues, el cingulado anterior se encuentra en una encrucijada. Su funcionalidad, o carencia de ella, ayuda a determinar si nuestro comportamiento cotidiano es reflexivo y está motivado por el miedo, o si se trata de una manifestación de nuestra capacidad puramente humana de reconocer toda una variedad de opciones, implicaciones y consecuencias. Newberg ha mostrado de manera muy gráfica que la meditación y otras prácticas espirituales refuerzan el cingulado anterior, a la vez que sosiegan la amígdala primitiva.

Como cabría esperar, la cólera produce un efecto muy contrario a la meditación, ya que cierra toda comunicación con el córtex prefrontal. La emoción y el miedo determinan y dominan el comportamiento. Tal y como afirma Newberg:

> La cólera interrumpe el funcionamiento de tus lóbulos frontales. No solo pierdes la capacidad de ser racional, sino la conciencia de que actúas de manera irracional. Cuando tus lóbulos frontales están cerrados, es imposible escuchar a la otra persona, por no hablar de sentir empatía o compasión... Cuando te concentras intensa y atentamente en tus valores y objetivos espirituales, aumentas el flujo sanguíneo hacia los lóbulos frontales y el cingulado anterior, lo cual disminuye la actividad en los centros emocionales del cerebro.[9]

EL DON DE LA NEUROPLASTICIDAD

Comunicar la amígdala, es decir, la zona de respuesta emocional primitiva, con nuestro evolucionado y contemplativo córtex prefrontal permite que el cingulado anterior medie entre la forma en la que nos percibimos a nosotros mismos y nuestras acciones y la manera en la que vemos a los demás y al resto del mundo. Basándose en el hecho de que la meditación alienta la funcionalidad y la capacidad de este circuito, el doctor Newberg establece un vínculo muy importante entre el cerebro físico y la espiritualidad. Lo que asegura es lo siguiente:

> Creemos que existe una coevolución entre espiritualidad y conciencia, que implica a circuitos que nos permiten concebir una relación benevolente e interconectada entre el universo, Dios y nosotros mismos».[10]

La neuroplasticidad es el vínculo entre las prácticas contemplativas y la iluminación. Cuando apartas la atención del mundo cotidiano y miras en tu interior, estás formando a tu cerebro para que le abra la puerta a la sabiduría. En el pasado se creía que esta capacidad solo pertenecía a unos pocos individuos iluminados, a un sistema de creencias perpetuado por sacerdotes y jerarquías religiosas con intereses mundanos, creados a fin de proteger su privilegiado estatus.

En realidad, todos los seres humanos contamos con los soportes necesarios para dar ese paso gigante de conciencia. Nuestros cerebros evolucionaron ya hace tiempo para proporcionarnos esa capacidad. Y si observamos el pasado, podemos comprobar las extraordinarias hazañas de creatividad e innovación alcanzadas por la humanidad al valerse de la información que ya venía programada en el córtex prefrontal.

✥

Alberto: Madre de Dios

El río Madre de Dios, alimentado por las aguas del deshielo andino, serpentea perezoso hacia el Atlántico, a unos 6.500 kilómetros al este. El viejo chamán y yo estamos repantigados junto a la ribera, disfrutando de la puesta de sol rosada y anaranjada. Los chillidos de las cotorras ponen el contrapunto a nuestra conversación. Nuestra pasión por el estudio del cerebro ha cimentado nuestra amistad, y nuestra fascinación por la mente humana nos ha traído al nacimiento de este afluente del sistema fluvial amazónico, para encontrarnos con los chamanes de la selva.

—Me asombra que la naturaleza haya cedido tanto en la búsqueda de la conciencia. Piensa en cómo las salamandras pueden regenerar una pata entera después de que se la corten. Parece que la naturaleza haya descuidado esa habilidad a cambio de un cerebro que puede tomar conciencia de sí mismo.

Al terminar de hablar, me vuelvo para mirar al chamán, que está sentado junto a mí, y veo dibujarse una sonrisa en su rostro.

—¿Y qué te hace pensar que el cerebro creó la conciencia? –me pregunta el anciano–. En todo caso, es la conciencia, o lo que nosotros denominamos «espíritu», lo que creó el cerebro.

CAPÍTULO 8

NEUROGÉNESIS: EL CRECIMIENTO DE NUEVAS CÉLULAS CEREBRALES

Motivada por el descubrimiento de que podemos crear nuevos circuitos neuronales en la edad adulta, se ha generado en el ámbito de la neurociencia una auténtica revolución, gracias también al reciente descubrimiento del proceso de la neurogénesis: la capacidad del cerebro de crear nuevas neuronas. La terapia con células madre, motivo de debate político y núcleo principal de la investigación más vanguardista, alberga la esperanza de ofrecer una potente herramienta para las enfermedades neurodegenerativas. Ahora entendemos que el cerebro humano atraviesa su propia y constante «terapia de células madre» mediante el proceso de neurogénesis. En todos los momentos de nuestra vida, existen importantísimas zonas de nuestro cerebro que se reabastecen de células madre destinadas a convertirse en células cerebrales totalmente funcionales, y hay muchas cosas que podemos hacer para facilitar dicho proceso.

LA NEUROGÉNESIS EN LOS ANIMALES Y EN LOS SERES HUMANOS

Debido a que se había comprobado la existencia de la neurogénesis en otros animales, en la década de 1990 los científicos estuvieron muy concentrados en el tema, intentando demostrar que los seres humanos también poseían la capacidad de generar nuevas neuronas cerebrales. En 1998, la revista *Nature Medicine* publicó un informe del neurólogo sueco Peter Eriksson titulado «Neurogénesis en el hipocampo del humano adulto». El doctor Eriksson tuvo éxito presentando lo que iba a convertirse en un cambio de paradigma revolucionario.

Tal y como señaló Sharon Begley en *Train Your Mind, Change Your Brain (Entrena tu mente, cambia tu cerebro)*:

> El descubrimiento —de la neurogénesis en el cerebro humano adulto— significó un vuelco respecto a lo que durante generaciones se había considerado una opinión establecida en el campo de la neurociencia. El cerebro humano no está limitado a las neuronas con las que nace, ni siquiera a las que lo llenan tras la explosión del desarrollo cerebral al principio de la infancia. Incluso en la octava década de la vida nacen también nuevas neuronas. Emigran a estructuras donde se engarzan dentro de conexiones cerebrales ya existentes, y tal vez llegan a conformar la base de nuevas conexiones.[1]

El doctor Eriksson descubrió que en el interior de nuestros cerebros existe una población de células neuronales madre que se recarga continuamente y que puede diferenciarse de las neuronas cerebrales. En pocas palabras, todos experimentamos «terapias cerebrales de células madre» a cada instante de nuestra vida, un concepto que sigue resultando iconoclasta en ciertos círculos científicos. El Dalai Lama ha declarado:

> Un principio budista fundamental es que la mente humana cuenta con un tremendo potencial de transformación. Por el contrario, la ciencia se ha aferrado hasta hace bien poco a la convención de que el cerebro no solo es la sede y la fuente de la mente, sino también de que el cerebro y sus estructuras se forman durante la infancia y sufren pocos cambios a partir de entonces.[2]

La revelación de que la neurogénesis era algo que sucedía en los seres humanos y que conservábamos dicha capacidad a lo largo de nuestras vidas proporcionó a los neurocientíficos de todo el mundo una nueva, emocionante y refrescante referencia, con implicaciones que abarcaban prácticamente todo el espectro de los trastornos cerebrales. La enfermedad de Alzheimer, caracterizada por una progresiva pérdida de las neuronas cerebrales, se había mostrado escurridiza frente a los esfuerzos de los investigadores que intentaban desarrollar procedimientos para reducir la velocidad del declive inexorable de la función cognitiva que devasta a los pacientes y a sus familias. Sin embargo, con la idea de que era posible regenerar neuronas cerebrales, apareció un nuevo rayo de esperanza para los científicos dedicados a estudiar tanto este como otros trastornos neurodegenerativos.

Así pues, ahora que está claro que la neurogénesis se produce en los seres humanos durante toda su vida, surge una pregunta muy concreta: ¿qué influye en esa actividad? Más aún, ¿qué puede hacerse para mejorar dicho proceso?

Y la pregunta más importante de todas: ¿qué podemos hacer para fabricar más neuronas cerebrales?

David: viaje a la neurogénesis

En los años que pasé en la universidad tuve la oportunidad de explorar el cerebro utilizando una tecnología que estaba todavía en ciernes. Fue a principios de la década de 1970 cuando los suizos empezaron a desarrollar microscopios que los neurocirujanos podían utilizar para realizar delicadas intervenciones cerebrales. Aunque esta tecnología evolucionaba y los cirujanos estadounidenses estaban ansiosos ante la posibilidad de adoptar ese nuevo enfoque en la cirugía cerebral, pronto se hizo evidente un problema. Aunque el aprendizaje del uso del microscopio quirúrgico era relativamente fácil, los neurocirujanos no tardaron en descubrir que se perdían a la hora de comprender la anatomía del cerebro desde la perspectiva de ese nuevo microscopio.

Yo tenía por entonces diecinueve años y estaba comenzando mi primer curso en la universidad cuando recibí una llamada telefónica de Albert Rhoton, presidente del Departamento de Cirugía Neurológica del Shands Teaching Hospital de Gainesville, Florida. El doctor Rhoton era un adalid en la expansión del uso del microscopio quirúrgico en Estados Unidos y quería escribir el primer texto sobre anatomía del cerebro, tal y como se veía a través del microscopio, a fin de ayudar a los cirujanos que empezaban a adoptar esta nueva tecnología. Yo había solicitado el puesto de estudiante investigador, y quedé gratamente sorprendido cuando me invitó a pasar el verano siguiente estudiando y cartografiando el cerebro. Con los resultados de ese estudio acabamos publicando una serie de artículos de investigación y apartados para libros especializados, que proporcionaron a los neurocirujanos la hoja de ruta que necesitaban para operar con más precisión. Además de anatomía, también tuvimos la oportunidad de explorar y desarrollar otros aspectos de microneurocirugía, así como el desarrollo de instrumental y procedimientos innovadores. Al pasar tanto tiempo tras el microscopio, me convertí en un experto en la manipulación y la reparación de vasos sanguíneos extremadamente pequeños que, antes del uso del microscopio, se destruían durante las intervenciones cerebrales, a menudo con consecuencias graves.

Nuestro laboratorio se ganó el reconocimiento internacional por sus logros en este emocionante nuevo campo, a menudo atrayendo a profesores invitados de todo el mundo. Poco después de recibir la visita de una delegación de neurocirujanos españoles, acepté una invitación para continuar mis investigaciones en el prestigioso hospital Ramón y Cajal, de Madrid. Su programa de microneurocirugía estaba comenzando justamente por aquel entonces, pero su equipo tenía una gran dedicación, y me sentí honrado de poder ayudarles en sus esfuerzos pioneros, sobre todo en el trabajo relacionado con el entendimiento del suministro sanguíneo del cerebro.

El hospital se llamó así en homenaje al premio Nobel Santiago Ramón y Cajal (1852-1934), un importante pionero de la neurociencia. Las imágenes del doctor Ramón y Cajal abundaban en el hospital, y existía un claro y profundo sentido de orgullo entre mis colegas españoles al poder reclamar como suyo a un científico tan importante.

Durante mi visita a Madrid me sentí inclinado a aprender más acerca del renombrado doctor, y como resultado de ello, acabé respetando profundamente sus exploraciones de la anatomía y el funcionamiento del cerebro humano. Una de sus tesis más importantes afirmaba que las neuronas cerebrales son únicas comparadas con otras células del cuerpo, no solo por su función, sino también por carecer de la capacidad de regenerarse. Así pues, el hígado, por ejemplo, se autorregenera produciendo nuevas células; de igual forma existe una regeneración celular prácticamente en todos los demás tejidos, incluyendo la piel, la sangre, los huesos, los intestinos y demás. Pero no ocurre lo mismo con las neuronas del cerebro... O al menos así lo afirmó el doctor Ramón y Cajal.

Admito que en aquella época me cautivó su teoría, pero me preguntaba por qué carecía de sentido que el cerebro pudiera mantener la capacidad de autorregenerarse, la habilidad de producir nuevas neuronas cerebrales. Después de todo, investigadores del Massachusetts Institute of Technology habían demostrado hacía ya una década que la neurogénesis, la fabricación de nuevas neuronas cerebrales, se producía continuamente durante toda la vida de las ratas.

Poco después de finalizar mis investigaciones en España, fui a la Facultad de Medicina de la Universidad de Miami. Fue allí, mientras estudiaba histología —el estudio microscópico de los tejidos—, cuando comprendí lo afianzado que estaba en la ciencia ese concepto de que la neurogénesis, aunque muy bien definido en algunos animales, no era algo que sucediera en los seres humanos.

Nunca acabé de sentirme cómodo con esa afirmación, sobre todo al recordar mis años universitarios, cuando la idea de que «cada cerveza que te bebes destruye veinte mil células cerebrales» solía aparecer los viernes por la noche a última hora, cuando con toda seguridad ya había fallecido un número muy superior de ellas.[1]

EL FACTOR NEUROTRÓFICO DERIVADO DEL CEREBRO

Un componente importante en este regalo de la neurogénesis —y es un regalo del que tenemos que estar agradecidos— es una proteína llamada factor neurotrófico derivado del cerebro (FNDC), que tal como vimos en el capítulo anterior, juega un papel clave a la hora de crear nuevas neuronas. También protege a las existentes, ayudando a asegurar su supervivencia a la vez que fomenta la formación de sinapsis —es decir, la conexión de las neuronas entre sí—, algo vital para el pensamiento, el aprendizaje y los niveles superiores de la función cerebral. Hay estudios que han demostrado que los niveles de FNDC son inferiores en pacientes con Alzheimer, lo cual no resulta sorprendente dada nuestra actual comprensión del funcionamiento de este factor.

Pero podemos apreciar todavía más los beneficios del FNDC cuando consideramos su asociación con otras enfermedades neurológicas como la epilepsia, la anorexia nerviosa, la depresión, la esquizofrenia y los trastornos obsesivo-compulsivos.

Activación del FNDC

Ahora poseemos un conocimiento bastante sólido de los factores que influyen en nuestro ADN para producir el FNDC. Por fortuna, esos factores están, en su mayoría, bajo nuestro control directo. Aumentar la producción del FNDC, y así aumentar la neurogénesis, a la vez que añadimos más protección a las neuronas cerebrales existentes, no requiere apuntarse a un curso de investigación para determinar si algún compuesto recién creado en el laboratorio puede incrementar la producción del FNDC. El gen que lo activa empieza a funcionar a través de diversos factores, como el ejercicio físico voluntario —los animales a los que se les obliga a hacer ejercicio no presentan este cambio—, la reducción de calorías, la estimulación intelectual, la curcumina y el ácido graso omega-3 —conocido como ácido docosahexaenoico.

Es un mensaje muy importante, porque todos esos factores están a nuestro alcance; representan elecciones que podemos realizar para activar el gen de la neurogénesis. Explorémoslos individualmente.

EJERCICIO FÍSICO: las ratas de laboratorio que realizan ejercicio han demostrado que producen más FNDC que las sedentarias. Pero lo curioso es que los animales obligados a realizar ejercicio crean bastante menos FNDC que aquellos que eligen voluntariamente pasar más tiempo dando vueltas en la rueda. Los investigadores han demostrado que existe una relación directa entre el aumento de niveles del FNDC en los animales que de forma voluntaria optan por el ejercicio y su capacidad para aprender.

Tras entender la relación del FNDC con el ejercicio, los investigadores examinaron el efecto de este en seres humanos, tanto en individuos aparentemente sanos como en personas con riesgo de padecer Alzheimer o que ya lo padecían. Los descubrimientos fueron sorprendentes. En un reciente artículo, Nicola Lautenschlager, de la Universidad de Australia Occidental, descubrió que los ancianos que realizaron ejercicio físico con regularidad durante un período de veinticuatro semanas mostraron una asombrosa mejoría del 1.800% en la memoria, fluidez al hablar, atención y otras importantes funciones cognitivas, comparados con otro grupo de edad similar que no practicó ejercicio. El grupo que realizaba ejercicio dedicó a esa tarea ciento cuarenta y dos minutos a la semana, lo que supone unos veinte minutos diarios.[3]

En un estudio parecido realizado en Harvard, los investigadores descubrieron una estrecha relación entre la práctica de ejercicio físico y la función cognitiva en mujeres ancianas, y concluyeron:

> En este gran estudio prospectivo a mujeres mayores, los elevados niveles de actividad física regular a largo plazo están muy relacionados con un menor deterioro cognitivo. En concreto, los aparentes beneficios cognitivos de una mayor actividad física eran similares a tener tres años menos de edad y estaban asociados con un riesgo del 20% menos de deterioro cognitivo.[4]

Estos y otros estudios indican claramente que la práctica de ejercicio físico mejora el funcionamiento del cerebro y que está directamente relacionada con un aumento de la producción del FNDC. Practicando voluntariamente un poco de ejercicio físico de manera asidua, incluso de forma moderada, puedes llegar a controlar activamente tu destino mental.

REDUCCIÓN DE CALORÍAS: otro factor que activa el gen de producción del FNDC es la reducción calórica. Son muchos los estudios que han demostrado que cuando a los animales se los alimenta con una dieta baja en calorías, por lo general de un 30% menos, aumenta su producción cerebral del FNDC, a la vez que mejoran enormemente la memoria y las funciones cognitivas.

Pero una cosa es leer estudios en los que se utilizaron experimentalmente ratas de laboratorio y otra muy distinta es hacer recomendaciones a pacientes humanos basándose en investigaciones con animales. Por fortuna, los estudios que demuestran el potente efecto de la reducción del consumo de calorías en la función cerebral de los seres humanos empiezan a aparecer en algunas de las revistas médicas más respetadas.

En un estudio de 2009, varios investigadores alemanes impusieron una reducción de calorías del 30% en una dieta para personas mayores, y compararon el funcionamiento de su memoria con un grupo de edad similar que comía lo que quería. Cuando transcurrieron los tres meses durante los cuales tuvo lugar el estudio, quienes comieron lo que desearon, sin restricciones, experimentaron un pequeño pero apreciable *deterioro* en el funcionamiento de la memoria, mientras que en el grupo que consumió la dieta baja en calorías, dicho funcionamiento *aumentó* enormemente. Reconociendo las limitaciones obvias de los actuales enfoques farmacéuticos con respecto a la salud cerebral, los autores concluyeron: «Los presentes descubrimientos podrían ayudar a desarrollar nuevas estrategias de *prevención* y tratamiento de cara a mantener la salud cognitiva en la vejez».[5]

¡Vaya idea! Medicina preventiva para el cerebro. Aunque los postulados de la medicina preventiva parecen haberse implantado en otras muchas áreas de la asistencia sanitaria, desde las enfermedades cardíacas hasta el cáncer de mama, por alguna razón el cerebro siempre se ha quedado fuera. Por fortuna, gracias a los resultados de estas investigaciones, el panorama está cambiando.

Mark P. Mattson, del National Institute on Aging Gerontology Research Center, aporta otras evidencias que apoyan el papel de la reducción de calorías a la hora de reforzar el cerebro y proporcionar más resistencia frente a las enfermedades degenerativas:

> Los datos epidemiológicos sugieren que los individuos con un bajo consumo de calorías corren un riesgo menor de padecer trastornos neurodegenerativos. Existe una marcada correlación entre el consumo per cápita de alimentos y el riesgo de padecer Alzheimer y apoplejía. Los datos procedentes de estudios

de casos controlados han demostrado que las personas con un consumo de calorías diario más bajo presentaban un menor riesgo de padecer Alzheimer y Parkinson. En un estudio longitudinal y prospectivo de familias nigerianas, en las que algunos de sus miembros se habían trasladado a Estados Unidos, se descubrió que la incidencia del Alzheimer entre los individuos que vivían en este país había aumentado en comparación con la de los familiares que continuaban en Nigeria.[6]

Los nigerianos que se trasladaron a Estados Unidos eran, obviamente, genéticamente idénticos a sus familiares que permanecieron en Nigeria. Lo que cambió fue su entorno. Y este estudio se concentró, sobre todo, en los efectos perniciosos para la salud cerebral del aumento del consumo de calorías.

La perspectiva de reducir un 30% la ingesta de calorías podría parecer desalentadora, considerando que los norteamericanos consumen ahora una media de 523 calorías más que en 1970. Los cálculos actuales de Naciones Unidas muestran que el norteamericano medio de edad adulta consume 3.770 calorías diarias. A pesar de ello, la mayoría de los profesionales de la salud considera normal un consumo calórico —es decir, la cantidad de calorías necesarias para mantener el peso corporal— de alrededor de 2.000 calorías para las mujeres y 2.550 para los hombres. Obviamente, el aumento o disminución de sus necesidades dependería del nivel de ejercicio físico realizado. Una reducción calórica del 30% en un consumo cotidiano de 3.770, nos da 2.640 calorías, una cifra que sigue siendo ligeramente superior a las necesidades mínimas normales.

Gran parte de este incremento calórico procede del enorme aumento en el consumo de azúcar. El norteamericano medio come y bebe la increíble cantidad de setenta y tres kilos de azúcar al año, lo que representa un aumento del 25%, solo en las tres últimas décadas. Resulta especialmente problemático a la luz de los estudios realizados en animales en la Universidad de California, en los Ángeles, que muestran una importante relación entre «la dieta típica de la mayoría de las sociedades occidentales más industrializadas, rica en grasas saturadas y azúcar refinada» y la disminución de los niveles del FNDC y, como era de esperar, la correspondiente reducción de la capacidad de memoria.

Solo con disminuir el consumo de azúcar, se avanzaría mucho camino a la hora de lograr una merma significativa en el consumo de calorías; la pérdida de peso sería probablemente un beneficio secundario. En realidad, la obesidad, en sí misma, se relaciona con unos niveles reducidos del FNDC, igual que un elevado nivel de azúcar en la sangre es una consecuencia normal de la obesidad. Además, aumentar el FNDC proporciona el beneficio adicional de reducir el apetito.

Esperamos que estos datos y el deseo de ayudar a tu cerebro a producir el FNDC te motiven para seguir una dieta baja en calorías. No obstante, si todavía quieres hacer algo más, puedes llevar a cabo un programa de ayuno intermitente, que describimos en el capítulo 14.

Estimulación intelectual: el FNDC es descrito como un factor trófico neuronal, lo que significa que se trata de una sustancia química que induce un crecimiento positivo, así como salud y funcionalidad en el tejido al que se dirige, en este caso las neuronas cerebrales, por lo que solo tendría sentido esperar que el FNDC aumentase cuando el cerebro se viese desafiado. Así como los músculos adquieren fuerza y, por tanto, funcionalidad cuando se ejercitan, también el cerebro se pone a la altura de las circunstancias intelectualmente estimulantes al tornarse más rápido y eficiente, y disponiendo de una mayor capacidad para almacenar información.

Estas circunstancias positivas se facilitan gracias al aumento del FNDC provocado por las actividades estimulantes. Por el contrario, es probable que los niveles del FNDC sean bajos en aquellos individuos que pasan varias horas al día viendo la televisión, jugando con aburridos videojuegos o bien enfrascados en actividades monótonas y pasivas.

Una mente ágil es también un buen elemento disuasorio que nos ayuda a evitar enfermedades debilitantes asociadas con la vejez. Mark Mattson sugiere que una educación ágil y la práctica del lenguaje son dos maneras de mantener una mente activa y funcional, y afirma:

> Respecto al envejecimiento y los trastornos neurodegenerativos relacionados con la edad, los datos de los que disponemos sugieren que los comportamientos que fomentan la complejidad dendrítica y la plasticidad sináptica también facilitan una vejez apacible y disminuyen el riesgo de los trastornos neurodegenerativos. Por ejemplo, existe una relación inversa entre el nivel educacional y el riesgo de padecer Alzheimer; las personas que han recibido una mayor educación corren un riesgo menor de sufrir dicha enfermedad. La protección contra el Alzheimer, y tal vez contra otros trastornos neurodegenerativos relacionados con la edad, es probable que comience en las primeras décadas de la vida, como apuntan los estudios al respecto: los individuos que de jóvenes ya disponían de buenas habilidades lingüísticas tienen un menor riesgo de padecer Alzheimer. La información procedente de estudios con animales da a entender que el aumento de la actividad en circuitos neuronales resultante de la actividad intelectual estimula la manifestación de los genes que desempeñan un papel en sus efectos

neuroprotectores. Los niveles de los diferentes factores neurotróficos, incluyendo el FNDC, aumentan en los cerebros de los animales criados en entornos complejos, comparados con los de los animales que viven en un hábitat doméstico común.[7]

Implicarse en actividades mentales estimulantes —como la resolución de problemas, la exploración de entornos desconocidos y, tal vez la más importante de todas, la meditación frecuente— aumenta la producción del FNDC y crea un cerebro que no solo es más resistente al deterioro sino que te permite poner a prueba su funcionalidad cotidiana. En este contexto, es importante considerar la meditación no como una actividad pasiva, sino como un ejercicio activo y estimulador del cerebro. Incluso en los pacientes con Alzheimer, la tasa de progresión de la enfermedad se ve enormemente reducida entre quienes tienen prácticas espirituales, lo que, también en este caso, es con toda probabilidad consecuencia del aumento del FNDC.[8]

La meditación nos ayuda a visitar el complejo entorno de la mente interior, así como el campo energético universal. Y no es de extrañar que esto bien pudiera ser el estimulante más poderoso para la producción del FNDC. Esta producción estimulada por la meditación debería considerarse como un terreno fértil en el que las semillas de la espiritualidad inducidas por la iluminación se siembran y florecen.

CURCUMINA: la curcumina es el principal ingrediente activo de la cúrcuma y se ha convertido en la actualidad en objeto de una intensa investigación científica, sobre todo en lo relativo al cerebro. Pero la curcumina no es una recién llegada al mundo de la investigación médica. De hecho, los profesionales de la medicina tradicional china e india —*Ayurveda*— llevan utilizándola desde hace miles de años. Se sabe que la curcumina posee una gran variedad de propiedades bioquímicas, como las antioxidantes, las antiinflamatorias, las antimicóticas y las antibacterianas.

Sin embargo, lo que ha atraído el interés de los neurocientíficos de todo el mundo es su capacidad para aumentar el FNDC. Curiosamente, al evaluar aldeas de la India donde se utiliza la cúrcuma en abundancia para las recetas con *curry*, los estudios epidemiológicos han descubierto que la enfermedad de Alzheimer es tan solo un 25% igual de común que en Estados Unidos. No hay duda de que los efectos positivos de la producción enriquecida del FNDC en las neuronas cerebrales es, al menos, parte de la razón por la que los consumidores de curcumina son tan resistentes a este trastorno cerebral.

La curcumina activa el circuito Nrf2, un «interruptor genético» descubierto no hace mucho que funciona encendiendo genes que producen una amplia variedad de antioxidantes que protegen a las mitocondrias. Hablaremos de ello más en profundidad en el capítulo siguiente. En definitiva, protege la fuente de energía divina femenina que impregna nuestra fisiología y fomenta el bienestar. Pero realmente este conocimiento se lo debemos a los antiguos sabios que describieron en los textos védicos el papel fundamental de la cúrcuma en el cultivo de las relaciones personales con la forma femenina de la divinidad.

En cambio, hasta ahora, la civilización occidental no ha reconocido que la fuerza vital femenina, bajo la forma de las mitocondrias sustentadoras de la vida, es el conducto por el que fluye la energía de amor, cuidado y sanación de la biosfera. Es curioso que solo recientemente se haya empezado a sospechar que estas aparentemente sencillas partículas intracelulares pudieran en realidad considerarse manifestaciones celulares de cualidades antaño atribuidas a la diosa griega

Afrodita, a la diosa hindú Shakti, a la diosa budista Kuan Yin y a la Virgen María de la religión cristiana. Gracias a este conocimiento, nos sentimos íntimamente conectados con nuestra historia y reavivamos nuestro respeto por el don de la energía femenina.

Ácido docosahexaenoico (ADH): tal vez no exista en estos momentos ningún otro nutriente cerebral que esté recibiendo tanta atención como el ADH. Los científicos llevan varias décadas estudiando con ahínco este importante ácido graso cerebral, al menos por tres razones.

La primera es que más de dos tercios del peso neto del cerebro humano es grasa, y una cuarta parte de esa grasa es ADH. Desde una perspectiva estructural, el ADH es un componente esencial para las membranas que rodean a las células cerebrales. Dichas membranas comprenden las zonas en las que las células se conectan entre sí, las sinapsis. Eso significa que el ADH participa en la transmisión de información entre neuronas y que por ello es fundamental para una eficaz función cerebral.

En segundo lugar, el ADH es uno de los grandes reguladores naturales de la inflamación, responsable de un gran número de enfermedades cerebrales como el Alzheimer, el Parkinson, el trastorno por déficit de atención con hiperactividad y la esclerosis múltiple. El ADH reduce de manera natural la actividad de la enzima COX-2, estimulando la producción de los mediadores químicos perjudiciales de la inflamación, que a su vez inhiben la enzima y ayudan a apagar el fuego en nuestros cerebros.

La tercera razón, y tal vez la más convincente para el estudio del ADH, es el papel que juega a la hora de modular la manifestación de los genes para la producción del FNDC. Así pues, el ADH ayuda a orquestar la producción, la conexión sináptica y la viabilidad de las células cerebrales, al tiempo que mejora su funcionalidad.

En un ensayo doble ciego realizado recientemente y denominado «Mejora de la memoria con el estudio del ADH», a algunos miembros de un grupo de 485 participantes sanos con una edad media de setenta años y ligeros problemas de memoria, se les dio un suplemento que contenía ADH procedente de algas marinas, y a otros se les dio un placebo. Al cabo de seis meses, no solo se habían doblado los niveles de ADH en sangre en el grupo al que se le había administrado el medicamento, sino que sus efectos en la función cerebral, comparados con quienes habían sido tratados con el placebo, eran sorprendentes. La investigadora responsable del proyecto, Karin Yurko-Mauro, comentó:

> En nuestro estudio comprobamos que las personas sanas con problemas de memoria que tomaron durante seis meses las cápsulas de ADH procedentes de algas, casi habían doblado la disminución de errores en una prueba que mide el rendimiento en aprendizaje y memoria frente a quienes tomaron el placebo... El beneficio equivale más o menos a contar con la capacidad de aprendizaje y memorística de alguien tres años más joven.[9]

Los seres humanos pueden sintetizar ADH a partir de un ácido graso omega-3 presente en la comida: el ácido alfa-linolénico. Pero esta conexión química produce tan poco ADH que muchos investigadores de nutrición humana consideran ahora que este es un ácido graso *esencial*, es decir, que el mantenimiento de la salud requiere de una fuente *dietética* de este importante nutriente. Los datos también muestran que la mayoría de los norteamericanos consume únicamente un promedio de entre 70 y 80 mg de ADH diarios, menos del 25% de lo que los investigadores consideran que sería un consumo adecuado: entre 200 y 300 mg al día.

El FNDC y la protección cerebral

El FNDC no solo es importante para la neurogénesis y la neuroplasticidad, sino también para proteger a las neuronas delicadas de sufrir daños diversos, como traumas, reducción transitoria del riego sanguíneo y, quizá lo más importante, los perjuicios provenientes de las toxinas ambientales. De hecho, en los estudios de laboratorio con ratones e incluso con primates, aquellos animales con niveles de FNDC más elevados muestran ser mucho más resistentes a las toxinas que perjudican al cerebro que aquellos con niveles más bajos o normales.

La importante neurotoxina MPTP suele utilizarse en los experimentos de laboratorio con animales, sobre todo en aquellos destinados a evaluar la eficacia protectora del FNDC. Esta neurotoxina cuenta con la capacidad relativamente única de afectar específicamente a una parte del cerebro humano y de otros animales, asociada con el Parkinson. Así pues, la MPTP suele utilizarse para comprobar los posibles beneficios de los preparados farmacéuticos que se desarrollan para defender el cerebro contra las neurotoxinas. Pero a diferencia de otras muchas investigaciones desarrolladas en laboratorios, la historia de la MPTP resulta mucho más intrigante.

A principios de la década de 1980, siete personas ingirieron una droga que circulaba por la calle y que creyeron similar a la heroína. En lugar de ello, y debido a un error en la producción ilícita de esta droga, la sustancia que consumieron estaba contaminada con MPTP. Poco después, se les diagnosticó Parkinson.

NEUROGÉNESIS

Aunque resultó devastador para esas personas, lo cierto es que inició la posibilidad de que los investigadores desarrollaran un potente modelo experimental de la enfermedad, tal y como aparece descrito por el neurólogo J. William Langston en su libro *The Case of the Frozen Addicts: Working at the Edge of the Mysteries of the Human Brain* (1997), que más tarde se convertiría en el contenido de dos programas documentales NOVA, emitidos en la cadena Public Broadcasting Service.

Langston descubrió que al experimentar con MPTP en saimiris, o monos ardilla, se les provocaba un desarrollo casi inmediato de Parkinson y que los daños sufridos en los cerebros de los animales ocurrían exactamente en la misma zona que en los de los humanos afectados con esta enfermedad. Experimentos posteriores con otros animales generaron los mismos resultados. Langston y otros investigadores concluyeron que la MPTP destruía las neuronas al aniquilar su fuente específica de producción de energía, las mitocondrias. Así pues, demostró ser una toxina mitocondrial concreta para la zona del cerebro asociada con el Parkinson.

Una vez que se descubrió que la MPTP dañaba selectivamente la función mitocondrial y que producía Parkinson, los investigadores concentraron sus esfuerzos en aprender a bloquear los efectos perjudiciales de la neurotoxina y, probablemente, por extensión reducir los efectos perniciosos de los pesticidas en general. Se desarrollaron varios fármacos como el Deprenyl, que al menos en animales parecían ofrecer esperanzas de proporcionar cierta protección a la función mitocondrial frente a toxinas como la MPTP.

Mientras que las pruebas con seres humanos solo obtuvieron escasos beneficios, la mejor protección neuronal contra la MPTP no se descubrió en ningún compuesto producido en laboratorio y susceptible de ser patentado, sino en el FNDC, una sustancia ya presente en nuestra fisiología y codificada en nuestro ADN, un regalo que no necesita receta médica sino que nos viene dado por la naturaleza.

Desde entonces, todos los estudios realizados confirman que el FNDC proporciona una protección casi total de las células cerebrales, no solo frente a la MPTP, sino también ante toda una gran variedad de neurotoxinas mitocondriales. Y en muchos de los informes, se demuestra que los métodos con los que se incrementa el FNDC también son de origen natural: intensificar el ejercicio físico y reducir las calorías.

Así pues, activar la producción de FNDC por medios naturales y por decisiones que afectan al estilo de vida proporciona a nuestros cerebros una potente protección contra los ataques constantes de las toxinas mitocondriales, normalmente presentes en los pesticidas, a las que nos vemos expuestos de manera cotidiana. Obviamente, consumir alimentos orgánicos resulta de gran ayuda, pero no nos garantiza por completo la no exposición a estas peligrosas sustancias químicas que dañan al cerebro.

CAPÍTULO 9

TRES ESTADOS FÍSICOS INDESEABLES

Oxidación, inflamación y toxicidad son palabras que no suenan precisamente bien. Incluso si desconoces su sentido exacto en relación con la fisiología humana, es de suponer que tengan algo que ver con un estado de salud que no llega a ser óptimo. De hecho, así es; se trata de estados físicos perniciosos e indeseables que uno no quiere sufrir en su cuerpo, al menos no a un nivel que esté fuera de control.

La oxidación es básicamente la combinación química de una sustancia con oxígeno en un proceso que, por lo general, provoca cambios bastante bruscos en la sustancia oxidada. Por ejemplo, la herrumbre del hierro que ha estado expuesto a la intemperie es fruto de la oxidación. ¿Y qué sucede cuando el metal se oxida? En esencia, que queda dañado hasta el punto en que pierde su integridad, lo cual acelera su deterioro.

La inflamación es una de las respuestas del sistema inmunitario ante la infección o la irritación. Probablemente hayas experimentado ese estado, tal vez al torcerte un tobillo. Parece hinchado y enrojecido, y sientes dolor y calor. La inflamación es la manera que tiene el cuerpo de curar porque fisiológicamente está causada por un aumento del riego sanguíneo, en el cual afluyen glóbulos blancos y otras sustancias químicas beneficiosas que acuden al rescate de la zona inflamada. La inflamación también puede asociarse con la artritis crónica, el asma y trastornos neurodegenerativos como el Alzheimer, el Parkinson y la esclerosis múltiple. Médicamente, puede tratarse mediante cremas de uso tópico o reducirse con medicamentos antiinflamatorios no esteroideos (AINE).

La toxicidad es la propiedad de ser venenoso. Hay venenos y toxinas que se encuentran en la naturaleza, incluso en los alimentos, así como en productos manufacturados como los artículos de limpieza del hogar, los disolventes y los compuestos químicos. También estamos expuestos a las toxinas producidas por nuestros propios cuerpos. A esas endotoxinas se enfrentan una multitud de sistemas de desintoxicación concentrados en el hígado, pero que también se hallan distribuidos por todo el organismo.

Las toxinas, como era de esperar, pueden provocar enfermedades cuando penetran en el tejido corporal, pero, curiosamente, los seres vivos, incluidos los humanos, producen toxinas. De hecho, algunas criaturas dependen de ellas para sobrevivir. Las serpientes venenosas, por ejemplo, utilizan su veneno para matar o inmovilizar a sus presas, y algunas plantas producen cianuro como protección, para evitar que las devoren. Como los organismos, incluido tú mismo, fabrican toxinas como productos o subproductos del metabolismo normal, tu cuerpo debe descomponerlas o excretarlas antes de que se acumulen y alcancen niveles peligrosos.

La oxidación, la inflamación y la toxicidad —metafóricamente hablando— también se producen en la sociedad. Nuestro pensamiento y nuestra memoria pueden «oxidarse» y perder la capacidad de pensar con originalidad. El viejo cerebro enfadado, acalorado o dolorido se inflama emocionalmente, se encona y genera rabia. Potencialmente, las creencias nocivas del viejo cerebro, así como sus respuestas emocionales negativas, pueden provocar que se revuelva con una violencia que a la sociedad no le parezca atractiva, o incluso aceptable.

Por fortuna, existe un remedio físico para esa situación metafórica: los antioxidantes, los antiinflamatorios y los desintoxicantes ayudan a que nuestros cuerpos sanen, a la vez que facilitan el avance de nuestra psique de un estado de reactividad primordial a uno de evolutivo e iluminado raciocinio.

ANTIOXIDANTES

Enciende la televisión, hojea una revista o escucha la radio, y tarde o temprano te verás expuesto a un anuncio que ensalza las virtudes de algún nuevo y exótico zumo de frutas con el mayor contenido en antioxidantes de la Tierra. Tal vez te preguntes a qué viene tanto jaleo. ¿Qué beneficios aportan los antioxidantes?

Los antioxidantes son diversas sustancias químicas como el betacaroteno, la vitamina C y la vitamina E, que impiden la oxidación. Efectivamente, los antioxidantes protegen a las células, neutralizando los daños causados por las especies reactivas del oxígeno (ERO) o radicales libres, que como ya dijimos anteriormente, son un subproducto del proceso normal de producción de energía mitocondrial. En circunstancias normales o saludables, los antioxidantes mantienen un equilibrio entre la tasa de producción y la tasa de eliminación de radicales libres.

Sin embargo, los radicales libres causan daños de oxidación a tejidos, proteínas, grasas e incluso al ADN nuclear. De hecho, se cree que el daño causado a los tejidos por parte de los radicales libres es lo que subyace al proceso de envejecimiento. Como vimos en el capítulo 4, en 1956 Denham Harman sentó las bases de la industria de los antioxidantes cuando demostró que estos «aplacaban» los efectos de los radicales libres. Más tarde, en 1972, Harman reconoció que las mitocondrias, que irónicamente son la verdadera fuente de creación de los radicales libres, también corren peligro de ser dañadas por los propios ERO. Como el cerebro produce una cantidad prodigiosa de ellos, se convierte en su principal objetivo. Sin embargo, este órgano carece del nivel de protección antioxidante generado por otras células en otras zonas del cuerpo.

LOS RADICALES LIBRES

Debido a los potentes efectos dañinos de los radicales libres, sobre todo en lo que concierne al cerebro, los investigadores buscan mejores antioxidantes que puedan proporcionar a las células cerebrales la protección necesaria para evitar el colapso mitocondrial y, tal vez de paso, mejorar la función cerebral. Los estudios parecen apuntar con un dedo acusatorio a los radicales libres por desempeñar un papel fundamental en el envejecimiento del cerebro. Esos estudios demuestran que, en esencia, cuando una persona empieza a tener demasiados «momentos seniles», los especialistas médicos aplican un término más científico: deterioro cognitivo leve (DCL). Este fenómeno está generando un considerable

TRES ESTADOS FÍSICOS INDESEABLES

interés ya que el DCL suele presagiar una patología más siniestra: la enfermedad de Alzheimer.

La relación entre el DCL y los radicales libres fue bien documentada en un informe de 2007, obra de William Markesbery, neurólogo de la Universidad de Kentucky que demostró que la función cognitiva empieza a menguar mucho antes de la etapa del Alzheimer y que cuanto mayor es el daño producido a los ácidos grasos, a las proteínas e incluso al ADN nuclear, por medio de la oxidación, mayor es el grado de deterioro mental. Markesbery identifica claramente el daño producido por la oxidación como un «objetivo terapéutico que ha de alcanzarse, a fin de retrasar la progresión e incluso la aparición de la enfermedad».[1]

Realmente se trata de una idea brillante este refrescante enfoque publicado por la Asociación Médica Americana: ¡atacar terapéuticamente a los radicales libres en un intento de prevenir el Alzheimer! En lugar de describir simplemente una nueva terapia a base de medicamentos para una enfermedad ya avanzada, aquí se nos presenta un modelo de medicina preventiva aplicada a la salud cerebral.

Markesbery sigue diciendo:

> Harán falta mejores antioxidantes y agentes neuroprotectores usados en combinación para regularizar los mecanismos de defensa contra la oxidación, y así neutralizar el componente generador de ese proceso de oxidación en la patogénesis de la enfermedad de Alzheimer. Es probable que para optimizar la acción de esos agentes neuroprotectores, habría que usarlos en la fase presintomática de la enfermedad.[2]

La última frase quiere decir que su uso habría de darse durante la época de deterioro cognitivo leve o incluso *antes* de la aparición de los síntomas. En otras palabras, *nunca eres demasiado joven* como para empezar a preocuparte de tu mente y disfrutar de una «vejez» más larga y saludable. Cuando admitimos que el riesgo de contraer la enfermedad de Alzheimer al vivir ochenta y cinco o más años es de un asombroso 50%, hay mucha gente que haría bien en considerar que puede actuarse «presintomáticamente» desde ahora mismo.

ANTIOXIDANTES ORALES

Así pues, si el tejido de nuestro cerebro está siendo efectivamente asaltado por radicales libres, ¿tiene sentido atiborrarse de antioxidantes? Para responder a esa pregunta, regresemos a las mitocondrias. En el proceso normal de producción de energía, cada mitocondria genera cientos, incluso miles, de moléculas de radicales libres cada día. Multiplica eso por los diez trillones de mitocondrias de tu cerebro y obtendrás una cifra incalculable: diez seguido de dieciocho ceros. Así pues, deberías preguntarte qué efectividad puede tener una cápsula de vitamina E o un comprimido de vitamina C frente a esa brutal embestida de radicales libres. ¿Basta con una o dos pastillitas, una o dos veces al día?

Cuando se topa con un radical libre, el antioxidante se sacrifica en un enfrentamiento de uno contra uno, permitiendo en sí mismo la oxidación. Por ello, una molécula de vitamina C se oxida por un radical libre. Sí, eso neutraliza al radical libre, pero también acaba con la molécula de vitamina C. ¿Puedes imaginar cuánta vitamina C, o cualquier otro antioxidante, necesitarías tomar a fin de neutralizar el astronómico número de moléculas ERO generado diariamente por tu cuerpo?

Como sería de esperar, la fisiología humana ha desarrollado su propia bioquímica para lidiar en la guerra contra los radicales libres. Lejos de tener que depender por completo de los antioxidantes procedentes de fuentes alimenticias externas, tus células disponen de su capacidad innata para generar enzimas antioxidantes, según se vayan necesitando, cuando las señales del entorno le informen al ADN nuclear de la célula que así debe hacerlo. Por fortuna, este sistema antioxidante interno e innato es mucho más poderoso que cualquier suplemento alimenticio. Tanto si se trata del zumo de alguna baya exótica como del extracto de una planta selvática desconocida hasta la fecha, los suplementos antioxidantes están limitados por la química estequiométrica. La clave de la protección antioxidante radica en tu ADN nuclear. Ahora veamos cómo se activa ese interruptor.

LA PROTEÍNA NRF2

La proteína Nrf2 y los antioxidantes

Cuando el cuerpo experimenta un estrés elevado debido al proceso de oxidación y genera un número excesivo de radicales libres, también activa una proteína específica en el núcleo llamada Nrf2. Se trata de una proteína muy importante, porque permite la producción de los antioxidantes corporales más importantes, así como de enzimas desintoxicantes. Pero ¿qué activa la Nrf2?

Aquí es donde la historia se pone realmente interesante, porque la respuesta es que entran en juego una multiplicidad de factores modificables.

El doctor Ling Gao, de la Universidad de Vanderbilt, ha descubierto que la oxidación de los ácidos grasos esenciales omega-3 —el ácido eicosapentanoico (AEP) y el docosahexaenoico (ADH)— activa enormemente la conexión de la Nrf2. Durante años, los investigadores apreciaron niveles inferiores de daños provocados por los radicales libres en aquellos individuos que consumían aceites de pescado —las fuentes principales del AEP y el ADH–, pero este nuevo estudio aclara la relación entre el aceite de pescado y la protección antioxidante. Tal como afirmó el doctor Gao:

> Nuestros datos apoyan la hipótesis de que la formación de... compuestos generados a partir de la oxidación del AEP y el ADH, en pruebas realizadas en organismos vivos, pueden alcanzar concentraciones lo suficientemente elevadas para inducir la activación de antioxidantes de base Nrf-2 y... de sistemas de defensa de desintoxicación.[3]

La reducción de calorías, como se ha demostrado en una gran variedad de modelos de laboratorio, también induce la activación de la Nrf2. Cuando se reducen calorías en las dietas de animales de laboratorio, no solo se consigue que estos animales vivan más, probablemente como resultado de un aumento de la protección antioxidante, sino que se tornan notablemente resistentes a toda una variedad de formas de cáncer. Este atributo de la Nrf2 confirma aún más el programa de ayuno que aprenderás en el capítulo 14: el programa *Power Up Your Brain*.

Durante los últimos años, la química de la Nrt2 se ha convertido en el centro de atención de la investigación médica mundial. Esto ha conducido al descubrimiento de que diversos compuestos naturales activan e incrementan la actividad de los genes responsables de la producción de un amplio conjunto de enzimas desintoxicantes y antioxidantes. Entre ellos se encuentran la curcumina, que proviene de la cúrcuma; el extracto de té verde; el resveratrol; el sulforafano, derivado del brócoli, y el ácido graso omega-3 ADH. Al activar la conexión de la Nrf2, esas sustancias naturales refuerzan la producción corporal de glutatión, que posiblemente sea el antioxidante cerebral más importante de la fisiología humana.

Tan potente es la protección antioxidante ofrecida por el glutatión producido por la Nrf2 que es capaz de prevenir la esclerosis lateral amiotrófica (ELA) –o enfermedad de Lou Gehrig– en el modelo experimentado de esta enfermedad con animales de laboratorio.[4]

La proteína Nrf2 y la inflamación

Además de su función antioxidante, la activación de la secuencia de la Nrf2 pone en marcha los genes que producen una amplia variedad de sustancias químicas protectoras en otras dos importantes áreas vitales: la reducción de la inflamación y la desintoxicación, de las que también nos ocupamos en este capítulo.

A primera vista, el tema de la inflamación puede parecer que esté fuera de lugar en una disertación que trata acerca de cómo mejorar la salud y la funcionalidad cerebral. Pero, mientras todos estamos familiarizados con la inflamación en lo relativo a enfermedades como la artritis y el asma, durante la última década han surgido una gran cantidad de investigaciones que relacionan la inflamación con toda una variedad de afecciones neurodegenerativas. Lo cierto es que los estudios demuestran con claridad una notable reducción de la incidencia tanto de Parkinson como de Alzheimer en personas que han tomado antiinflamatorios no esteroides durante varios años.[5]

Otros estudios también han mostrado un aumento enorme de citoquinas –los mediadores celulares de la inflamación– en el cerebro de personas con esos y otros trastornos degenerativos.

La tecnología actual nos permite, a través de resonancias magnéticas y tomografías, obtener imágenes de células que producen activamente citoquinas inflamatorias en los cerebros de los pacientes de Alzheimer.[6]

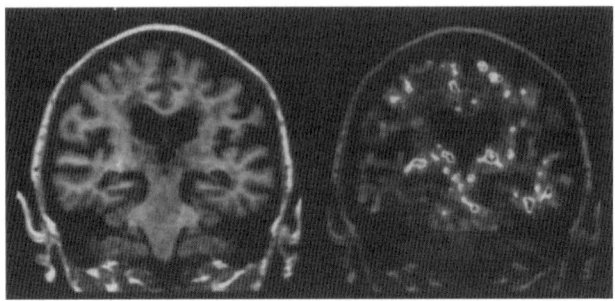

Con este conocimiento, ahora nos vemos obligados a considerar la inflamación desde otra perspectiva. Se trata de algo que es mucho más que la simple causa de una rodilla dolorida o de un esguince de tobillo: la inflamación subyace al propio proceso de degeneración cerebral. En última instancia, el principal efecto adverso de la inflamación cerebral es que es responsable de los daños que impiden la activación de las conexiones químicas de la Nrf2 y el consecuente aumento de la producción de radicales libres. La parte positiva es que activar la conexión de la Nrf2 no solo reduce directamente los radicales libres sino que, además, también disminuye la inflamación, que a su vez protege al cerebro del exceso de ERO producidos por ella. ¿Percibes los beneficios de este proceso circular?

Las intervenciones diseñadas para reducir la inflamación mediante el uso de sustancias naturales como la cúrcuma han aparecido descritas en la literatura médica desde hace más de dos mil años. Pero no ha sido sino hasta la pasada década cuando hemos comenzado a comprender la compleja y elocuente bioquímica que explica lo que los médicos tradicionales conocen y utilizan desde hace milenios. Lo cierto es que las elecciones alimentarias han controlado el desarrollo del ADN humano desde que nuestra especie holló por primera vez el planeta.

La proteína Nrf2 y la desintoxicación

El tercer beneficio, pero no por ello menor, de la conexión de la Nrf2 es que activa genes específicos que producen enzimas y otras sustancias químicas que destruyen y eliminan toxinas. Es posible que te preguntes por qué tu ADN podría contener códigos para la producción de sustancias químicas desintoxicantes. Después de todo, ¿no es cierto que la primera exposición real a las toxinas que sufrió la humanidad tuvo lugar tarde, con la era industrial? Aunque así lo parezca, la respuesta es no.

Algunas de las toxinas más peligrosas, como el plomo, el arsénico y el aluminio, existen de manera *natural* en nuestro entorno. Las plantas y los animales también generan potentes toxinas como forma de protección. Igualmente, nuestros cuerpos las producen durante el metabolismo; incluso el dióxido de carbono que respiramos es venenoso para nosotros, aunque por fortuna es esencial para las plantas, que lo convierten otra vez, a través de la fotosíntesis, en el oxígeno que podemos respirar.

Por estas razones, nuestro sistema de desintoxicación lleva mucho tiempo prestándonos importantes servicios. De la misma manera, en la actualidad, apenas estamos comenzando a comprender la manera en que ciertas sustancias naturales, como la cúrcuma, también han sido utilizadas como agentes desintoxicantes gracias a su capacidad para mejorar la expresión genética. De hecho, la capacidad de la cúrcuma para activar los genes de la desintoxicación explicaría por qué también es capaz de eliminar por completo los efectos nocivos de la radiación y de las quimioterapias en los animales de laboratorio.[7]

El cuerpo humano produce una impresionante variedad de enzimas que nos desintoxican de los venenos a los que nos vemos expuestos tanto externa como internamente.

Nuestro ADN crea esas enzimas desintoxicantes que han evolucionado durante cientos de miles de años en respuesta a nuestras propias necesidades y como mecanismos de protección para nuestros antepasados que emigraron a nuevos entornos. Esos mecanismos internos de defensa fueron evolucionando lentamente durante milenios. Sin embargo, en el último siglo, la fisiología humana se ha visto desafiada por una incomprensible colección de nuevas toxinas químicas para las que nuestra estructura genética de desintoxicación no estaba preparada.

Es como si funcionásemos con una maquinaria obsoleta esperando que, de alguna manera, nuestra fisiología se las arregle para lidiar con una avalancha de toxinas sin precedentes: eso es pedirle mucho al cuerpo. Sin embargo, el aspecto positivo de la situación es que estamos dotados de un sistema de desintoxicación con un enorme potencial. Se trata de una importante reflexión, porque muchas de las toxinas a las que estamos expuestos a diario, son especialmente tóxicas para el cerebro.

EL GLUTATIÓN Y LA DESINTOXICACIÓN

El glutatión es un componente fundamental en el proceso químico de la desintoxicación. Y lo más importante, es un sustrato de la enzima glutatión S-transferasa, que ayuda a transformar multitud de toxinas en formas que son más hidrosolubles y, por tanto, más fácilmente excretables.

Las deficiencias en la función de esta enzima se relacionan con problemas médicos como el melanoma, la diabetes, el asma, el cáncer de mama, el Alzheimer, el glaucoma, el cáncer de pulmón, la enfermedad de Lou Gehrig, el Parkinson y las migrañas, por citar solo unos pocos. Estas deficiencias se heredan como variaciones sutiles del ADN, llamadas polimorfismos de nucleótido único —SNPs en su abreviación en inglés–. En estos momentos hay varios laboratorios que ofrecen un sencillo análisis de sangre para determinar la situación de los SNPs de una persona en lo concerniente a la glutatión S-transferasa, y para otras variaciones genéticas que pudieran indicar un mayor riesgo de enfermedad.

Hace treinta años, Thomas L. Perry publicó un análisis de autopsias de cerebros de pacientes con Parkinson que mostró una importante disminución de glutatión.[8] Desde entonces, otros muchos estudios han confirmado esta deficiencia, que además apoya la idea de que la degeneración cerebral es consecuencia de una función antioxidante deficiente. Estudios más recientes muestran una importante relación entre el Parkinson y la exposición a pesticidas, una situación que se exacerba entre individuos genéticamente desfavorecidos debido a una actividad del glutatión reducida en el cerebro.

Con esta comprensión sobre las funciones desintoxicantes y antioxidantes del glutatión, como veremos en el siguiente capítulo, tendría sentido hacer todo lo posible por mantener e incluso mejorar sus niveles en nuestro organismo.

David: maquinaria obsoleta

Cuando tenía dieciséis años, me empecé a preocupar por el desequilibrio entre nuestra dote genética heredada y el entorno tóxico tan característico de nuestro mundo moderno, por lo cual escribí la siguiente carta, que *The Miami News* publicó hace cuarenta años:

> Tras pasar tres días y dos noches presenciando las carreras de coches de Sebring –Florida–, me encontré con la siguiente duda: ¿podremos adaptarnos a este futuro entorno? Tal vez

nuestros cuerpos sean más apropiados para vivir en los exuberantes bosques o en las suaves playas de arena, donde habitaron los primeros seres humanos. No creo que dos semanas en las montañas o un sábado en la playa basten para mantener en forma a este cuerpo, que ha evolucionado en condiciones menos duras. Tal vez, el ser humano cambie rápidamente en los próximos siglos para adaptarse a la cerveza de lata, el hormigón y el ruido demoledor. Nuestras generaciones están contribuyendo al desarrollo de pulmones resistentes a la polución. Pero ¿qué pasa con la gente que hoy en día sigue atrapada en una maquinaria obsoleta?

Cuando repaso esta carta, veo que me sigue conmoviendo la idea de ayudar a que las personas no queden apresadas «en una maquinaria obsoleta». Tomemos, por ejemplo, este corto fragmento extraído de la revista *Townsend Letter for Doctors & Patients* y titulado «Enfermedad de Parkinson: nuevas perspectivas», en el que expresé mi preocupación por quienes padecen esta enfermedad, cuya maquinaria física no es capaz de procesar y excretar las toxinas ambientales: «[...] las personas con defectos genéticos concretos que provocan la disfunción de la enzima de desintoxicación hepática pueden desarrollar la enfermedad de Parkinson debido a la exposición a ciertas sustancias ambientales xenobióticas que resultan neurotóxicas».[9] Por fortuna, ahora disponemos de las herramientas necesarias para anular nuestras deficiencias genéticas y potenciar nuestra capacidad para hacer frente a las numerosas toxinas a las que estamos expuestos.

CAPÍTULO 10

TERAPIAS DE VANGUARDIA PARA AUMENTAR LA PRODUCCIÓN DE ENERGÍA

La desafortunada activación del proceso de apoptosis, o suicidio celular, debido a una defectuosa función mitocondrial acaba conduciendo a la pérdida de neuronas cerebrales en problemas como el Alzheimer y el Parkinson. En el fondo, tanto esas como el resto de las «enfermedades neurodegenerativas» no son más que manifestaciones de deficiencias en la función mitocondrial que provocan un aumento de la producción de radicales libres, que a su vez activa el proceso de apoptosis. Esa es la razón por la que tantas instituciones de neurociencia de vanguardia estén tan implicadas en estudiar cómo proteger, e incluso mejorar, la función de las mitocondrias. En la actualidad, los estudios que evalúan la efectividad clínica de diversas intervenciones con cúrcuma y ADH, que mejoran la función mitocondrial, aparecen de manera regular en las principales revistas médicas.

Como las mitocondrias participan en la producción de energía, la ciencia para mejorar la producción de energía vital de las mitocondrias ha pasado a denominarse terapéutica bioenergética. Ciertamente, es una agradable paradoja el hecho de que, al cabo de tantos años, el aparentemente infinito abismo existente entre la medicina convencional y la denominada «medicina alternativa» se vea al menos parcialmente conectado por el concepto unificado, y que ambas reconocen, del papel fundamental de la energía en la ecuación de salud y longevidad.

EL OXÍGENO HIPERBÁRICO: UNA CLAVE PARA LA FUNCIÓN MITOCONDRIAL

En el capítulo 4 describíamos el proceso químico a través del cual las mitocondrias extraen energía de los alimentos y la almacenan en trifosfato de adenosina (ATP). El oxígeno es un componente clave en esta función que proporciona energía a todas las células, tejidos, órganos y sistemas de tu cuerpo.

Debido al soporte vital que el oxígeno proporciona a las células y, en realidad, a todo aquello que tiene vida, los científicos comenzaron a explorar el uso de este elemento como agente terapéutico a finales del siglo XVIII. En 1798, el médico inglés Thomas Beddoes fundó la Pneumatic Institution, donde se trataba con inhalaciones de oxígeno toda una variedad de enfermedades. Pero no sería hasta ciento cincuenta años más tarde cuando los investigadores se percatarían de que el verdadero beneficio de la terapia de oxígeno tiene lugar cuando se administra en un entorno cerrado en el que pueda aumentarse la presión.

Al oxígeno que se administra de este modo se le denomina oxígeno hiperbárico, y su primer uso en la medicina clínica fue en 1956, cuando la terapia de oxigenación hiperbárica (TOHB) empezó a utilizarse con bastante eficacia después de la cirugía del corazón. Poco después, la comunidad médica occidental exploró la aplicación de esta terapia en una gran variedad de áreas clínicas. Ensalzaron sus virtudes, afirmando que actuaba, fundamentalmente, mejorando la función mitocondrial.

Se formaron organizaciones para ayudar a los facultativos a estudiar esta nueva tecnología y compartir experiencias. Los buzos se beneficiaron enormemente de ella porque alivia las lesiones causadas por la acumulación de nitrógeno en sangre que tiene lugar cuando se asciende con demasiada rapidez de aguas profundas. Los médicos no tardaron en fundar la Undersea and Hyperbaric Medical Society, que en 1967 desarrolló los protocolos de esta terapia para el tratamiento de numerosas enfermedades, desde lesiones por radiación hasta huesos infectados y úlceras diabéticas en la piel.

Pero ha sido en la última década cuando se ha empezado a percibir el potencial de la TOHB para mejorar la función cerebral. Tras entender que esta función es muy dependiente de una óptima función mitocondrial, la idea de aplicar la TOHB en protocolos médicos ha sido aprovechada por muchos neurocientíficos innovadores. La aportación de soporte vital y energía producida por el oxígeno bajo presión ha sido descrita como, «potencialmente», la tecnología de mejoría cerebral más eficaz del siglo XXI».[1] Recuerdo al finado Richard Neubauer, que fue de los primeros en utilizar la medicina hiperbárica en los trastornos cerebrales, afirmando en muchas ocasiones que el futuro de la neurología está en la medicina hiperbárica, y que el futuro de la medicina hiperbárica es la neurología.

Está claro que el doctor Neubauer fue un pionero profético. Estudios realizados en todo el mundo han demostrado que el cerebro responde realmente de manera favorable a la TOHB: sus beneficios aparecen documentados en pacientes con Parkinson, apoplejía, parálisis cerebral, esclerosis múltiple, envenenamiento por monóxido de carbono, lesiones cerebrales traumáticas y otros muchos trastornos cerebrales.

La TOHB conforma la vanguardia de la tecnología médica del siglo XXI. Y sin embargo, proporciona el complemento perfecto para las antiguas prácticas espirituales desarrolladas hace siglos por los chamanes. Insistiendo una vez más, la terapia con oxígeno hiperbárico permite que las mitocondrias energicen el cerebro. Es como si un interruptor en el interior de este órgano se encendiese repentinamente. Por eso utilizamos la TOHB junto con neuronutrientes concretos y el ayuno, como parte integral de nuestra prevención intensiva y programas de recuperación… con gran éxito.

Cuando se mejora la función mitocondrial, el cerebro se transforma de inmediato en un sistema mucho más perceptivo, abriéndote las puertas para que te beneficies de una experiencia mucho más profunda en el momento en el que te sumerjas en las prácticas espirituales.

Alberto: a veinte pies de profundidad

De joven, solía bucear con cierta frecuencia. Habiendo nacido y crecido en una isla del Caribe —Cuba—, iba a menudo al mar, y me sentía tan cómodo en el entorno ingrávido submarino como en tierra firme. Así que cuando David me invitó por primera vez a probar la cámara de la TOHB, estuve seguro de que me sentiría bien en ese lugar presurizado. Sabía que bajo 1,5 atmósferas de presión —lo que equivale a hallarse a unos cinco metros bajo el agua–, las células reciben hasta veinte veces más oxígeno de lo que lo hacen normalmente. La razón estriba en que el sistema normal de transporte del oxígeno en sangre, la hemoglobina, se satura con facilidad. Pero bajo 1,5 atmósferas, el plasma sanguíneo se convierte en un transportador de oxígeno.

La invitación de David llegó en el momento preciso porque yo había pasado una época de muchísimo estrés. En las últimas siete semanas había impartido conferencias en Australia, en Alemania y en varias ciudades de Estados Unidos. Mi cuerpo ya no estaba seguro de cuándo quería comer o dormir, y me iba a venir muy bien lo que literalmente podríamos llamar «una bocanada de aire fresco».

La cámara de la TOHB es un tubo de plástico acrílico con una estrecha cama en su interior. Mientras la enfermera me ayudaba a echarme en la camilla y me metía en la cámara, por mi mente cruzó el pensamiento de que estaba entrando en una pecera. Al cabo de poco tiempo, se oyó un silbido; el oxígeno empezó a llenar la cámara, y con él llegó la familiar sensación de estar descendiendo a las profundidades. No obstante, a diferencia del submarinismo, donde se respira aire comprimido, iba a respirar oxígeno 100% puro durante la hora siguiente. Me concentré en respirar profunda y rítmicamente, aunque mi organismo requería muy poco oxígeno porque estaba descansando. ¡Quería estar seguro de que introducía todo el oxígeno posible en cada una de las células de mi cerebro!

Aunque David contaba con una exitosa práctica profesional y una reputación internacional por su trabajo con pacientes que padecían trastornos cerebrales degenerativos, a mí me interesaba experimentar una función cerebral óptima. Sabía que mi amigo sentía un profundo interés en los tratamientos preventivos y que algunos de sus familiares con

Alzheimer o Parkinson se sometían una o dos veces al año a la TOHB, como medida preventiva.

Al cabo de unos pocos minutos, empecé a practicar ejercicios mentales. Nunca se me dieron bien las matemáticas e intenté realizar algunas operaciones aritméticas complejas, pero sin ningún resultado. Estaba claro que el «centro matemático» de mi cerebro no parecía beneficiarse de aquella atmósfera enriquecida. Pero tras unos minutos más, me di cuenta de que podía recordar números de teléfono y direcciones que mi familia utilizó cuando yo tenía seis años de edad, aunque no había vuelto a pensar en ello desde hacía muchos años. La memoria de largo plazo parecía hallarse en una forma estupenda. Me imaginaba las neuronas que llevaban dormidas desde hacía décadas, empezando ahora a activarse, repletas de oxígeno vital. No obstante, la memoria de largo plazo no se pierde por cuestiones de envejecimiento. La que se suele perder es la de corto plazo.

Suelo tener mala memoria para recordar nombres, pero nunca olvido una cara o las historias que me cuenta la gente. Sin embargo, con todos esos viajes, me resultaba difícil poner orden en los recuerdos de con quién había hablado, o a quién había conocido, en las ciudades por las que había pasado en las últimas semanas. Por tanto, empecé a reconstruir mi itinerario ciudad a ciudad, reunión a reunión y charla a charla, y me di cuenta de que lo recordaba todo sin esfuerzo, con muchos detalles, que incluso me traían el olor de la lluvia en Londres. La cosa empezaba a ponerse interesante.

Tuve que concentrarme en realizar respiraciones profundas y regulares, porque mi cuerpo saturado de oxígeno apenas necesitaba de todo eso para mantener las funciones de supervivencia. A continuación quise comprobar el estado de mi memoria episódica. La memoria episódica remite a un momento, a un lugar y a unas sensaciones experimentadas;

en cierto sentido es como retroceder en el tiempo y volver a experimentar los sucesos ya vividos. Sabía que era algo fácil de conseguir con los recuerdos que contienen una gran carga emocional, como sucedía con muchos de mis pacientes, que se acordaban de todas las ocasiones en que habían deseado hacer las cosas de distinta manera en el pasado, así como en otras tantas en las que también a mí me habría gustado hacer lo mismo. Aunque todos esos recuerdos con carga emocional me resultaban de fácil acceso, elegí concentrarme en la infancia. Pude repasar con facilidad sucesos de mi pasado y recordar las emociones de esos momentos: cuando a mi perro lo atropelló un coche, o cuando a los cinco años me adentré en el mar nadando y mi primo gritó: «¡Un tiburón!», y salí del agua, sin aliento.

Pero había un período de mi infancia, entre los ocho y los diez años, del que apenas recordaba nada. Como me acordaba lúcidamente de otros momentos, sospeché que debía de haber sufrido algún tipo de trauma y que mi mente bloqueaba esa época. Sentí que mi corazón se desbocaba cuando decidí intentar abrir esas puertas del recuerdo para liberar mi subconsciente.

Recordé a mi abuela y me imaginé estando con ella. Mi abuela siempre representó una presencia sólida en nuestra casa, incluso durante la tumultuosa época de la Revolución cubana, en la que se luchaba en las calles y en la familia hubo mucho derramamiento de sangre. No tardé, para mi sorpresa, en sentir que me caían lágrimas por las mejillas. Recordé el miedo que sentía de niño, sabiendo que los milicianos podían llegar en cualquier momento y llevarse a mis padres. Sin embargo, ahora presenciaba esa época como un hombre, observando a aquel niño asustado, sentado en el regazo de su abuela. Ambos estábamos allí, y yo le hablé al muchacho dulcemente y le dije que todo estaba bien, que nada le sucedería ni a él ni a sus seres queridos.

Al final de mi sesión de la TOHB, le mencioné a David lo importante que fue para mí haber permanecido alerta y «respirando profundamente» en esa atmósfera de oxígeno enriquecido, en lugar de ver una película o quedarme dormido, como sucedía con muchos pacientes, lo cual reducía la cantidad de oxígeno inhalado. Y decidí que, durante la próxima sesión, intentaría realizar tareas todavía más complejas bajo la influencia del oxígeno puro.

EL GLUTATIÓN: MANÁ PARA LAS MITOCONDRIAS

Volvemos a pregonar alabanzas sobre el glutatión que, además de desempeñar un papel fundamental en la desintoxicación, también ha sido calificado como «el antioxidante fundamental» de la fisiología humana. Es tan importante que los científicos suelen considerar el nivel celular de glutatión como indicador general de la salud de las células. Su importancia fundamental radica en la protección del cerebro. Aunque este solo representa el 2% del peso corporal humano, consume hasta el 20% de sus calorías energéticas en situación de reposo. Ese nivel desproporcionadamente elevado de metabolismo y producción de radicales libres en forma de subproductos implica un gran riesgo para el cerebro.

Ningún tejido, incluyendo las proteínas, el ADN o la grasa, es inmune al riesgo que implican los daños causados por los radicales libres. Las grasas corren un serio peligro porque comprenden el 70% del peso neto del cerebro humano, además de ser uno de los tejidos más difíciles de proteger del daño causado por los ERO. Al tratarse de una sustancia química delicada, cuando es atacada por los radicales libres, se torna rancia. En el cerebro, esto implica que su función queda comprometida, lo cual limita la capacidad de las neuronas de comunicarse entre sí.

Como ya mencionamos anteriormente, los daños provocados por los radicales libres subyacen a todas las enfermedades degenerativas del cerebro, incluyendo el Alzheimer, el Parkinson, la esclerosis lateral amiotrófica (ELA) –o enfermedad de Lou Gehrig–, la esclerosis múltiple e incluso el envejecimiento cerebral general.

Además, el peligro de los radicales libres es doble. El primero, como ya explicamos, es que estas sustancias químicas reactivas modifican directamente los diversos tejidos que atacan, impidiendo su funcionamiento adecuado. El segundo es que la acción de los radicales libres inicia la apoptosis, por la que las células abren instrucciones codificadas del ADN para cometer el suicidio. De modo que la protección antioxidante que ofrece el glutatión merece toda la atención que está recibiendo.

El glutatión no solo es, en sí mismo, un poderoso antioxidante, sino que también genera otro importante antioxidante cerebral: la vitamina C, que recarga la asignación cerebral del potente tocofersolán liposoluble, miembro de la familia de la vitamina E. Con sus conexiones con tantos otros compuestos y vitaminas saludables, el glutatión se ha convertido en uno de los principales focos de interés de la investigación cerebral en todo el mundo.

David: mi introducción al glutatión

—La fibromialgia –afirmó el orador– es sobre todo un desorden en la función mitocondrial. Ello explica por qué esos pacientes se sienten cansados y por qué están mentalmente embotados. Como las mitocondrias no funcionan a la velocidad que deberían, se acumulan subproductos tóxicos del metabolismo en los tejidos blandos, y esto explicaría el dolor.

Acudí a esa conferencia en 1997, la cual ofrecía un enfoque de la medicina alternativa a lo que se estaba convirtiendo en un problema muy extendido.

Por desgracia, para muchos de los pacientes que padecían esta enfermedad en aquella época, la medicina convencional negaba tajantemente su existencia. Cuando los usuales análisis de laboratorio no acertaban a mostrar ninguna evidencia de anormalidad, los médicos convencionales tendían a llegar a la conclusión de que «todo el problema está en la cabeza».

Como suele ocurrir con la «medicina moderna», la fibromialgia acabó siendo aceptada como una verdadera afección médica solo cuando las compañías farmacéuticas desarrollaron un medicamento para tratarla. Ahora, los médicos se limitan a prescribir un fármaco que se agota rápidamente en las farmacias.

Pero la idea de que los problemas de la función mitocondrial pudieran jugar un papel importante en este trastorno ha ido ganando aceptación con los años, al menos entre los médicos mejor informados que se han preocupado de tratar las causas subyacentes, en lugar de limitarse a concentrarse en el control de los síntomas.

Poco después de esa conferencia, regresé a mi consultorio, situado en Naples, y comencé a reconsiderar mi enfoque sobre la fibromialgia. Curiosamente, en esa época estaba investigando diversas técnicas para mejorar la función mitocondrial y dirigí mi atención al glutatión, un compuesto normalmente producido en el cuerpo que protege a las mitocondrias y mantiene sus funciones. Mi investigación reveló que podía administrarse por vía intravenosa, y fue aprobado como tratamiento de emergencia para la sobredosis de paracetamol. No tardé en encontrar un proveedor, y no pasó mucho tiempo antes de que pudiera empezar a tratar a nuestro creciente número de pacientes con fibromialgia mediante inyecciones de glutatión, a menudo con un éxito inmediato y sorprendente.[2]

Una tarde de septiembre, tuve la oportunidad de evaluar a un paciente que, desgraciadamente, no solo padecía una fibromialgia bastante avanzada, sino también Parkinson. Los efectos del Parkinson habían afectado a su capacidad de caminar, hasta el punto de que debía ir en silla de ruedas. Iniciamos nuestro tratamiento, recientemente descubierto, y le administramos glutatión por vía intravenosa.

Lo que sucedió a continuación cambió para siempre mi práctica médica. Unos veinte minutos después de la inyección, el paciente se incorporó de la silla de ruedas y empezó a caminar por el despacho. Todo mi personal y yo nos quedamos con la boca abierta hasta que nos fijamos en las lágrimas que cubrían el rostro de su esposa, momento en el cual todos empezamos también a llorar.

Los pensamientos invadían mi mente. ¿Qué había sucedido? En ese momento lo supe: ya se había constatado profusamente que el Parkinson es, en esencia, un trastorno mitocondrial, así que al tratar al paciente con glutatión, estábamos apuntando en realidad a la causa de la enfermedad. Como diría en muchas charlas a partir de entonces: «Tratamos el fuego, no solo el humo».

Louis Pasteur comentó en una ocasión: «El azar favorece a la mente preparada», y yo estuve, y sigo estando, muy agradecido por ese suceso fortuito con aquel paciente, y de que mi mente, profundamente involucrada en la ciencia de la bioquímica mitocondrial, estuviera «preparada» para conectar esas dos partes aparentemente dispares.

No tardé en encontrar varias investigaciones que demostraron que, además de que el Parkinson es un trastorno mitocondrial, hay autopsias que han comprobado que los cerebros de los portadores de esta enfermedad mostraban un déficit de glutatión. Además, no hace ni un año que algunos investigadores italianos demostraron mejorías muy importantes y duraderas en pacientes de Parkinson que recibieron glutatión intravenoso. Dichos investigadores afirmaron: «Todos los pacientes mejoraron significativamente tras la terapia con glutatión, y su incapacidad disminuyó un 42%... El efecto terapéutico duró entre dos y cuatro meses... El glutatión posee eficacia sintomática y posiblemente retrasa el avance de la enfermedad». Y no obstante, tal vez porque precisamente no es una sustancia que se pueda patentar, nadie se ha encargado de dar la noticia a las decenas de miles de neurólogos que tratan a diario a pacientes con Parkinson.[3]

Tras esta original revelación, comencé a tratar a mis pacientes de Parkinson de manera intensiva con este nuevo enfoque y con éxito continuado. En varias conferencias que di por el país para mostrar estos descubrimientos a mis colegas, les enseñé ejemplos grabados en vídeo de estos pacientes antes y después de la terapia de glutatión, sobre todo a grupos afines que respondieron estupendamente a lo expuesto.

Resulta interesante señalar que, en varias ocasiones a lo largo de los años, ha habido neurólogos más tradicionalistas que me han acusado de contratar a actores para hacerse pasar por pacientes en estos videos. Estos desafíos siempre me han recordado las sabias palabras del premio Nobel belga de Literatura Maurice Maeterlinck: «En todas las encrucijadas del camino que conduce al futuro, a todo espíritu progresista se le oponen mil hombres encargados de proteger el pasado».

Desde entonces, la ciencia desarrollada alrededor del glutatión explotó, y comenzamos a incorporar esa potente sustancia natural en numerosos protocolos: desde combatir el resfriado común hasta tratar la esclerosis múltiple, pasando por prevenir daños nerviosos en los pacientes de cáncer que reciben quimioterapia. Y así como dejo aquí testimonio por escrito de ello, he formado a miles de médicos de Estados Unidos en nuestros sencillos protocolos para la administración del glutatión.

EL GLUTATIÓN: MÁS QUE UN ANTIOXIDANTE

Además de su primordial función antioxidante, el glutatión también realiza otras muchas funciones vitales. Christopher Shaw, neurobiólogo de la University of British Columbia, en Canadá, afirmó en su antología *Glutathione in the Nervous System*:

> Muchas de esas reacciones son cruciales para la supervivencia celular... Una hipótesis –la del radioterapeuta John A. Holt– ha sugerido incluso que el glutatión es el responsable del origen de la vida. Aunque esa última opinión pudiera parecer una hipérbole científica, resultaría difícil sobrestimar la verdadera importancia de esta molécula en la bioquímica de las células vivas.[4]

Estas funciones vitales incluyen la síntesis, protección y reparación del ADN; la síntesis de proteínas; el transporte de aminoácidos; el metabolismo de toxinas y carcinógenos; la mejora del sistema inmunitario; la activación de enzimas, y la eliminación de metales pesados perjudiciales.

Las implicaciones del glutatión para la salud y la función cerebral son tan importantes que no resulta sorprendente que las mitocondrias, la fuente de la energía celular y de los radicales libres, dependan tanto del glutatión para su bienestar. De hecho, los científicos consideran los niveles de glutatión del interior de las mitocondrias como un indicador de su vitalidad.

Pero aunque las mitocondrias dependan del glutatión, carecen de la habilidad para elaborar esta molécula vital, y por ello deben importarla de las células en las que reside. Muchos tipos de células del cuerpo humano pueden crear el glutatión, pero la mayoría se produce en el hígado y se transporta a través del cuerpo, incluso hasta el cerebro, a través de lo que se denomina la barrera hematoencefálica.

La barrera hematoencefálica es el control de seguridad cerebral. Permite que los nutrientes y otros elementos positivos se introduzcan en el santuario del cerebro, al mismo tiempo que impide el acceso de sustancias potencialmente perjudiciales y agentes infecciosos. No resulta pues sorprendente que cuando el glutatión producido por el hígado se acerca a la barrera hematoencefálica, sea recibido con una calurosa bienvenida. Hay nuevos estudios que muestran que una población específica de células cerebrales, los astrocitos —llamados así por su apariencia estrellada—, producen glutatión en el interior del propio cerebro.

AUMENTAR LOS NIVELES DE GLUTATIÓN

A diferencia de las proteínas, que se crean a partir de cientos o incluso de miles de componentes de aminoácidos básicos, el glutatión se manifiesta con una elegante simplicidad y está constituido únicamente por tres —la cisteína, el ácido glutámico y la glicina—, lo cual significa que es un tripéptido.

Con la esperanza de mejorar la capacidad corporal de crear más glutatión, los investigadores han explorado nuevas vías para suministrar oralmente los aminoácidos que producen esta sustancia. Por desgracia, la mayoría de los intentos no han tenido éxito porque su absorción intestinal es muy limitada, y la mayoría del glutatión se destruye en el estómago mucho antes de que pueda absorberse.

Sin embargo, hay una forma de cisteína, la N-acetilcisteína y un antioxidante, el ácido alfa-lipoico, que ofrecen esperanzas. Ambos suplementos pueden obtenerse sin receta médica en tiendas dietéticas y de alimentación natural.

Frente a la relativa ineficacia de la administración oral de estos aminoácidos productores de glutatión, o incluso del propio glutatión, y a fin de aumentar esta sustancia a nivel celular, los científicos han explorado otros métodos. En 2002, investigadores de la Johns Hopkins Bloomberg School of Public Health, dirigidos por Shyam Biswal, descubrieron lo que denominaron el «regulador maestro» de los genes implicados en la desintoxicación, el sistema Nrf2. Hallaron que activando ese factor genético se mejoraba enormemente la producción corporal de antioxidantes, así como otros compuestos antiinflamatorios y desintoxicantes. El glutatión se encontraba entre las sustancias que más incremento experimentaban gracias a la estimulación del circuito Nrf2. En su trabajo, el doctor Biswal descubrió un enfoque totalmente distinto para aumentar el glutatión. Halló la clave, el interruptor que activa la capacidad genética para fabricar esta molécula.

Profundizando en esta función celular, los investigadores también averiguaron qué es lo que regula el circuito Nrf2 e identificaron las sustancias naturales concretas que lo activan. No tardaron en identificar nutrientes de procedencia vegetal, llamados fitonutrientes, que activan el circuito Nrf2, que a su vez genera la producción de glutatión a nivel celular.

Estos fitonutrientes son la cúrcuma —curcumina—, el extracto de té verde, el pterostilbeno y el sulforafano —un compuesto hallado en el brócoli y uno de los activadores más potentes—. Este descubrimiento explica el denominado «efecto brócoli», la estimulación que experimenta el circuito Nrf2 al comer esta verdura y que ayuda a proteger al cuerpo cuando se expone a agentes cancerígenos. El sulforafano, importante ingrediente en el activador Nrf2, es uno de los estimuladores más estudiados del circuito Nrf2 y puede tomarse oralmente como suplemento nutricional. El pterostilbeno, presente en los arándanos, es una buena razón que explica por qué estos frutos han sido siempre anunciados como un importante suplemento dietético a causa de sus importantes y poderosas propiedades antioxidantes.

El pterostilbeno está químicamente relacionado con el resveratrol, un suplemento más familiar y popular. Sin embargo, el primero es, en muchos aspectos, infinitamente más efectivo que el segundo. El pterostilbeno, al igual que el sulforafano y la cúrcuma, aumenta la producción de los antioxidantes indispensables para proteger las células contra los efectos perjudiciales de los radicales libres, de los cuales el más importante de todos es el glutatión. Además, el pterostilbeno ha demostrado ejercer una potente actividad anticancerígena en diversos experimentos con animales.

La activación del circuito Nrf2 mediante fitonutrientes tiene un gran alcance e importantes implicaciones para la salud humana. Los estudios demuestran que los interruptores que controlan los diversos genes que fomentan la salud, y que son dirigidos por este circuito, pueden permanecer en la posición de «encendido» hasta veinticuatro horas después de ser estimulados con un fitonutriente adecuado.[5]

Eso significa que los fitonutrientes específicos que son enviados al circuito Nrf2 constituyen un potente medio para dirigir personalmente la expresión de los genes encargados de proveer el sustento vital de tu cuerpo. Y como esos genes pueden aumentar el glutatión, su activación ayuda a conservar y proteger tu cerebro e incluso a mejorar su funcionalidad.

Alberto: segunda inmersión

Para mi segunda sesión de la TOHB, decidí volver a poner a prueba mi cerebro en el interior de la atmósfera de oxígeno enriquecido. Acababa de recibir una inyección intravenosa con dos gramos de glutatión. Mientras sentía cómo aumentaba la presión en el interior de la cámara, me recordé a mí mismo que debía respirar profundamente. Sabía que la respiración está regulada por concentraciones de dióxido de carbono en la sangre y que, en el entorno de oxígeno enriquecido de la cámara, mi cuerpo iba a sentir poca necesidad de respirar con intensidad. Quería introducir en mi organismo todo el oxígeno posible.

La tarea que me impuse fue la de elaborar el borrador de un nuevo libro en el que estaba trabajando, titulado *Soñar con valentía*. Me había comprometido a escribir ese libro mientras bebía unas copas de vino con el presidente de la editorial Hay House, que me envió un contrato sin que ninguno de los dos supiéramos el tema del que iba a tratar. La única idea era que los chamanes son capaces de soñar en el mundo en el que quieren existir como resultado de la práctica del coraje. Antes de empezar a escribir un libro es esencial contar con un borrador del proyecto, a menos que trates de descubrir lo que intentas decir, corrigiéndolo y reescribiéndolo continuamente; es parecido a contar con un plano para levantar una casa antes de comenzar su construcción. Sin embargo, aunque tenía la idea de lo que quería contar, no sabía por dónde empezar. Hacía años que ya había intentado escribir un libro llamado *Futuremind* —que un amigo apodó *Nevermind*[*] porque el proyecto parecía no tener fin— pero nunca acabó de publicarse.

Al cabo de unos veinticinco minutos de sesión de la TOHB, tuve una sensación de gran claridad, y pensé en el encargo. Pocos instantes después, comencé a *ver*, literalmente, cómo iban tomando forma ante mí los capítulos del libro, mientras continuaba con los ojos cerrados. Podía leer el título de cada capítulo y repasar su contenido. Luego recordé la única ocasión en mi vida en la que había experimentado una experiencia visual de ese tipo: fue en el instituto, estaba fumando marihuana con unos amigos y pude *ver* frente a mí las notas de la música que escuchábamos. No obstante, en esta ocasión tenía el control total y era como si estuviera viendo los títulos de los capítulos ante mis ojos, todos a la vez.

Recordé haber leído sobre la manera en que Mozart era capaz de componer de un tirón toda una sonata para piano, y cómo se quejaba cuando no podía escribir las notas con la suficiente rapidez. De hecho, cada año de su vida adulta compuso más música que los Beatles durante toda su carrera, incluidas las de cada uno de sus componentes en solitario. Tenía muy claro que yo no era Mozart, pero todos esos pensamientos discurrían por mi mente, y cuando hojeé el manuscrito, una vez acabado el libro, sonreí para mis adentros al sentir la familiaridad de aquel material.

Obviamente, había pensado mucho acerca de lo que iba a escribir, y es probable que mi mente tuviera acceso a información que ya había organizado en mi subconsciente. Pero una parte de mí no podía evitar preguntarse si no «habría dado un salto en el tiempo», como afirman poder hacer muchos chamanes, para traer el libro terminado desde el futuro. ¿Podría haber accedido a algún tipo de espacio-tiempo

---

[*] «No importa» se trata de un juego de palabras jocoso con el título original.

relativo donde tuviera a mi disposición mi propio destino? Y de ser así, ¿podría también hacer esto a fin de encontrar un futuro estado de bienestar para mí mismo, o tal vez incluso para mis pacientes, en el que pudiéramos vivir exentos de enfermedades?

Estuve tentado de tocar el tubo de plástico y pedirle a la enfermera que me trajese papel y lápiz, y así no olvidar los detalles que surgían para el borrador. Sin embargo, no fue necesario porque más tarde pude evocar *todo el libro* en estado consciente. Y no solo se trataba de texto escrito. También venía acompañado de sensaciones, texturas, colores y olores, pues todos mis sentidos se manifestaron cuando observé el texto. Como vimos en el capítulo 2, este fenómeno se conoce como sinestesia, o solapamiento de los sentidos, y suele ser común en individuos que padecen el síndrome de Savant. La profunda limpieza de los «sedimentos» de los radicales libres que me proporcionó el glutatión, junto con el abundante oxígeno, debió de permitir que mi cerebro alcanzase un nivel de sinergia desconocido para mí hasta entonces.

En cuanto salí de la cámara de la TOHB, esquematicé todo el libro, por si acaso. Cuatro meses más tarde, le entregué a mi editor una versión completa y mejorada del manuscrito que «vi» aquel día en la cámara.

En la actualidad, tomo glutatión IV intravenoso de forma regular, pues tengo polimorfismo de nucleótido simple o SNP, que indican una deficiente producción de una enzima —superóxido dismutasa— que protege a las mitocondrias, al ADN y a las proteínas de los radicales libres. Pero, más importante que «ver» los contenidos de un libro, el glutatión IV me liberó de una enorme cantidad de estrés: mi mente ya no se sentía sometida a actividades que solían sacarme de quicio. Si el camarero que me atendía en un restaurante me parecía maleducado, ya no me echaba a perder la comida; si el conductor que tenía delante de mí se comportaba de manera imprudente, ya no me irritaba. Descubrí que me volvía menos reactivo ante situaciones que antes me habrían ofuscado y provocado una reacción cargada de emociones negativas.

David: el importante papel del glutatión en la salud

Las funciones del glutatión como antioxidante, como agente desintoxicante y como quelante de metales pesados, así como su capacidad de regenerar importantes vitaminas, como las vitaminas C y E, justificaron nuestros protocolos de administración por vía intravenosa en el Perlmutter Health Center durante más de una década. El glutatión es como maná para las mitocondrias: mejora su función a la vez que las protege de los perniciosos subproductos que genera el proceso de producción de energía. Y debido a que son muchas las enfermedades que se caracterizan por tener algún fallo mitocondrial, resulta difícil saber dónde debe marcarse la línea a la hora de limitar el uso de esta sustancia natural. Como ya mencioné anteriormente, he formado a miles de profesionales para que administren glutatión por vía intravenosa. Muchas de esas personas son miembros del American College for Advancement in Medicine, cuya lista de facultativos aparece en la página web www.acam.org, y pueden buscarse por código postal.

El glutatión intravenoso conlleva una mejora inmediata de la función mitocondrial, y los beneficios sintomáticos de activar las mitocondrias suelen ser milagrosos, no solo en pacientes que sufren enfermedades, sino también en individuos sanos que utilizan esta terapia junto con prácticas de meditación.

Combinar la administración oral para mejorar la producción de glutatión con el glutatión administrado intravenosamente y el oxígeno hiperbárico proporciona un nivel de intervención terapéutica incomparable, diseñado para mejorar el potencial generador de energía vital de las mitocondrias. En el primer programa intensivo de *Power Up Your Brain*, que desarrollamos en 2008, los participantes tomaron parte en un programa que tuvo una semana de duración, en el que experimentaron con prácticas de meditación energéticas y chamánicas. Además de esas técnicas, cada participante recibió terapia hiperbárica de oxígeno diariamente junto con inyecciones de glutatión. No estábamos preparados para los resultados que obtuvimos.

SALIR DE LA ESPIRAL DEPRESIVA

«Byron», un exitoso empresario y propietario de una cadena de tiendas de alimentación, acudió a nuestro programa intensivo de *Power Up Your Brain* porque se sentía agotado. No era de extrañar: por entonces se las arreglaba para aguantar el día con la ayuda de una docena de cafés a los que añadía anfetaminas, y por la noche se quedaba fuera de combate con valium y ocasionales dosis de oxicodona, un derivado del opio. Dicho de otra manera, Byron tenía el pie en el freno y en el acelerador al mismo tiempo. Su cóctel diario de estimulantes y sedantes hacía que hubiese funcionado temporalmente con ese ritmo agotador, pero al mismo tiempo había hundido su sistema nervioso en una espiral depresiva.

Al igual que otras personas con las que ya había trabajado, Byron se automedicaba con fármacos recetados y drogas callejeras, con los que intentaba corregir un desequilibrio cerebral y compensar así una disfunción mitocondrial que le impedía generar energía vital.

Lo primero que tuvimos que hacer fue ayudar a Byron a desintoxicar su cerebro y su sistema nervioso. Los medicamentos y las drogas que consumía se descomponían en el hígado, y el glutatión no solo se produce principalmente en este órgano, sino que, además, es un importante desintoxicador hepático. Sabíamos que debíamos conseguir que su hígado volviese a funcionar adecuadamente para que pudiera ayudar al resto del cuerpo a eliminar las toxinas.

Alberto y su equipo iniciaron los tratamientos de medicina energética limpiando los centros energéticos del cuerpo y restaurando la coherencia en el sistema energético de Byron. Llegó a recibir hasta cuatro sesiones al día, que incluían masajes, acupuntura y curación chamánica —para una descripción más detallada de las prácticas curativas chamánicas, consulta el libro de Alberto Villoldo *Chamán, sanador, sabio*.

El interés inicial del equipo de Alberto fue ayudar a serenar el eje HPA de Byron utilizando técnicas de medicina energética chamánica, a fin de asegurar que no siguiese funcionando constantemente en el modo «lucha o vuelo». El eje HPA de Byron se encontraba tan afectado que vivía en un estado de parálisis, la respuesta habitual de una persona que es incapaz de luchar y huir.

Al tercer día del programa, Byron dijo que se sentía más débil que nunca y que apenas podía levantarse de la cama; faltó a dos de sus sesiones matinales. Nosotros dos —Alberto y David— reconocimos que se estaba desintoxicando con demasiada rapidez, y por ello su organismo se sentía sobrecargado. Como las propias conexiones y sistemas de desintoxicación de su cuerpo ya estaban sobrecargados, reducir la carga tóxica del cerebro y del sistema nervioso debía realizarse con ayuda. Le prescribimos un masaje linfático, que le ayudaría a limpiar el organismo, se le dio un zumo de verduras orgánicas recién hecho y le pedimos que descansase el resto del día.

A la mañana siguiente llegó a nuestro consultorio para contarnos que, por primera vez en muchos años, había podido dormir sin medicación. Presentaba un aspecto alegre y descansado, y el nubarrón negro que parecía estar suspendido encima de él desde que le conocimos parecía haberse difuminado.

Ahora que Byron había recuperado algo de fortaleza y que su cuerpo se desintoxicaba de manera natural, Alberto y su equipo le pudieron aplicar una profunda terapia de medicina energética. Nuestra intención era limpiar los traumas de su campo energético que le empujaron al consumo de drogas.

Trabajábamos con Byron inmediatamente después de sus sesiones de TOHB, cuando su energía estaba fuerte y en fase expansiva. Tras una de las sesiones, nos contó la historia de su padre, alcohólico y maltratador emocional, y cómo le habían marcado los incidentes diarios de castigo que sufrió entre los diez y los doce años. Mientras limpiábamos esa marca de su campo energético —algo que conseguimos sin profundizar en el drama de su historia, ya que no es lo importante en la curación chamánica—, Byron empezó a experimentar paz interior.

El último día del programa intensivo, le dijo a Alberto que había descubierto la vocación de su vida: había venido aquí no solo para ser propietario de tiendas de alimentación, sino para alimentar a las personas con alimentos de verdad. Dicho lo cual, dejó el programa con una nueva sensación de dirección y sentido.

Tres años después de su tratamiento, Byron sigue alejado de todo consumo de drogas. Asegura que tiene la mente clara, que ha desaparecido la niebla de su cerebro y que puede dormir sin medicamentos. Y, además, está utilizando las prácticas de contemplación descritas en el capítulo 13, «Ejercicios chamánicos», para mantener y vigorizar su nueva vida iluminada. Profesionalmente, ahora es dueño de un restaurante muy popular donde sirve comidas ricas y saludables.

CAPÍTULO 11

EL DON DEL CHAMÁN

Los chamanes creen que el mundo parece real solo porque lo percibimos como tal, y que eso que percibimos es un reflejo del mapa interno que nosotros mismos, junto con nuestra cultura, hemos construido sobre la naturaleza de la realidad. Esos mapas se almacenan en lo que los chamanes conocen como el «cuerpo de luz» y lo que los científicos denominan redes neuronales de nuestro cerebro. Los chamanes saben que si quieren cambiar el mundo exterior, deben empezar transformando los mapas interiores y curando las huellas de las enfermedades y los traumas del cuerpo de luz. Aseguran que el cuerpo de luz es un modelo que crea la salud o la enfermedad. Pero ¿hasta qué punto esta metáfora del modelo es cierta?

Los biólogos reconocen ahora que solo el 5% del ADN nuclear codifica las proteínas con las que construir el cuerpo humano. El otro 95% restante se considera «ADN basura», ya que no es codificante. Pero ¿y si este 95% representase una «biblioteca» de posibilidades genéticas que ahora no consultamos? ¿Podríamos curar enfermedades y mantener la salud modificando nuestra expresión genética? ¿Qué sucedería si lo lográsemos sanando nuestro cuerpo de luz?

Cuando sanamos el cuerpo de luz podemos acceder a un conocimiento que está disponible para todos los seres humanos. Al hacerlo podemos interconectarnos con la biosfera en formas que jamás hemos imaginado para actualizar la calidad de la información natural disponible e instalarla en el *hardware* que ha estado siempre en nuestros cerebros.

LA GRAN PERFECCIÓN

El Bön es la antigua tradición espiritual autóctona del Tíbet. Se dice que el linaje de los maestros Bön fue fundado por Tönpa Shenrab hace cerca de dieciocho mil años, precediendo al budismo en muchos miles de años. Tönpa Shenrab nació en el seno de una familia real y, según la leyenda, abandonó la comodidad de palacio y se dirigió al monte Kailash, donde meditó y alcanzó la iluminación. En la actualidad, sigue habiendo seguidores del Bön que se aventuran en la naturaleza para ayunar y rezar, y así curar su cuerpo de luz y alcanzar una mayor comprensión del funcionamiento de la mente y la conciencia.

El Dzogchen —o «Gran Perfección»—, enseñanza esencial del Bön, sugiere que una vez que sanas tu cuerpo de luz mediante prácticas específicas, puedes sobrevivir incluso a la muerte física.

Tras la introducción del budismo en el Tíbet durante el siglo VII, las tradiciones Bön, que hasta ese momento fueron chamánicas, perdieron el favor de las familias reales. No obstante, en 1987, el Dalai Lama, que es un maestro de Dzogchen, reconoció al Bön como una de las cinco escuelas de budismo tibetano, y prohibió cualquier discriminación contra sus practicantes y seguidores.

La práctica del Dzogchen consiste en cultivar un cuerpo de luz libre de las huellas de traumas y enfermedades. A esto se lo conoce como el estado natural y primordial de una mente incondicionada. En ese estado, la meditación llega con facilidad e insufla positivamente las actividades cotidianas. Ya no necesitas retirarte a una cueva o a un monasterio para conseguir paz y alegría interior.

A medida que tu cuerpo de luz sana y tu mente natural se estabiliza, comienzas a alcanzar una paz interior y un equilibrio, que lo irradiarán todo a tu alrededor. Al irte iluminando cada vez más, tu cuerpo se tornará más luminoso. La gente notará que ya no hay una nube oscura suspendida sobre ti. En lugar de ello, tu ser adquirirá un nuevo resplandor.

LAS PRIMERAS TRADICIONES CHAMÁNICAS

El Tíbet está encaramado en la formidable cordillera del Himalaya, lo que lo protegió de los ejércitos saqueadores que asediaron durante muchos siglos gran parte de Asia. No obstante, es fuera del Tíbet, en las necrópolis de las grutas de Shanidar, en el Kurdistán iraquí, donde hallamos las evidencias más tempranas de la aparición de una conciencia chamánica. El arqueólogo Ralph Solecki y su equipo de la University of British Columbia descubrieron en ese lugar una avanzada necrópolis neandertal que dataron alrededor del año 80.000 a. de C. Los restos descubiertos parecen sugerir que, contrariamente a la opinión general, que consideraba a los hombres de Neandertal como criaturas primitivas y brutas, construyeron tumbas elaboradas, demostrando tener conciencia del más allá. También se cree que en este yacimiento hubo chamanes que se ocupaban de los enfermos y los heridos, tratándolos con la ayuda de flores y remedios a base de hierbas. Las muestras de polen sugieren que utilizaban numerosas plantas medicinales, como la milenrama, la hierba de Santiago, el jacinto ramoso y el hibisco.

Muchas habilidades que nosotros damos por sentadas hoy día fueron consideradas místicas en la antigüedad y lograban tener a la población general sobrecogida. Si eras capaz de contar más de veinte sin utilizar los dedos de las manos y de los pies, o de dividir o multiplicar, se te consideraba un prodigio. La primera evidencia registrada de la capacidad de contar aparece en el hueso de una pata de lobo, datado de hace unos treinta mil años y descubierto en Checoslovaquia en 1937 por el antropólogo Karel Absolon.[1] Presentaba cincuenta y cinco muescas, con cortes más profundos en la vigésimo quinta y en la vigésimo sexta que tal vez señalaban la duración entre los ciclos de la menstruación de una mujer de la aldea. Los chamanes no solo eran curanderos y maestros de ceremonias que asistían en los nacimientos y en las muertes, sino que también fueron los primeros astrónomos y matemáticos. La evidencia más antigua de que disponemos sobre una sociedad que comprendía el valor del número pi (3,1416) proviene de la Gran Pirámide de Giza, construida alrededor del 2500 a. de C. La pirámide tiene un perímetro de 1.770 codos y una altura de 280 codos, lo que nos da una proporción de 1.760:280, que es exactamente igual a dos veces el número pi. Esto coincide con otras señales del despertar del córtex prefrontal, incluido el descubrimiento del alfabeto. Los primeros textos escritos hacen referencia al valor de pi, algo que no se repetiría hasta transcurridos seiscientos años de la finalización de la Gran Pirámide.

El córtex prefrontal permitió a ciertos individuos comprender la naturaleza del tiempo, y predecir eclipses y equinoccios, que también fueron impresionantes demostraciones de capacidades precognitivas para los menos ilustrados. Los primeros astrónomos, como los chamanes dogón, eran miembros de sociedades religiosas que asociaban los cuerpos celestes con dioses o que incluso los identificaban como tales. Los códices mayas, compuestos mediante escritura jeroglífica, incluían detalladas tablas para calcular las fases de la Luna y la progresión de los equinoccios. Tan precisos fueron los antiguos astrónomos mayas que predijeron que la trayectoria elíptica del Sol a través de la Vía Láctea se alinearía con el ecuador galáctico del solsticio de invierno el 21 de diciembre de 2012, un acontecimiento que los astrónomos modernos han confirmado que solo sucede cada veintiséis mil años —los mayas creyeron que ese acontecimiento cósmico implicaría la transformación, aunque no la destrucción, del mundo—. No obstante, mientras la ciencia occidental centró su atención casi exclusivamente en el mundo externo, estudiando los movimientos de los planetas, el origen del universo y la evolución de las especies, los sabios también dirigieron sus miradas hacia el interior, y estudiaron la naturaleza de la mente y de la propia conciencia.

CONCIENCIA ATEMPORAL

Los chamanes descubrieron que una vez que el cuerpo de luz se libera de los traumas, nuestra conciencia puede refinarse para identificar tanto sucesos favorables como peligrosos, en el futuro. Aquellos que desarrollaron esas capacidades latentes fueron capaces de guiar a los cazadores al lugar donde al día siguiente pastarían los búfalos, avisar a los aldeanos de la inminencia de un *tsunami* y llevar a los pescadores hasta los lugares de captura. Todo ello les proporcionó entre los suyos el elevado estatus de sabios. Los escépticos se esforzaron mucho en desprestigiar esos dones proféticos, pero existen muchas evidencias que demuestran que fueron reales.

Uno de los ejemplos más conocidos de chamanes que preveían oportunidades beneficiosas para su pueblo tuvo lugar en el siglo XIX, cuando el gobierno de Estados Unidos desplazó al pueblo osage de sus tradicionales terrenos de caza en Missouri. Los hombres santos de los osage los guiaron para asentarse en tierras de Oklahoma, lugar de praderas rocosas y montañas desoladas, un hábitat indeseable para los colonos europeos. No obstante, los sabios osage le aseguraron a su pueblo que la Tierra cuidaría de ellos durante muchas generaciones si se asentaban allí.

Uno de los factores que hacían que aquel lugar resultase especialmente desagradable era una sustancia negra y pegajosa que rezumaba entre las rocas y envenenaba los manantiales. Más tarde se descubriría que los osage se habían asentado en uno de los depósitos de petróleo y gas más ricos de Norteamérica. En su libro *Oil Man: The Story of Frank Phillips and the Birth of Phillips Petroleum*, Mike Wallis cuenta la leyenda: «Un visionario afirmó haber visto, claro como el cielo de verano, el fin de la antigua forma de vida. Tuvo visiones sobre la llegada de más hombres blancos, e incluso pudo describir sus extrañas máquinas, resoplando y resollando como si fuesen búfalos de hierro».

Las visiones de sus sabios convirtieron al pueblo indígena del condado de Osage, Oklahoma, en una de las comunidades más ricas de América. Tal y como demuestra la experiencia del pueblo osage, algunos de nuestros mejores descubrimientos suceden cuando confiamos en nuestras corazonadas e interpretamos correctamente las señales que nos revela la naturaleza. Las prácticas chamánicas —junto con una función cerebral óptima– contribuyen al desarrollo de la intuición, que en el caso de los osage se tradujo en una gran fortuna.

EL CUERPO DE LUZ

Existen muchas maneras de intercambiar información con nuestro entorno. Algunas de ellas solo requieren consumir un fruto silvestre, beber agua de un manantial, respirar aire puro profundamente o disfrutar de la luz del sol. Ahora sabemos que comer fruta madura y fresca proporciona combustible a los tejidos y a las células, así como información acerca de nuestro entorno más cercano, y que beber de un manantial de agua pura sacia la sed e informa a nuestros cuerpos del ecosistema en el que nos hallamos.

Esta comunicación con la biosfera también sucede cuando metabolizas los alimentos que consumes. En Occidente tal vez creamos que el pan, por ejemplo, es únicamente una fuente de calorías, pero en realidad este alimento aporta también información al organismo. La espiga de trigo que fue amasada y horneada para convertirla en el pan que consumes tiene una memoria biológica de su propia existencia: la cantidad de lluvia que recibió, cómo se nutrió e incluso las manos que la cosecharon.

Los alimentos procedentes de plantas y animales no son únicamente calorías o nutrientes, sino que también comunican información a nuestros genes. El nuevo campo de la nutrigenómica examina la manera en que los alimentos transmiten información a nuestras células sobre el entorno. La base de esta nueva ciencia procede de la comprensión de que, aunque nuestros genes no han cambiado mucho durante los últimos diez mil años, nuestras dietas sí que lo han hecho. Así pues, distintas dietas provocan diferentes pautas de expresión genética cuyo resultado es la fabricación de proteínas diferentes, así como cambios en el metabolismo energético. Por ejemplo, en América, antes de la conquista europea, solo existía un tipo de cerveza muy suave que era la única bebida fermentada, y el alcohol en forma de *whisky* era del todo desconocido. Eso explicaría por qué tantos pueblos indígenas muestran una deficiencia de la enzima aldehído deshidrogenasa, responsable de metabolizar el alcohol y que justificaría la baja tolerancia a esta sustancia entre las comunidades de amerindios. De igual manera, un gran porcentaje de europeos que vivían en entornos donde abundaba la producción láctea, desarrollaron el gen que les permitía digerir la lactosa, mientras que muchas personas de otras regiones del mundo siguen sufriendo intolerancia al consumo de la leche y sus derivados.

Con el paso del tiempo, señales procedentes de la biosfera —del aire, del agua, de la luz del sol y de los alimentos— permitieron que las especies se adaptaran a cambios en el entorno relativamente lentos. Fijándonos en cómo nadan los patos en el agua, podemos ver que tienen los pies palmeados. Observando a las jirafas comiendo hojas de los árboles altos, nos explicamos el motivo de sus largos cuellos. Pero ¿por qué el ser humano tiene el cerebro tan grande?

¿Por qué la naturaleza optaría por la inteligencia y la conciencia cuando la fuerza bruta, los músculos desarrollados, la velocidad y los dientes afilados son de tanta utilidad para tantas especies? Los dinosaurios no desaparecieron por tener cerebros pequeños. Les iba muy bien así, y no parecían dispuestos a ceder su lugar dominante en tierra y aire a ninguna otra especie.

Se da por supuesto que los dinosaurios se extinguieron a causa de una catástrofe extraterrestre —el impacto en la Tierra de un enorme meteorito— que sucedió a finales del período cretáceo, hace unos sesenta y cinco millones de años, y que borró de la faz del planeta a todas las grandes criaturas. Los mamíferos que sobrevivieron lo hicieron gracias a su tamaño diminuto, no por su inteligencia o por presentar mayores o menores diferencias en la relación cerebro-peso corporal. De hecho, durante los más de cien millones de años de dominio de los dinosaurios, estos compartieron el entorno con mamíferos diminutos, la mayoría de ellos no más grandes que un ratón. Los mamíferos no constituyeron una forma superior de vida que llegó para sustituir a los gigantes. Simplemente fueron los beneficiarios de un devastador suceso extraterrestre. Con la desaparición de los dinosaurios, los pequeños mamíferos se apoderaron de la Tierra y se convirtieron en la forma preferida de expresión inteligente del planeta.

Sugiriendo casi una interpretación mística de la teoría darwinista, creemos que la naturaleza seleccionó a los seres humanos basándose en el precepto de «la supervivencia para los más listos» y no solo para los más feroces y rápidos. ¿Por qué, si no, la naturaleza habría sobrecargado a los seres humanos con un cerebro tan grande que solo gracias a un tremendo esfuerzo consigue atravesar el canal del parto? ¿Por qué los bebés humanos nacen siendo incapaces de valerse por sí mismos, mientras que un potro recién nacido corretea tras su madre una hora después de su nacimiento?

La información que procesamos del entorno tiene que ver, sobre todo, con tres aspectos básicos: la comida, cómo conseguir esa comida y cómo preservar nuestra vida. Pero para procesar esta información necesitamos una parte muy pequeña de nuestro cerebro. Tal vez nuestro córtex prefrontal nos permitirá decodificar y descargar de la naturaleza un nuevo manual de instrucciones. Los sabios de antaño así lo creyeron. Estimaron que sus prácticas les permitían introducir nuevas instrucciones biológicas en el cuerpo de luz, y que ello los facultaba para curarse a sí mismos y para vivir una larga vida.

Estas nuevas instrucciones mejoraban la calidad de sus cuerpos de luz y les ayudaban a curar las enfermedades. Las instrucciones también tenían que ver con la anticipación a la futura evolución biológica, con romper con el tiempo ordinario y lineal, y con aprender a maniobrar en la atemporalidad o el infinito. Esas son las prácticas que permitieron que los sabios amazónicos descubriesen la fórmula del curare sin tener que pasar por infinitas pruebas y ensayos, y que los ancianos osage condujesen a su pueblo a una tierra de oportunidades que parecía desolada y muerta para los demás.

Alberto: el cuerpo de luz de Claire

«Claire» era fotógrafa y escritora. Cuando visitó a su médico para su revisión anual, este le descubrió un bulto en el pecho, por debajo del tejido muscular, y le pidió que volviese a la semana siguiente para practicarle una biopsia. Como había pasado por nuestro programa de formación en medicina de la energía en la Healing the Light Body School, Claire llamó inmediatamente a mi consultorio para concertar una visita. Aunque yo no disponía de ningún hueco entre semana, me las arreglé para recibirla el sábado; sabía lo importante que era intervenir antes de que le diesen un diagnóstico y probablemente la clasificaran como enferma de cáncer.

Tenemos numerosas células cancerosas que aparecen continuamente durante todo el año en nuestros cuerpos, y que casi siempre son eliminadas de forma natural por nuestro sistema inmunológico. Si nos llegan a diagnosticar en una de esas ocasiones, podemos acabar arrollados por lo que significa ser un enfermo de cáncer. Que quede claro que no estoy sugiriendo que no realices tus revisiones médicas, pero quiero que también recuerdes que tu cuerpo dispone de una capacidad tremenda para curarse a sí mismo de manera natural.

Cuando vi a Claire, al cabo de pocos minutos de escuchar su caso, entré en ese profundo estado de meditación en el que puedo rastrear el cuerpo de luz de otra persona. Observé que una oscura masa de energía por encima de su pecho izquierdo había empezado a «echar raíces» en sus tejidos. Esas masas oscuras siempre indican alguna forma de patología y por ello me preocupé por Claire.

Realizamos una iluminación, la parte principal del proceso curativo de la medicina chamánica de la energía. Al cabo de unos pocos minutos, la masa de energía, que llamamos «huella» o «firma», dejada por un trauma anterior de la vida empezó a disiparse mientras yo lo extraía de su campo energético. Durante el tiempo que estuve trabajando en su cuerpo de luz, observé que Claire sollozaba suavemente y que le caían lágrimas por las mejillas. Al final de la sesión, le pregunté qué había experimentado. Me contó que recordaba las numerosas ocasiones en que su hermanastro mayor se había metido en su cama cuando era niña, manoseándola mientras ella permanecía helada, incapaz de pedir ayuda. No es extraño que durante una iluminación salgan a la superficie sensaciones y traumas anteriores. Esos traumas dejan huellas en el cuerpo de luz que luego se traducen en enfermedades físicas.

Al martes siguiente, cuando Claire acudió para hacerse la biopsia, el médico la examinó con ultrasonido y descubrió que el bulto del pecho había desaparecido. Se quedó estupefacto, y le aseguró que esas cosas no desaparecen así porque sí. Claire se limitó a sonreír, diciendo: «Sí, sí que lo hacen». El doctor le pidió que volviese para hacerle un seguimiento al día siguiente. Desde entonces ha acudido a las revisiones semestralmente durante los últimos años, y todas sus pruebas descartan la presencia en su pecho de algo que no debiera estar ahí.

A mis estudiantes de la Healing the Light Body School, les digo que existe una diferencia entre sanar y curar. Sanar es asunto del chamán. Curar es lo que hace la medicina y consiste en tratar las enfermedades. La sanación apunta a la «causa de la enfermedad», que suele ser un trauma y las emociones negativas que separan a la persona de su alegría y de su salud. Esas huellas se almacenan en su cuerpo de luz, que para mí es un «espejo» luminoso de las redes neuronales de nuestro cerebro. Y aunque muchos investigadores piensan que el cuerpo de luz es simplemente el aura emitida por la actividad eléctrica del cerebro y del sistema nervioso, los chamanes creen que es en realidad el cuerpo de luz el que engendra al cuerpo físico, al cerebro y al sistema nervioso. Este cuerpo de luz informa y organiza al cuerpo físico, de la misma manera que los campos energéticos de un imán ordenan las limaduras de hierro en un pedazo de cristal.

La sanación ocurre cuando borramos las huellas dejadas por los traumas en la luminosa matriz que envuelve e instruye a toda vida.

CAPÍTULO **12**

PREPARA TU CEREBRO PARA LA ILUMINACIÓN

Aunque la trascendencia que la dieta y el ejercicio físico tienen en relación con las enfermedades cardíacas está bien asumida, por razones que no están del todo claras, es prácticamente ignorada en lo concerniente a la salud cerebral, a pesar de la abundancia y la solidez de las evidencias científicas que confirman la importancia de la dieta y el ejercicio físico como factores que pueden modificarse en nuestro estilo de vida para mejorar la salud y la función cerebrales.

Obviamente, mantener y mejorar la salud cerebral son objetivos importantes, pero no debes olvidar que nuestras costumbres alimentarias y nuestro estilo de vida constituyen la clave para influir directamente en la expresión de nuestros genes. Permiten que redirijas el curso de tu destino genético y prepares el cerebro para recibir e incorporar los beneficios de la meditación.

COMER MENOS PARA TENER MEJOR SALUD

Tal vez, la consideración dietética más importante para la mejora del cerebro, de la neurogénesis y de la adecuación de un entorno fértil para el proceso de la neuroplasticidad, tan necesario para crear nuevas redes neuronales, sea la reducción calórica. Los beneficios biológicos tanto de ayunar como de la reducción generalizada de calorías se explican gracias a:

- La reducción de la producción de radicales libres.
- El aumento de la capacidad mitocondrial para generar energía de la adenosina trifosfato (ATP).
- El incremento del número de mitocondrias gracias a la biogénesis mitocondrial.
- El aumento de la producción del factor neurotrófico derivado del cerebro (FNDC).
- La reducción de la apoptosis, o suicidio de las células cerebrales.
- La activación de la conexión Nrf2, que reduce la inflamación cerebral, mejora la desintoxicación y aumenta la protección antioxidante.

Está claro que el ayuno y la reducción de calorías tienen grandes y profundas implicaciones en la salud cerebral. No hay más que repasar esta lista de beneficios. Engloba tantos aspectos que resulta difícil imaginar que la moderna intervención farmacéutica pudiera ni siquiera plantearse el tratamiento de estas cuestiones. No obstante, la efectividad de estas sencillas modificaciones dietéticas a fin de mejorar la función cerebral y de allanar el camino para una mayor claridad de pensamiento ha sido reconocida durante, literalmente, miles de años.

Estamos empezando a concebir el enorme potencial del cerebro. ¿Cuántas veces hemos escuchado aquello de que los seres humanos solo utilizan entre el 10 y el 20% del potencial de sus cerebros? Sea cual fuere el porcentaje exacto, la cuestión es que entre nuestras orejas contamos con un tremendo recurso desaprovechado al que estamos empezando a aprender a acceder, tanto desde una perspectiva espiritual como científica.

Exploremos cómo puedes logra el potencial total de tu cerebro.

LA VENTAJA EVOLUTIVA DE TU CEREBRO

Una de las características más importantes que diferencian a los seres humanos del resto de los mamíferos es el tamaño del cerebro en proporción con el resto del cuerpo. Aunque es verdad que otros mamíferos poseen cerebros más grandes, los científicos reconocen que esos animales de mayor tamaño deben tener cerebros más grandes simplemente para controlar esos enormes cuerpos. Por ejemplo, un elefante cuenta con un cerebro que pesa 7.500 gramos, mucho más que los 1.400 que pesa el nuestro. Por consiguiente, hacer comparaciones acerca de la «potencia cerebral» o de la inteligencia basándose únicamente en el tamaño del cerebro es obviamente un error. En realidad, es la proporción del tamaño del cerebro con respecto al tamaño total del cuerpo lo que atrae el interés de los científicos a la hora de considerar la capacidad funcional del cerebro. El de un elefante representa un quinientos cincuentavo de su peso corporal —el 0,18%—, mientras que el humano pesa un cuarentavo de su peso corporal total —el 2,5%.

Pero más importante que el hecho de que estemos bendecidos con un montón de materia gris es el dato fascinante de que, gramo a gramo, el cerebro humano consume una desproporcionada y enorme cantidad de energía. Aunque solo representa el 2,5% de nuestro peso corporal total, utiliza la increíble cantidad del 22% de nuestro gasto energético corporal cuando permanece en reposo. Eso representa un 350% más de consumo energético, en relación con el peso corporal de otros antropoides como los gorilas, los orangutanes y los chimpancés.

Por ello, para mantener el cerebro humano funcionando, hace falta un gran aporte calórico en nuestra dieta. Por fortuna, el hecho de que hayamos desarrollado un cerebro así de grande y potente nos ha proporcionado las capacidades e inteligencia necesarias para mantener un sustento adecuado en épocas de escasez a fin de aprovisionarnos para cuando se necesiten alimentos en el futuro. Precisamente la capacidad de imaginar y planificar de cara al futuro depende de la evolución no solo de su tamaño, sino también de otros aspectos únicos del cerebro humano.

Resulta muy curioso imaginarse a los primeros *Homo sapiens* emigrando a través de una árida llanura y compitiendo por sobrevivir con animales de cerebros más pequeños pero más rápidos y con garras más grandes y poderosas. Pero nuestros primigenios antepasados contaban con otra gran ventaja, comparados incluso con nuestros familiares primates más cercanos. El cerebro humano ha desarrollado una conexión bioquímica única que demuestra ser de enorme valía en tiempos de escasez de alimentos. A diferencia de otros mamíferos, nuestro cerebro es capaz de utilizar una fuente alternativa de calorías en épocas de hambre. Normalmente, suministramos glucosa a nuestro cerebro procedente de nuestro consumo diario de alimentos. Continuamos suministrándole un flujo constante de glucosa –azúcar en sangre– entre las comidas, al descomponer glucógeno, una forma de almacenamiento de esta sustancia que se encuentra sobre todo en el hígado y en los músculos.

Pero depender de las reservas de glucógeno solo nos proporciona un suministro de glucosa a corto plazo. Cuando las reservas de glucógeno se agotan, nuestro metabolismo cambia y, entonces, somos capaces de crear nuevas moléculas de glucosa, un proceso que se denomina, acertadamente, gluconeogénesis. Este proceso conlleva la creación de nuevas moléculas de glucosa a partir de los aminoácidos obtenidos en la descomposición de proteínas, sobre todo de los músculos. Aunque la gluconeogénesis añade la glucosa necesaria a nuestro organismo, lo hace a cambio de la degradación muscular, lo cual a veces no resulta muy conveniente para un cazador-recolector hambriento.

Sin embargo, la fisiología humana ofrece otra forma de proporcionar combustible vital al cerebro hambriento en épocas de escasez. Cuando no disponemos de alimentos, al cabo de tres días, el hígado comienza a utilizar la grasa corporal para crear compuestos orgánicos llamados cetonas. En concreto, la cetona beta-hidroxibutirato —beta-HBA— sirve en realidad como una fuente de combustible altamente eficaz para el cerebro, permitiendo que los seres humanos funcionen cognitivamente durante períodos amplios de escasez de alimentos.

La capacidad única de energizar nuestros cerebros utilizando esta fuente de energía alternativa nos ayuda a reducir la dependencia de la gluconeogénesis y, con ello, nos ahorramos esfuerzos a la hora de reparar y construir los músculos y los aminoácidos. Reducir la degradación muscular ofrece ventajas evidentes para el hambriento *Homo sapiens* en busca de alimento. Esta capacidad única de utilizar beta-HBA como combustible cerebral es lo que nos diferencia de nuestros familiares animales más cercanos y lo que ha permitido que los seres humanos sigamos estando presentes cognitivamente y, por lo tanto, siendo más capaces de sobrevivir a las hambrunas que siempre se han dado en nuestra historia.

Esta conexión metabólica, única en el hombre, pudiera muy bien servir como explicación para una de las cuestiones más debatidas en la antropología: ¿qué provocó la desaparición de nuestros antepasados, los neandertales? Está claro que cuando se trata de cerebros, el tamaño importa. ¿Por qué, entonces, con un cerebro aproximadamente un 20% más grande que el nuestro, los neandertales se extinguieron repentinamente en poco tiempo, hace entre treinta mil y cuarenta mil años? La explicación convencional entre los científicos sigue apegada a la idea de que la desaparición del hombre de Neandertal fue una consecuencia de su embrutecimiento, o letargo mental. El neurobiólogo William Calvin describió a los neandertales en su libro *A Brain for All Seasons*: «Su forma de vida los exponía a sufrir fracturas de huesos; apenas sobrepasaban los cuarenta años de edad, y aunque confeccionaron herramientas similares a las de otras especies coetáneas, entre ellos era escasa la inventiva que caracteriza el comportamiento del moderno *Homo sapiens*».[1]

Si bien es cómodo y casi dogmático aceptar que los neandertales fueron «barridos» por el más inteligente *Homo sapiens*, muchos científicos creen ahora que la escasez de alimentos pudo haber desempeñado un papel más importante en su desaparición. Y tal vez el simple hecho de que a los neandertales, al carecer de la conexión bioquímica para utilizar beta-HBA como fuente de combustible para el metabolismo cerebral, también les faltó la «resistencia mental» para aguantar. Por tanto, el hecho de depender de la gluconeogénesis para energizar sus cerebros habría provocado una rotura más rápida de su tejido muscular, llegando a comprometer su capacidad para acechar presas o emigrar a zonas donde existiesen alimentos de origen vegetal de más fácil acceso. Su extinción quizá no tenga nada que ver con su supuesta pugna con el *Homo sapiens,* sino que tal vez se haya manifestado como consecuencia de una simple insuficiencia bioquímica.

Nuestra capacidad para utilizar el beta-HBA como combustible cerebral es mucho más importante y va más allá que el de ser un simple legado protector de nuestra herencia como cazadores-recolectores. George F. Cahill, de la Harvard Medical School, afirmó:

> Estudios recientes han demostrado que el beta-hidroxibutirato, la «cetona» principal, no es únicamente un combustible, sino un «supercombustible» que produce energía ATP de manera mucho más eficaz que la glucosa... También ha protegido células neuronales en cultivos tisulares frente a la exposición a toxinas asociadas con el Alzheimer o el Parkinson.[2]

En realidad, el doctor Cahill y otros investigadores han determinado que además de servir como supercombustible cerebral, el beta-HBA cuenta con otros efectos profundamente positivos para la salud y la función cerebral. Fundamentalmente, se cree que interviene en muchos de los posibles efectos positivos para el cerebro de la reducción de las calorías y el ayuno, como la mejora de la función antioxidante, el aumento de la producción de energía mitocondrial y el incremento de la supervivencia celular y de los niveles de FNDC, que lleva al aumento del crecimiento de nuevas células cerebrales –la neurogénesis.

EL AYUNO

Anteriormente hemos explorado la necesidad de reducir el consumo de calorías a fin de aumentar el FNDC y como medio para estimular el crecimiento de nuevas células cerebrales, así como para mejorar también la función de las neuronas ya existentes. El problema es que a mucha gente no le hace gracia la idea de reducir de manera sustancial la ingesta diaria de calorías, a pesar de que se trata de un potente tratamiento para la mejora cerebral y para la salud en general.

No obstante, resulta interesante que a muchos les pueda parecer más atractiva la idea de ayunar de manera intermitente. El ayuno se define como la total abstinencia de alimentos durante un período de tiempo determinado a intervalos regulares: nuestro programa de ayuno permite el consumo de agua. Las investigaciones demuestran que muchas de las conexiones que generan salud y potencian el cerebro, y que son activadas por la reducción calórica, también funcionan gracias al ayuno, aunque este se realice durante períodos de tiempo relativamente cortos. Lo cierto es que el ayuno informa directamente a tu ADN para que dirija a tus genes y produzca una asombrosa variedad de factores potenciadores del cerebro.

El ayuno no solo activa la maquinaria genética para la producción de FNDC, sino que también revitaliza la conexión Nrf2, provocando una mejora de la desintoxicación, una reducción de la inflamación y un aumento en la producción de antioxidantes protectores del cerebro. Ayunar hace que este órgano deje de lado el uso de glucosa como combustible y pase a un metabolismo consumidor de cetonas. Cuando sucede esto, se reduce incluso el proceso de apoptosis, mientras que los genes mitocondriales dirigen su atención a la replicación mitocondrial. De este modo, el ayuno modifica el metabolismo básico del cerebro y dirige específicamente el ADN de las mitocondrias, aumentando de ese modo la producción de energía y facilitando una mejora de la función y la claridad cerebral, así como una conexión más profunda con la energía divina femenina.

Dado que el beta-HBA mejora la función cerebral, los especialistas en Alzheimer están evaluando las formas de aumentar la transmisión al cerebro de los valiosos ácidos grasos de la cetona sin tener que recurrir al ayuno. En un reciente informe aparecido en la revista *Neurobiology of Aging*, algunos investigadores afirmaron que administrar las grasas simples denominadas triglicéridos de cadena mediana (TCM), en forma de aceite de TCM, aumentó considerablemente los niveles de beta-HBA, tan solo noventa minutos después de haberlos consumido. Y lo que es más importante, observaron una mejoría muy notable en la función cognitiva de los pacientes que recibieron aceite de TCM, en comparación de aquellos a los que se les administró un placebo.[3]

Los TCM son un caso único entre los ácidos grasos porque para su digestión y absorción no requieren de las sales biliares, y el tracto gastrointestinal los absorbe rápidamente sin tener que ser modificados, como ocurre con los ácidos grasos de cadena larga. La mayoría del aceite de TCM que se comercializa procede del aceite de coco, la fuente natural más rica de este importante precursor del beta-HBA. El aceite de coco contiene alrededor del 66% de TCM. Se puede encontrar aceite de coco virgen biológico de gran calidad en tiendas de alimentos naturales. La denominación «virgen» es importante, y significa que el aceite no se ha calentado durante el proceso de extracción, lo que evita perjudicarlo y quitarle parte de sus beneficios.

El aceite de coco, con su rico contenido en TCM, proporciona otra vía para modificar la expresión genética y potenciar la función cerebral, mediante la mejora de la función mitocondrial y la producción de FNDC. Estos mecanismos aportan la base sobre la que se pueden germinar las semillas de la iluminación. No es de extrañar que en el culto tradicional hindú, se le ofrezca aceite de coco al Señor como símbolo de la conciencia divina.

El ayuno es un potente medicamento, mucho mejor que cualquier remedio remotamente considerado por la moderna ciencia farmacéutica. Así es, el concepto de que los hábitos alimenticios son curativos aparece encarnado en esta famosa cita del padre de la medicina occidental, el médico griego Hipócrates: «Que tu alimento sea tu medicina y la medicina tu alimento».

El programa *Power Up Your Brain* incluye la restricción total de alimentos durante todo un día —veinticuatro horas—, cada cuatro semanas. Durante ese ayuno, deberás beber las cantidades adecuadas de agua, con el fin de permanecer bien hidratado. *Ayuna solo tras consultar a tu médico y obtener su aprobación.* Pídele también orientación acerca de si debes o no debes tomar medicinas durante el ayuno.

No obstante, debes recordar que generalmente el propósito de tu ayuno es el de eliminar calorías. Por ello, mientras dure debes evitar los suplementos como los sustitutos de comida en polvo, los complementos proteínicos o cualquier producto que contenga azúcar. Tal y como a continuación se describe en el programa, aumentarás el consumo de ácido docosahexaenoico (ADH), y durante el día de ayuno continuarás tomando cúrcuma.

Aunque cualquier día del mes es adecuado, el programa *Power Up Your Brain* recomienda que ayunes el undécimo día después de la luna llena, el día que la medicina ayurvédica considera auspicioso para este propósito. Creemos que hay una ventaja implícita en ayunar este mismo día, al igual que otras muchas personas que participan en el programa *Power Up Your Brain*. Cuando ayunas con otra gente, tanto si están físicamente presentes contigo como en el otro extremo del mundo, entras en resonancia intencional con ellas. Esto te facilitará obtener la sinergia cerebral, pues, junto con ellas, despertarás colectivamente la capacidad del córtex prefrontal. Consulta por favor las fechas recomendadas de acuerdo con los calendarios ayurvédico y chamánico en nuestra página web: www.PowerUpYourBrain.com.

> ### El lado espiritual del ayuno
>
> Gabriel Cousens, el médico que fundó el Tree of Life Rejuvenation Center de Patagonia, en Arizona, asegura: «He observado a menudo que la concentración aumenta en los pacientes que realizan los ayunos: su pensamiento creativo se expande, la depresión desaparece, el insomnio se detiene, las ansiedades se difuminan y la mente se tranquiliza, dando paso al inicio de una alegría natural. Tengo la hipótesis de que cuando las toxinas físicas se disipan de las células cerebrales, la función mente-cerebro mejora automática y significativamente, y se incrementan las capacidades espirituales».[4]
>
> La ampliación de las capacidades espirituales a la que hace referencia Cousens podría ser el resultado del aumento del número de mitocondrias y de su funcionalidad, debido al cambio del metabolismo cerebral. Esta mejora de la funcionalidad y el aumento de la población de mitocondrias proporcionan la energía necesaria para alimentar la actividad del córtex prefrontal del cerebro. Tal y como dijo el famoso maestro de yoga Paramahansa Yogananda: «Con el ayuno, tu mente depende de su propio poder. Cuando ese poder se manifiesta, nuestra fuerza vital se refuerza gracias al flujo continuo de energía eterna que fluye continuamente en el cerebro y en la columna vertebral, procedente de la energía cósmica que rodea al cuerpo».[5]
>
> Lo cierto es que el ayuno, dentro de la búsqueda espiritual, forma parte integral de la historia religiosa de la humanidad. Todas las grandes religiones lo consideran algo más que un acto ceremonial tradicional; es, en sí, una parte fundamental de la práctica espiritual, tal y como aparece reflejado en el ayuno musulmán que se realiza en la época del Ramadán y en el hebreo del Yom Kippur. Los yoguis también practican la austeridad con sus dietas, y los chamanes ayunan en sus búsquedas de visiones.
>
> Thomas Ryan, el sacerdote católico que dirige la Paulist Office for Ecumenical and Interfaith Relations of North America –una organización con vocación ecuménica–, resume la dimensión sagrada del

> ayuno cuando dice: «El ayuno, como acto religioso, aumenta nuestra sensibilidad a ese misterio que para nosotros está siempre presente en todas partes. Es una invitación a despertar la conciencia, una llamada a practicar la compasión hacia los necesitados, un grito de desesperación y un canto de alegría. Es una disciplina de autocontrol, un ritual de purificación y un santuario para realizar ofrendas de expiación. Es un manantial para quienes padecen sed espiritual, una brújula para quienes andan espiritualmente perdidos y un alimento interior para los que se hallan espiritualmente hambrientos».[6]

EJERCICIO FÍSICO PARA DESBLOQUEAR EL POTENCIAL DEL CEREBRO

Al igual que la reducción de calorías y el ayuno, la práctica de ejercicio físico también activa la maquinaria genética para producir FNDC.

Las investigaciones científicas relativas a la práctica del ejercicio físico como potenciador de la producción de FNDC datan únicamente de finales de la década de 1990, cuando los investigadores intentaron identificar la relación entre el ejercicio físico y la mejora de la función cerebral en los animales de laboratorio. Descubrieron que cuando el FNDC se bloquea, el ejercicio físico por sí mismo no tiene prácticamente efecto sobre el rendimiento del cerebro.

Más recientemente han aparecido estudios con seres humanos que han confirmado que, en términos de función cerebral, la práctica de ejercicio aeróbico es de una gran utilidad. En una actual investigación australiana aparecida en el *Journal of the American Medical Association (JAMA)*, los adultos con riesgo de padecer Alzheimer que participaron en un programa de actividad física moderada durante seis meses —ciento cincuenta minutos de ejercicio semanales— demostraron disponer de una funcionalidad cerebral mucho mejor que la de un grupo similar que no participó en este programa de ejercicios. El primer grupo mostró mejoras –incluso después de dieciocho meses– en pruebas de recuerdo diferido con una lista de palabras, una función de la memoria en la que el grupo sedentario mostró haber descendido. Los participantes activos también presentaron grandes avances en fluidez verbal y en escalas de demencia. Resulta interesante el hecho de que los autores del estudio aseguraran que con solo la práctica de ese ejercicio, disminuyó la probabilidad de demencia un 260%, comparándolo con el medicamento para el Alzheimer más recetado en Estados Unidos.[7]

En otro informe del *JAMA*, los investigadores volvieron a demostrar un nivel de función cognitiva mucho más elevado en las mujeres ancianas que hacían ejercicio, en comparación con otras más sedentarias, y concluyeron: «En este amplio y prospectivo estudio con mujeres ancianas, los mayores niveles en la práctica de ejercicio físico a largo plazo aparecieron muy asociados con mayores niveles de función cognitiva y menor declive cognitivo».[8]

El mismo número del *JAMA* también incluía un artículo titulado «Caminar y la demencia en los hombres ancianos físicamente capaces», que concluía afirmando que la actividad física también mejora la protección cerebral en los hombres.[9]

LA ELECCIÓN DEL ESTILO DE VIDA

El ayuno y la reducción calórica, junto con la práctica regular de ejercicios aeróbicos, constituyen potentes factores epigenéticos que modifican la expresión del ADN. Elegir la incorporación de estos cambios de estilo de vida en tu plan personal de bienestar implica que estás influyendo directamente en la actividad de los genes que se codifican para mejorar la protección antioxidante, la desintoxicación y la reducción de la inflamación, así como la producción de

FNDC. Estas elecciones en el estilo de vida han abonado el terreno durante miles de años para que tenga lugar la iluminación.

CAPÍTULO **13**

EJERCICIOS CHAMÁNICOS

Además del programa físico de reducción calórica y la práctica de ejercicio, *Power Up Your Brain* incluye otros ocho ejercicios que te ayudarán a redefinir tu vida y a avanzar en el camino hacia la iluminación, y que forman parte ahora del programa de la Healing the Light Body School, y son una mezcla de lo chamánico y lo científico: la base se conforma con lo chamánico y lo científico es lo que proporciona el soporte de las evidencias. A continuación aparecen los ocho ejercicios del programa *Power Up Your Brain*:

1. Crear un espacio sagrado: es una oración que contiene una invocación a los cuatro puntos cardinales, la Madre Tierra y el Padre Cielo; recomendamos que realices este ejercicio al principio y al final de los demás.

2. Serenar el eje HPA: te ayudará a relajar las zonas de tu cerebro y del resto del cuerpo que producen hormonas de estrés perjudiciales.
3. Volver a seleccionar tu destino genético: es una meditación en la que podrás alterar el curso de tu vida, empezando por los genes que adquiriste de tus padres.
4. Contemplar el cielo: es un antiguo ejercicio que calmará tu mente y activará funciones corticales más elevadas.
5. El perdón radical: te permite perdonarte a ti mismo y a otras personas que pudieras sentir que te hicieron daño.
6. Extraer vida de los sueños: implica dos ejercicios; uno te ayudará a recordar mejor tus sueños, y el segundo te enseñará a soñar con lucidez y a dirigir tus sueños.
7. Somos nuestras propias historias: es un ejercicio en el que escribes la historia de tu vida para, a continuación, cambiarla, con el fin de otorgarte una perspectiva más positiva de la existencia.
8. El baño chamánico: es una práctica que limpia tu campo de energía luminosa. Una vez a la semana, y antes de acostarte, te sumerges en un baño caliente con sustancias curativas y energizantes.

Estos ejercicios chamánicos se explican más detalladamente a continuación. El capítulo siguiente repasa todo el programa *Power Up Your Brain*, que integra los ejercicios, y lo convierte en una práctica estructurada que también incluye el consumo de neuronutrientes, el ayuno y el ejercicio físico.

CREAR UN ESPACIO SAGRADO

En Occidente, la gente cree que los espacios sagrados son lugares santos así designados: las iglesias, los templos o incluso un hermoso lugar en la naturaleza. Pero los chamanes comprenden que pueden crear un espacio sagrado en cualquier lugar y en cualquier momento con solo concentrar su atención e invocar el poder de los cuatro puntos cardinales, el de la Madre Tierra y el del Padre Sol.

De este modo, el sabio puede establecer contacto con los cuatro principios chamánicos organizadores del mundo: el Sur, que corresponde al lugar de la serpiente; el Oeste, que corresponde al lugar del jaguar; el Norte, que corresponde al lugar del colibrí, y el Este, que corresponde al lugar del águila. Los sabios consideran que estos arquetipos animales son algo más que símbolos: se trata de energías primordiales con cualidades y poderes propios.

Cada uno de estos animales puede ser considerado como la representación de las cuatro fuerzas fundamentales de la naturaleza, descritas por los físicos como las fuerzas de la gravedad, el electromagnetismo y la energía nuclear fuerte y débil. Los biólogos también reconocen que toda la poesía de la vida está escrita con un alfabeto que solo contiene cuatro letras: las cuatro letras o pares de bases del ADN. La única diferencia entre la perspectiva de los chamanes, de los físicos y de los biólogos es que los sabios creían que podían invocar a esas fuerzas de la naturaleza, interaccionar con ellas y comunicarse efectivamente con la biosfera. Por esa razón, los chamanes siempre inician sus meditaciones y ceremonias con la creación de un espacio sagrado. Incluso si no utilizas las palabras que componen la oración que aparece más adelante, dirígete a cada uno de los cuatro puntos cardinales y *siente* la conexión con sus arquetipos animales. Ayuda a tu cerebro educado y lógico a comprender que son antiguas personificaciones de las fuerzas de la naturaleza. Mientras te permites conectar con los cuatro puntos cardinales, el cielo y la Tierra, imagina la red luminosa que te conecta con la naturaleza y con toda la vida.

El espacio sagrado es santo y seguro. Puedes imaginarlo como una cúpula reluciente que rodea la habitación en la que te encuentras. Se trata de un espacio palpable donde puedes bajar las defensas de tu cerebro más antiguo, un lugar donde puedes elevarte por encima de su conciencia depredadora. Tal vez observes que otros también sienten el sosiego y la belleza de este espacio, ya que desactiva el conflicto y facilita las conversaciones con sentido.

«Crear un espacio sagrado» es un experimento sobre el poder de la intención que te permite invocar la capacidad curativa de la naturaleza y establecer una relación correcta con todas las fuerzas de la creación.

Ejercicio: invocación para crear un espacio sagrado

La creación de un espacio sagrado consiste en una invocación, apelando a los cuatro puntos cardinales: Sur, Oeste, Norte y Este, así como a la Madre Tierra y al Padre Cielo. Los chamanes de todo el mundo emplean una invocación de este tipo para conectar con las energías vivas de la biosfera. Utiliza esta invocación hasta que se te revele tu propia oración.

Cuando hayas finalizado tu invocación inicial, asegúrate de cerrar el espacio sagrado, tal y como se sugiere a continuación. Esta es la fórmula que enseñamos a nuestros estudiantes en la Healing the Light Body School.

Abrir el espacio sagrado

Ponte mirando hacia el Sur y di despacio:

Vientos del Sur, Gran Serpiente,
enséñanos a despojarnos del pasado al igual
que tú te despojas de tu piel,
para caminar suavemente por la Tierra.

Ponte mirando hacia el Oeste y di despacio:
Vientos del Oeste, Madre Jaguar,
enséñanos el camino de la paz para vivir correctamente.
Muéstranos el camino más allá de la muerte.

Ponte mirando hacia hacia el Norte y di despacio:
Vientos del Norte, Colibrí, Ancianos,
os honramos, pues habéis llegado antes que nosotros
y vendréis después de nosotros siendo los hijos
de nuestros hijos.

Ponte mirando hacia hacia el Este y di despacio:
Vientos del Este, Gran Águila,
muéstranos las montañas con las que solo podemos soñar.
Enséñanos a volar junto al Gran Espíritu.

Toca el suelo donde te encuentres y di despacio:
Madre Tierra,
nos hemos reunido para pedir la curación de todos tus hijos.
El Pueblo de las Piedras, el Pueblo de las Plantas,
los que tienen cuatro patas, los bípedos,
los que se arrastran por la Tierra,
los que vuelan y nadan por las aguas,
todos nuestros semejantes.

Extiende las manos a los cielos y di despacio:
Padre Sol, Abuela Luna, Naciones de Estrellas
Gran Espíritu, tú que eres el Innombrable.
Gracias por permitirnos cantar la Canción de la Vida.

Cerrar el espacio sagrado

Repite la invocación que utilizaste para delimitar el espacio sagrado en el mismo orden, dirigiéndote brevemente al Sur, al Oeste, al Norte y al Este, y luego a la Madre Tierra y al Padre Cielo.

Agradece a los arquetipos –serpiente, jaguar, colibrí y águila– por haberte acompañado e irradia sus energías a los cuatro rincones de la Tierra.

SERENAR EL EJE HPA

El cuerpo cuenta con dos sistemas de defensa: uno para detectar amenazas percibidas en el entorno externo y responder a ellas, y otro para las amenazas internas. El primero es la respuesta de «huida o lucha». El segundo es el sistema inmunitario.

Tal y como dijimos anteriormente, la respuesta de «huida o lucha» funciona a través del eje HPA. Cuando no se perciben amenazas externas, este eje descansa y todos los recursos del cuerpo están dedicados a la renovación de sus sistemas y a la creación de nuevas células. Cuando el cuerpo percibe una amenaza externa, como el súbito rugido de un león o el estruendo de la bocina de un coche, el eje HPA se activa y señala la liberación de cortisol y adrenalina, que constriñen los vasos sanguíneos en el tracto digestivo y alejan el fluido de sangre de los órganos internos, redirigiéndolo hacia las extremidades y preparándonos para luchar o huir. Esas hormonas también constriñen los vasos sanguíneos del córtex prefrontal, donde están situados nuestros centros de la lógica y el razonamiento redirigiendo la sangre hacia el cerebro antiguo, en el que se origina una acción refleja e instintiva. El problema es que el cerebro antiguo no diferencia entre peligro percibido y peligro real. En nuestro mundo occidental moderno, aunque no tenemos que hacer frente a muchos rugidos de león, sí que nos vemos atrapados en frustrantes atascos de tráfico y si tenemos asaltos emocionales negativos en casa o en la oficina. La televisión nos suministra una cuota continua de violencia, y por ello permanecemos en un estado «hipervigilante», con la amígdala siempre en alerta. La vida cotidiana del siglo XXI nos sumerge en un torrente de hormonas de estrés, en el que el cortisol es la más perjudicial, al menos desde la perspectiva del cerebro. En pacientes estresados crónicamente, así como en personas deprimidas, tanto el hipocampo como el córtex prefrontal se hallan físicamente arrugados y contraidos, y estos experimentan con mucha mayor rapidez la degradación del cerebro que sus homólogos no estresados.

La práctica chamánica para serenar el eje HPA es una forma de meditación que podría compararse a las relajaciones empleadas en los estudios más recientes para determinar si la meditación podría retardar el envejecimiento celular. Un estudio examinó la longitud de los telómeros, es decir, las tapas terminales de protección de los cromosomas que conforman un indicador representativo del envejecimiento celular, en dos grupos de madres. Uno de ellos experimentaba altos niveles de estrés, resultado de tener que atender a un hijo con una enfermedad crónica, mientras que las otras mujeres tenían hijos sanos, y solo experimentaban niveles de estrés bajos, o que podían considerarse normales.[1]

Los autores descubrieron que las madres que se ocupaban de hijos enfermos crónicos contaban con telómeros más cortos, lo cual indica que esas mujeres tenían un grado más avanzado de envejecimiento celular, así como un ADN con más probabilidades de sufrir daños. Las madres estresadas envejecían con mucha más rapidez que aquellas cuyas vidas eran emocionalmente menos difíciles.

Esas madres también mostraron bajos niveles de telomerasa, la enzima que repara y restaura la longitud de los telómeros dañados. La telomerasa baja indica una disminución en la protección del ADN y está asociada con todas las enfermedades relacionadas con el estrés, así como con afecciones cardiovasculares, diabetes, cáncer y obesidad. Los autores concluyeron: «Proponemos algunas formas de meditación que pueden tener efectos saludables en la longitud de los telómeros al reducir el estrés cognitivo, la excitación del estrés y el aumento de los estados mentales positivos».

Esto, claro está, es la parte física o científica de esta historia. Desde una perspectiva chamánica, sabemos que los chakras o centros de energía forman parte de nuestra anatomía luminosa.

De la misma manera que tenemos órganos físicos, los chakras son los órganos del cuerpo de luz que rodean al cuerpo físico. Posiblemente son creados por la actividad eléctrica de los plexos nerviosos situados a lo largo de la columna vertebral, donde muchos nervios raquídeos se combinan entre sí formando grandes haces de nervios. La ubicación de los chakras corresponde aproximadamente a la de las glándulas endocrinas, que producen hormonas.

Existen cinco plexos principales a lo largo de la columna vertebral. Los chamanes y los místicos de todo el mundo que han sido capaces de sentir la actividad eléctrica de estos plexos los identifican como los cinco chakras inferiores. El sexto es el legendario «tercer ojo», situado en la frente, y se lo relaciona con la glándula pituitaria. El séptimo es el chakra de la «coronilla», emplazado en la parte superior de la cabeza y asociado con la glándula pineal. Ambas glándulas se hallan en las profundidades del cerebro.

El siguiente ejercicio te ayudará a relajarte profundamente y a desconectar la respuesta de «huida o lucha» que pudiera haberse activado a causa del estrés o los traumas. Lo conseguirás «afinando» tu sistema de chakras.

Ejercicio: serenar el eje HPA

Realiza este ejercicio en la bañera, mientras tomas el baño chamánico, o en la cama, antes de acostarte.

Tiéndete de espaldas cómodamente y cierra los ojos, inspirando a través de la nariz y espirando por la boca.

Inspira mientras cuentas lentamente hasta cuatro.

Espira también mientras cuentas lentamente hasta cuatro, exhalando el aire y acompañándolo de un leve sonido sibilante.

Después de unos minutos de practicar esta respiración rítmica, coloca la mano izquierda en el centro del pecho, a la altura del corazón. Intenta descubrir el latido y conduce la atención a ese tamborileo que marca el ritmo de todo tu cuerpo.

A medida que realices las respiraciones más profundas y suaves, verás cómo se serena tu ritmo cardíaco.

Al cabo de un par de minutos, coloca la mano derecha en el segundo chakra, justo por debajo del ombligo. Intenta sentir ahí también el latido del corazón, aunque la mano no esté cerca de él.

Has de comprender que este segundo chakra está relacionado con las glándulas suprarrenales, que producen adrenalina y mantienen activo el sistema de «huida o lucha». Imagina que el latido de tu corazón le marca el ritmo a las glándulas suprarrenales, ayudándolas a relajarse e ir más despacio. Da ligeros golpecitos con los dedos de la mano derecha sobre el bajo vientre para atraer tu atención hacia esa zona del cuerpo.

Sigue practicando durante diez minutos.

VOLVER A SELECCIONAR TU DESTINO GENÉTICO

La física moderna explica que las interacciones a través del tiempo y del espacio son posibles. Los chamanes aprendieron a ponerlo en práctica y emplearon imágenes para programar su «bioordenador» genético, seleccionando genes para la salud y la longevidad de la reserva genética.

Por tanto, imagina que pudieras retroceder en el tiempo hasta el momento de tu concepción y seleccionar los rasgos biológicos que te gustaría haber heredado de tu madre y de tu padre. Tal vez elegirías el corazón de tu padre porque en esa rama familiar no hay casos de enfermedades cardíacas. O tal vez optarías por el cerebro de tu madre porque en su familia no hay Alzheimer. Quizá quisieras heredar el rasgo de longevidad de ambos.

El monje y botánico austriaco Gregor Mendel descubrió a mediados de la década de 1880 que las plantas heredan información biológica específica de cada padre. Sus observaciones le llevaron a diferenciar entre el *genotipo*, la suma de toda la diversidad genética en un miembro de una especie particular, y el *fenotipo*, que comprende las propiedades reales y los rasgos que los miembros individuales de la especie expresan. Aunque las teorías de Mendel fueron recibidas con escepticismo y murió en el olvido, su valía fue reivindicada más tarde y sus descubrimientos siguen teniendo una gran importancia en la actualidad.

En el momento de la concepción recibiste toda tu configuración genética. También recibiste una mitad del código genético de tus padres. Esto significa que, aunque obtuviste el 50% de la información hereditaria de cada uno de tus padres, *su* genotipo, también es cierto que expresas solo algunos de esos rasgos, *tu* fenotipo.

Pero eso solo es una parte de la historia. Aunque pudieras haber heredado la predisposición a tener un buen estado de salud o a sufrir enfermedades cardíacas, tus creencias, dieta y estilo de vida influirán en los factores de riesgo heredados. Como la industria farmacéutica sabe muy bien, los cambios en el modo de vida no suelen bastar, y hombres y mujeres aparentemente sanos pueden sufrir, y de hecho sufren, ataques al corazón a una edad relativamente temprana.

¿Qué puedes hacer entonces? Puedes mirar más allá de tu estado físico y de tu herencia genética, y prestarle atención a tu parte espiritual.

Los sabios de antaño desarrollaron técnicas que pensaban que les permitían «retroceder en el tiempo» para influir en los efectos de su herencia ancestral. La efectividad de este ejercicio derivaba, al menos en parte, de su capacidad para influir en la expresión de su ADN. ¡Dicho de otro modo, utilizaban técnicas de visualización para modificar la expresión genética! Cuando los practicantes avezados regresan al momento de la concepción para seleccionar conscientemente los rasgos que quieren expresar, también buscan otros factores —más allá de los genotipos y fenotipos— que pudieran haber influido en su configuración genética. Tal vez el padre consumía demasiado alcohol. Puede que a la madre le diera miedo quedarse embarazada. O tal vez el entorno no rebosaba amor, paz y tranquilidad. Las hormonas del estrés atraviesan con facilidad la barrera placentaria e informan al bebé de todos los cambios de humor de la madre.

Pero ahora, desde tu perspectiva actual más sabia, eres capaz de regresar y visitar el momento de tu concepción. Puedes aportar una sensación meditativa y sacra al momento en el que se combinaron tus genes. Así pues, durante este ejercicio, puedes perdonarles a tus padres cualquier transgresión que creas que cometieron contigo, cualquier herida que sientas que te pudieran haber impuesto.

Es necesario para tu viaje hacia la iluminación porque aferrarse a la ira o al resentimiento latente hacia tus padres no hace sino perpetuar tu papel como víctima.

Ejercicio: el momento de tu concepción

Cierra los ojos, respira hondo unas cuantas veces y relájate. Cuenta las respiraciones de uno a diez, luego vuelve a empezar desde uno, hasta que sientas que estás entrando en un profundo estado de relajación.

Notarás que al principio tu mente puede distraerse. Tal vez te sorprendas contando más de diez o enredado en un pensamiento acerca de lo que olvidaste hacer ayer o de a quién tienes que llamar hoy. Deja que estos pensamientos pasen como nubes que aparecen en el cielo y que luego desaparecen.

A continuación, imagina tu línea del tiempo, la serie cronológica de sucesos acaecidos en tu vida desfilando ante ti. Tal vez pienses en un hilo dorado o una cuerda con muchas cuentas o momentos pasados. Quizá solo veas un camino que conduce en una dirección hacia el pasado y en otra hacia el futuro.

Empieza a retroceder en la línea del tiempo, repasando brevemente los sucesos de los últimos días. Luego retrocede más, hasta la infancia y hasta tus primeros recuerdos, de cuando eras muy pequeño. Contempla las imágenes como si se tratasen de una película que puedes rebobinar o acelerar a voluntad.

Cuando ya no recuerdes ningún suceso o situación, utiliza la imaginación. Imagínate como un bebé en brazos de tu madre. Visualízate en el interior de su vientre. Imagina el instante de tu concepción, cuando el óvulo de tu madre estaba rodeado de los numerosos espermatozoides de tu padre intentando fertilizarlo.

Imagínate a ti mismo sentado en el interior de ese óvulo luminoso. Se trata de una burbuja muy tranquila. Lleva tu quietud y gracia a ese espacio. Lo estás llenando de tu paz y luminosidad.

A continuación siente que el óvulo está seleccionando e invitando al mejor espermatozoide para que lo fertilice. Imagina que al entrar en el óvulo, presencias la extraordinaria alquimia que eres *tú*. Observas cómo las proteínas se entrelazan entre sí, endureciendo la matriz del óvulo, haciéndolo impenetrable para el resto de los espermatozoides. El núcleo del espermatozoide y el óvulo se disuelven, y el ADN del padre y el de la madre se fusionan. El óvulo se divide y forma dos células diminutas e idénticas. Estas empiezan a reproducirse, a duplicarse, a cuadruplicarse y a aumentar exponencialmente su número a un ritmo extraordinario.

Mientras presencias ese sorprendente proceso, sigues manteniendo tu intención de darte forma a ti mismo tal y como deseas. Bañas esas células nacientes con tu gran paz, serenidad y luz. Bendices esa santa unión que eres tú, independientemente de cuáles hayan sido las «circunstancias» de tu concepción.

Y mientras estás ahí, mientras vas creciendo y formándote, perdonas a tus padres. Los ves como los seres santos, magníficos e inocentes que son. Los bañas con tu amor, sabiendo que todo es como debe ser.

Suspiras. Y sonríes.

A continuación, regresas al presente —al aquí y ahora— trayendo contigo los sentimientos de paz y luminosidad, de alegría y alborozo, que experimentaste en el momento de tu concepción.

CONTEMPLAR EL CIELO

La práctica de contemplación del cielo conforma el núcleo de la práctica espiritual en el Dzogchen tibetano y en otras antiguas tradiciones chamánicas.

Durante este ejercicio se dejan atrás los asuntos mundanos y todas esas listas aparentemente tan importantes de cosas pendientes, para entrar en el silencio interior, donde tiene lugar toda curación, donde los ritmos naturales de tu cuerpo –pulso, respiración, ondas cerebrales y sistemas energéticos– se sincronizan entre sí.

Ejercicio: contemplar el cielo

Sentado en una silla cómoda, con las manos descansando sobre las rodillas y con los ojos bien abiertos, mira directamente hacia el horizonte, al cielo. Relaja la mandíbula y permite que tus ojos dirijan una mirada fija pero sin tensión.

Respira suave y profundamente. Relaja el vientre y mantenlo distendido.

Observa tus emociones, pensamientos y estado de ánimo, mientras te concentras en la respiración. Presencia todo lo que emerge en tu conciencia como si fuese una nube en el cielo que aparece y desaparece a voluntad. Al inspirar, ten en cuenta que eres el observador. Al exhalar, fíjate en lo fácil que es identificarse con los pensamientos.

Con el tiempo empezarás a darte cuenta de que tú no eres ni tus sentimientos ni tus pensamientos, sino el testigo que lo observa todo. Presta atención hacia dónde vaga tu mente, y luego tráela de regreso, suavemente, a concentrarse en la respiración mientras sigues observando el cielo matinal.

Permanece tranquilo en ese estado de conciencia y observa la vasta amplitud que se abre ante ti. Repara en la mente, la naturaleza, tu cuerpo e incluso el discurrir del cielo. Las nubes vienen y van, los pensamientos vienen y van, las sensaciones vienen y van.

Con la práctica, según vayas otorgándole atención y presencia a ese testigo que eres tú, todas las prisas y preocupaciones de la mente se disolverán, y pasarás a observar cada objeto, sensación y pensamiento con una sonrisa en el rostro.

Para tener éxito en el empeño, debes practicar este ejercicio a diario, nada más levantarte, durante quince minutos.

«Sosiega la mente
y todas las nubes desaparecen.
Contempla una sola verdad
y el cielo claro aparece.»
Patanjali[2]

EL PERDÓN RADICAL

Todas las religiones enseñan la importancia del perdón, ya sea como en el cristianismo, en el que se ofrece la otra mejilla al ofensor, ya sea como en el budismo, mediante la irradiación de bondad a todos los seres. No obstante, resulta muy difícil decidir, así por las buenas, perdonar a alguien que te ha agraviado, y conseguir que desaparezcan las emociones de ira y traición. También es muy difícil perdonarse a uno mismo y hacer que se disuelva la sensación de vergüenza o decepción, para que no te sigan afectando.

A veces nos aferramos con tanta firmeza a nuestros resentimientos que nos los llevamos a la tumba. Cuando nos perdonamos a nosotros mismos y a los demás, podemos reprogramar las redes neuronales tóxicas del cerebro límbico. Para lograrlo, debemos actualizar la programación que es origen de nuestras creencias limitadoras. Pero descubrimos que existe una trampa neurológica:[*] es muy difícil crear nuevas redes neuronales mientras no practiquemos el perdón.

El siguiente ejercicio fue de mucha utilidad para los chamanes tras la conquista española de América en los siglos XV y

---

[*] En el original en inglés, el autor utiliza para este término el título de la novela de Joseph Heller *Catch-22* (*Trampa 22*), una sátira antibelicista publicada en 1961 y que refleja la paradoja de alguien que, elucubrando una forma de escape, lo que consigue es meterse de lleno en aquello de lo que quiere huir.

xvi. Gracias a él pudieron perdonar a los conquistadores, que destrozaron sus tradiciones y esclavizaron a su pueblo. En algunos lugares de los Andes, esta práctica se conoce como «enterrar la espada de la conquista». Funciona superponiendo, por así decirlo, la imagen de una persona amada sobre la de alguien que te ha agraviado. Esto puede ayudarte a superar la programación de tu cerebro prehistórico. No es una práctica fácil, porque tu mente se resistirá a mantener juntas las imágenes de un ser amado y de un enemigo.

Ejercicio: el perdón radical

Esta práctica funciona mejor cuando se está relajado.

Relájate, siéntate cómodamente y respira en profundidad unas cuantas veces. Invoca en tu mente la imagen de un ser amado, y percibe los sentimientos de cariño y afecto. Mantén esa imagen durante tres respiraciones. A continuación, invoca en tu mente la imagen de alguien que sientas que te ha perjudicado: una antigua pareja o un antiguo socio, o alguien que te maltrató física o emocionalmente. Durante una larga respiración siente la rabia o el resentimiento que albergas hacia esa persona bullendo en tu interior. A continuación, durante cinco largas respiraciones, superpón la imagen de la persona amada sobre la de la odiada, e imagina cómo se mezclan y funden hasta que quede la imagen de la persona amada, y solo sientas amor y cariño.

Este ejercicio debería repetirse con frecuencia para que se puedan limpiar las emociones negativas y se eliminen las redes neuronales del cerebro límbico. Notarás que la intensidad de tus emociones de ira o resentimiento va disminuyendo gradualmente, hasta que un día descubras que se han extinguido. Entonces podrás extraer la lección que todavía has de aprender de esa relación sin tener que perder tiempo y energía en emociones negativas. Una vez que aprendemos las lecciones que nuestros enemigos han de enseñarnos, no tenemos necesidad de seguir aprendiendo de esa manera.

EXTRAER VIDA DE LOS SUEÑOS

Los chamanes creen que un sujeto iluminado es aquel que no solo reconoce la verdad sino que es capaz de manifestarla en todas las situaciones a las que se enfrenta. La persona iluminada no solo dice la verdad sino que reconoce y comprende la verdadera naturaleza de la realidad, tanto cuando está despierta como dormida.

Los chamanes creen que la realidad de nuestra vigilia es muy similar al mundo que experimentamos en nuestros sueños. Esto no significa que el mundo no sea real, que los que cantan frente a tu ventana no sean pájaros de verdad, que los niños que juegan a tus pies no sean reales o que los vecinos que discuten en la puerta de al lado no existan. El mundo es real, pero nuestra percepción de él es deficiente. Nuestra mente solo roza la superficie de la realidad que observa y por ello únicamente percibe su propio y distorsionado reflejo, oscureciendo así la verdad de una realidad mayor.

Los sabios amazónicos hablan de «aprender a soñar con los ojos abiertos». Les parece una desgracia que los occidentales hayan identificado el sueño con dormir, que nubla la conciencia, inhibe los recuerdos y desenfoca las imágenes que los sueños tratan de revelar. Los sabios advierten que la persona iluminada está totalmente despierta incluso cuando duerme, mientras que las no iluminadas están totalmente dormidas aunque permanezcan despiertas.

Esos sabios creen que si despertamos conciencia en nuestros sueños, podemos empezar a cambiar su tono y dirección. Una vez que aprendamos a cambiar nuestros sueños dormidos, podremos comenzar a cambiar nuestros sueños despiertos. Entonces es cuando soñamos con nuestro mundo

—ya estemos despiertos o dormidos— con más originalidad y lucidez. Orientamos nuestros sueños hacia terrenos extraordinarios donde aprendemos de grandes maestros, visitamos tierras lejanas, nos comunicamos —sin aparatos electrónicos— con amigos de todo el mundo y conocemos a nuestros antepasados muertos.

Los sueños forman parte de nuestra vida y llegan a nosotros por las noches, tanto si somos conscientes de ellos como si no. También nos llegan en forma de ensoñaciones, un pasatiempo por el cual muchos de nosotros hemos sido criticados, por malgastar el tiempo. Pero los chamanes respetan sus sueños —tanto los nocturnos como los diurnos— porque contienen mensajes del espíritu y de la biosfera.

Para extraer vida de tus sueños, te recomendamos dos ejercicios: el yoga del sueño y el sueño lúcido. Gracias al primero podrás recordar mejor tus sueños y prepararte para el segundo.

Ejercicio: el yoga del sueño

Prepara el despertador para que suene cinco o diez minutos antes de lo normal, a ser posible con música suave mejor que con un locutor radiofónico o un timbre de alarma.

Si no recuerdas los sueños con facilidad, prueba con la siguiente técnica. Bebe medio vaso de agua antes de acostarte y dite a ti mismo: «Cuando me despierte, beberé la otra mitad y recordaré mis sueños».

Ten un cuaderno a mano, cerca de la cama, y cuando te despiertes por la mañana dedica unos instantes a escribir algunas palabras clave que te ayuden a recordar los sueños.

Al despertar, sal del sueño lenta y tranquilamente, aprovechando la sensación de bienestar que experimentas, disfrutando de los aromas, sabores e imágenes de tus aventuras oníricas que persisten a primera hora de la mañana.

EJERCICIOS CHAMÁNICOS

Con los ojos cerrados, recuerda tus sueños y observa la urgencia con la que la mente despierta y quiere emprender sus tareas cotidianas, tanto si se trata de comprobar el correo electrónico, escuchar las noticias matinales o prepararse para trabajar. Al abrir los ojos, hazlo con delicadeza.

Escribe lo que recuerdes en tu cuaderno, siempre en tiempo presente, como si siguieses soñando mientras escribes, aunque los sueños parezcan borrosos o confusos al principio. Al ir realizando este ejercicio, te sorprenderá lo mucho que puedes recordar a medida que escribes.

En cuanto te despiertes por la mañana, debes beber el resto del agua y permanecer en la cama con los ojos cerrados, dejando que las imágenes del sueño regresen de nuevo a la conciencia.

Si acostumbras a levantarte en el transcurso de la noche para ir al baño, sería conveniente que dispusieras de una grabadora cerca de la cama para registrar los elementos esenciales de cualquier sueño interrumpido.

El ejercicio del sueño lúcido es importante porque nos ayuda a aportar conciencia y discernimiento a nuestros sueños. Una vez que aprendamos a soñar con lucidez, para nosotros los sueños dejarán de «suceder». Al comprender que estamos soñando, podremos controlar y guiar nuestros propios sueños.

El sueño lúcido es el primero de los tres pasos en las prácticas chamánicas del sueño. El segundo es llevar la conciencia al sueño sin sueños. El tercero consiste en llevar la práctica de soñar –no los sueños, sino la capacidad de soñar– a tu estado de vigilia, comprender que estás soñando el mundo, trayéndolo así a la existencia.

Gracias al sueño lúcido, los chamanes tienen la capacidad de congregarse por la noche en un lugar de poder de la naturaleza. Pueden utilizar un cristal o alguna otra piedra hermosa para facilitar su encuentro en sueños. Cuando comparan sus notas, días o semanas después, reconocen que compartieron el mismo *espacio psíquico* y son capaces de recordar lo que los demás dijeron o hicieron.

Ejercicio: el sueño lúcido

Elige una piedra —tal vez un cristal bonito— sin aristas, roma, y que encaje bien en la palma de tu mano, de manera que puedas frotarte la mano mientras la sostienes.

Al acostarte, ten la intención de soñar con lucidez. Por ejemplo, puedes decidir soñar que estás en una montaña en el Himalaya, o quizá en una casa en la que viviste en la infancia, o que vas a ver a familiares que ya no siguen vivos. Puedes determinar una visita a la «universidad», donde acudirás a recibir enseñanzas y formación.

Mientras te concentras, sopla en la piedra con suavidad y pídele a tu mente subconsciente que introduzca la imagen de la piedra en tus sueños.

Sostenla en la mano derecha cuando te acuestes.

Durante la noche, la piedra se caerá de tu mano y acabará en algún lugar de la cama. Si te mueves y te pones encima de ella, es probable que momentáneamente te haga salir del sueño. Recógela con las manos, imagina que te la llevas a tus sueños y reafirma tu intención de soñar con lucidez.

Tras unos cuantos intentos, percibirás que la piedra comienza a aparecer en tus sueños. Te percatarás de que estás soñando mientras permaneces en el sueño. Y, con el tiempo, podrás orientar tus sueños en la dirección que desees.

Para lograrlo habrás de practicar a diario.

SOMOS NUESTRAS PROPIAS HISTORIAS

Los chamanes proceden de culturas donde la palabra escrita todavía no ha sustituido a la tradición oral y donde los «hechos» no han acabado con los mitos y leyendas que expresan el alma de un pueblo.

Como naciones e individuos, somos el producto de las historias que nos contamos sobre nuestros orígenes, nuestra infancia, nuestra vida y nuestros encuentros con la muerte. Por ejemplo, durante mucho tiempo, los cristianos creyeron que la historia de la creación, tal y como aparece en la Biblia, era la única explicación existente acerca de la aparición de los seres humanos sobre la Tierra. Más adelante, los científicos descubrieron que existía otra perspectiva, otra historia, y la evolución darwiniana empezó a influir en la manera en la que nuestra cultura ve el mundo. Cuando no generamos historias originales por nosotros mismos, podemos repetir fácilmente las versiones generalmente aceptadas de la realidad o de los temas populares de la época.

En nuestras historias personales es posible que nos sintamos heridos a causa del rechazo, por ejemplo cuando nuestro primer amor no fue correspondido, o cuando el profesor de primaria nos aseguraba que «no vale la pena guardar» nuestro dibujo mientras lo hacía añicos ante nuestros ojos. Todos hemos experimentado la pérdida de un ser querido y la sensación de habernos quedado solos en el mundo, teniendo que arreglárnoslas por nosotros mismos. Cuando nos consideramos víctimas de estas historias trágicas, podemos convertir esa herida o esa pérdida en una disculpa para no ser creativos, o en una excusa para no «estar presentes» en nuestros matrimonios y familias. Pero cuando hemos sabido sobrevivir a la pérdida, a la derrota, al abandono, al rechazo y al fracaso, y hemos extraído lecciones importantes de esos intensos encuentros con el destino, nuestros relatos se convierten en historias épicas de gran heroísmo en las cuales somos protagonistas.

A todo el mundo le gusta pensar que su historia es única, distinta de las demás. Tendemos a invertir mucha energía en el dramatismo de nuestra historia, totalmente convencidos de que no solo es real sino que somos el producto de nuestras circunstancias, pero no es así.

Alberto: soy

Los relatos de mis pacientes son verdaderos. Lo sé porque me lo han dicho. Han revestido sus historias con «ruido y furia», intentando comprender mejor su pasado. En cada nueva ocasión, modifican los sucesos de su pasado para que suenen mejor, con la perspectiva del tiempo transcurrido. La manida historia de haber sido maltratado de pequeño, por ejemplo, explicaba un comportamiento adulto tímido y retraído. La historia repetida una y mil veces sobre una lucha con la adicción justificaba el hecho de no estar a la altura de todo el potencial. Esos relatos solían servir como disculpa para explicar en qué se había convertido la persona.

Volví a aprender la lección de nuevo, ya de antropólogo, trabajando con sabios amazónicos. Los chamanes creen que todo aquello que una persona recuerda de su pasado es una proyección de un mapa interno que mantiene en su psique.

«Amanda» estaba convencida de que sus padres la habían abandonado emocionalmente cuando era muy pequeña. Tras muchos años de terapia, luchando con sus traumas de abandono, acudió a un hipnoterapeuta, con quien realizó una regresión hipnótica durante la cual comprobó muy vívidamente la manera en que sus progenitores la habían abandonado con dieciocho meses de edad. Tras esa sesión, Amanda se enfrentó a su madre (su padre ya había fallecido), quien le explicó que, de bebé, Amanda había padecido muchos cólicos, y que a una edad muy temprana, tanto ella como su padre se marcharon un fin de semana de vacaciones, dejando a la pequeña con su abuela, que la estuvo cuidando con mucho mimo. El cerebro de la niña, claro está, no reconoció la necesidad que tenían sus padres de dormir un poco, y solo percibió que mamá y papá se habían ido, tal vez para no volver nunca más.

Amanda me enseñó lo que los sabios del Amazonas ya sabían: el trauma no es lo que sucedió, sino la manera en que lo recordamos, la forma en que continúa viviendo como un mito personal dentro de nuestra psique: «Una historia contada por un idiota que habla mucho pero que no dice nada», como dijo Shakespeare.

Más tarde entendería la lección de los chamanes, y una de las principales lecciones de este libro: cuando cambias la historia, cambia el mundo.

Pero, tal y como ya has escuchado —y vale la pena repetirlo—, tu historia no puede cambiar superficialmente modificando únicamente tu opinión o alterando mentalmente los sucesos de tu infancia. Por ejemplo, incluso después de que los navegantes europeos hubieron navegado por el supuesto «borde del fin del mundo» y regresado para contarlo, demostrando que la Tierra era redonda, mucha gente continuó creyendo que no era posible y siguió viviendo como si el mundo fuera plano. El mismo escepticismo volvió a asomar, en esta ocasión incluso entre las mentes más brillantes de la época, tras descubrirse que la Tierra orbita alrededor del Sol.

Tal vez te preguntes qué pasó con Amanda después de que escuchara la versión de su madre. ¿Cambió esa verdad la falsa creencia que había creado y alimentado durante tantos años?

Los chamanes ayudan a sus pacientes a cambiar sus historias en niveles muy profundos de la psique. Allí es posible acceder a los circuitos neuronales y reprogramarlos, pero solo después de un encontronazo con la enfermedad o la muerte, o tras un período de ayuno, oración y preparación. Entonces sus pacientes pueden crear una historia mejor en la que aparezcan como héroes y no como víctimas.

Pero lo ideal es que los pacientes descubran también que son los narradores y no sus historias, que son los creadores de los mitos y no los mitos en sí. Esta comprensión implica la participación del córtex prefrontal, la única parte del cerebro capaz de alcanzar este nivel de percepción iluminadora y de sostener el pincel para pintar un paisaje de nuestras vidas totalmente nuevo. Y sí, eso fue lo que hizo Amanda. Pero le costó un gran esfuerzo, ya que pasó de sentir odio hacia su madre por haberla abandonado a sentirlo por no haberlo hecho, para luego enfadarse consigo misma, y acabar perdonándose y aceptando las grandes lecciones que había recibido sobre ser capaz de confiar siempre en sí misma.

Y ahora quiero contarte cómo cambié mi propia historia.

En una ocasión me hallaba en el cañón de Chelly, en el sudoeste norteamericano, donde entablé amistad con una anciana hechicera del pueblo navajo. En el transcurso de nuestra conversación, esta mujer, «Charlotte», me preguntó quién era yo y dónde estaba mi familia. Le contesté que había nacido en Cuba; que durante mi infancia hubo una terrible revolución durante la cual vi mucho sufrimiento; que, por razones políticas, mi padre tenía que abandonarnos a menudo cuando yo era un muchacho, y que había crecido sin un modelo positivo para convertirme en un hombre.

La anciana me sonrió, y sentí que me tocaba a mí preguntarle quién era y a qué se dedicaba. Su respuesta me dejó de una pieza. Dijo:

—Yo soy las paredes de roca roja del cañón, yo soy el viento del desierto, yo soy el niño que todavía hoy no ha comido en la reserva.

EJERCICIOS CHAMÁNICOS

Pensé que se trataba de una historia muy interesante, mucho más que la mía, y más tarde comprendí que había ido tomando forma a partir tanto de mi experiencia como de la psicología popular de la época. Ese mismo día decidí cambiar mi historia. Dejaría de ser el niño que no pertenecía a ningún sitio, herido por una revolución en la cual era demasiado joven para luchar y demasiado joven para huir de ella, y que requería un modelo mayor a fin de poder convertirme en una persona adulta. Pero descubrí que no podía transformar mi historia simplemente cambiando mi opinión al respecto, decidiendo convertirme única y racionalmente en alguien distinto. No, iba a necesitar transitar del pensamiento del cerebro antiguo a la sabiduría del córtex prefrontal, lo cual significaba que necesitaría apartar —incluso liquidar— mis viejas mitologías y crear nuevos mapas para el resto de mi viaje.

De la misma manera, tú también puedes cambiar tus historias de carencias, pérdidas y sufrimientos por una historia épica más grandiosa y noble. Puedes ser como Siddhartha, el joven príncipe que dejó una vida fácil pero insatisfactoria en palacio, para alcanzar la iluminación y convertirse en el Buda.

Sin embargo, para cambiar tu historia y rehacer las conexiones cerebrales, has de serenar tu eje HPA y así poder salir de esta parálisis de «huida o lucha», dejando de responder con cólera y violencia a las personas y a las situaciones con las que tengas que enfrentarte; cesar, por fin, de huir y esconderte.

Los sabios de la antigüedad sabían que para que una persona se curase de sus traumas, debía descubrir una nueva mitología personal en la que dejase de ser víctima de una infancia terrible, de un matrimonio fracasado, de una enfermedad o de la propia historia. Los chamanes saben que esa persona necesita pintar un gran cuadro y representarse como un heroico viajero y explorador.

Cuando comprendemos que las historias de nuestras vidas dan forma a nuestra neurología y son producto de conexiones neuronales, podemos elegir cambiarlas para así modificar nuestros cerebros. Una vez que hagamos esto, podremos empezar a tener experiencias nuevas y a crear más historias originales a partir de ellas. De este modo, al igual que una mano lava a la otra, nuestras experiencias dan forma y moldean nuestro cerebro, y este conforma nuestras historias y les da contenido. En la vida contamos con dos historias principales: una está escrita en nuestro código genético, que muchos consideran fijo e inmutable. La otra es la historia –o historias– psicológica que de forma consciente nos contamos –y volvemos a contarnos infinitamente– a nosotros mismos. Estas historias están relacionadas porque a menudo sus capítulos no son más que versiones mal editadas de la vida y las luchas de nuestros padres.

El ejercicio anterior, «volver a seleccionar tu destino genético», te ayudará a reescribir tu relato genético, mientras que el siguiente te mostrará cómo editar el relato que define tu periplo vital.

EJERCICIO: SOMOS NUESTRAS PROPIAS HISTORIAS

Toma papel y lápiz y escribe un cuento de hadas de una página de extensión que comience así: «Érase una vez...». Incluye a una princesa o a un príncipe, a un guerrero y a un dragón, pero permite que la historia se desarrolle y gane complejidad a la vez que añades otros personajes y aventuras. Si te parece infantil, concédete permiso para serlo durante unos momentos.

EJERCICIOS CHAMÁNICOS

A continuación, cierra este libro e intenta realizar este ejercicio antes de leer algo más acerca de su resultado.

Más tarde, o mañana, elige a alguien que te ayude a comprender el significado de este cuento de hadas.

Léele tu relato en voz alta a un amigo o a tu pareja e indaga en su argumento. ¿A qué género pertenece: aventuras, romántico, una historia de desesperación o una búsqueda en pos de amor y fortuna? ¿Quién es el personaje principal: la princesa, el dragón, el guerrero u otro personaje?

Ahora cambia el tiempo verbal pasado por el presente y reivindica, para ti mismo, todas las acciones del personaje protagonista. Por ejemplo, podrías cambiar «y entonces el rey abandonó a la princesa mientras el castillo de esta era saqueado» por «y entonces el rey me dejó mientras mi castillo era saqueado».

Observa el tono y el sentido de los cambios en la historia. Eso te revelará algunas de las creencias inscritas en los circuitos neuronales primitivos de tu cerebro.

A continuación, reescribe el relato, convirtiendo a tu personaje en un héroe o heroína que se embarca en un viaje en busca de significado. Por ejemplo, cambias de «una princesa que es abandonada por su familia cuando su castillo se encuentra en estado de sitio» por «una valiente doncella que sigue la llamada de su corazón para explorar el mundo y descubrir su propósito en la vida, su razón de ser, a pesar de todas las adversidades a las que ha de hacer frente».

Al reescribir tu relato personal tal vez descubras, por ejemplo, que el divorcio de tus padres no es la historia de tu abandono, sino tu oportunidad de aprender lo que es la resiliencia y el coraje a una edad muy temprana de la vida; que estar soltero o soltera no es fracasar en el amor, sino una ocasión para desarrollar tu interés y generosidad por los demás; que ser humillado por las circunstancias de la vida representa una oportunidad para dejar de lado el orgullo y practicar la humildad.

Luego lee tu historia reescrita como la parábola que es. Identifica las lecciones y dones que experimentas en tus relatos vitales y en tu vida.

Y a medida que lees, recuerda que tu córtex prefrontal está tendiendo conexiones para tus nuevas redes neuronales de alegría, paz interior e iluminación.

EL BAÑO CHAMÁNICO

Se trata de una fórmula de baño muy purificadora y curativa. Repítela tan a menudo como desees, sobre todo en tu día de ayuno. Los chamanes utilizan salvia para limpiar la energía de una persona o de un lugar.

Receta: el baño chamánico

2 tazas de bicarbonato
2 tazas de sal marina
10 gotas de aceite esencial de salvia

Vierte los ingredientes en una bañera mientras la vas llenando de agua caliente y sumerge tu cuerpo en ella durante veinte minutos.

Sécate.
Acuéstate inmediatamente.

CAPÍTULO **14**

EL PROGRAMA POWER UP YOUR BRAIN (CONECTA TU CEREBRO)

Lo que has leído hasta el momento en este libro es el matrimonio entre ciencia y espiritualidad, entre hechos y tradición, entre historia y prehistoria.

En las páginas siguientes recibirás instrucciones sobre dietas, ayunos, suplementos dietéticos, ejercicio físico, ejercicios chamánicos, meditación y prácticas con imágenes. El programa comprende cinco semanas de práctica intensiva, seguidas de una más moderada, de mantenimiento.

Estás a punto de emprender un viaje hacia la iluminación.

Experimentarás los beneficios descritos en los anteriores capítulos de este libro, concretamente la creación de nuevas conexiones neuronales, que te ayudarán a sanar tus traumas, y a experimentar la paz y la iluminación interiores.

Si es posible, comienza el programa *Power Up Your Brain* un día de luna llena.

NA ADVERTENCIA IMPORTANTE: este programa incluye ayunar. Antes de iniciar este o cualquier otro programa de ayuno, sobre todo si eres diabético, hipoglucémico, tomas medicamentos o experimentas cualquier estado físico que consideres delicado, consúltalo con tu médico.

PRIMERA SEMANA

Durante esta semana iniciarás un viaje que provocará importantes cambios en tu cuerpo y experiencias profundas en tu ser. Dependiendo de tu estilo de vida, podrías no ser consciente de esos cambios e incluso experimentar cierto grado de malestar cuando tu cuerpo comience a eliminar toxinas.

Dieta

ALIMENTOS ORGÁNICOS: elige alimentos orgánicos siempre que te sea posible. Si la economía te lo impide, asegúrate de conseguir variedades orgánicas de los siguientes alimentos, porque es muy probable que las que no lo sean estén contaminadas: manzanas, melocotones, nectarinas, peras, fresas, cerezas, uvas, apio, pimientos morrones, espinacas, lechuga y patatas.

ALÉRGENOS: durante esta primera semana modifica tu dieta para reducir el consumo de alimentos que pudieran contener alérgenos. Los más comunes son los que contienen gluten –trigo, cebada y centeno–, así como los lácteos.

EL PROGRAMA POWER UP YOUR BRAIN

Eliminar el gluten de tu dieta totalmente puede resultar difícil, y por ello tal vez quieras pedirle a tu médico que te haga un sencillo análisis de sangre para determinar por adelantado si eres alérgico al gluten. Si el análisis es negativo, lo cual significa que no lo eres, no será necesario evitar los alimentos que lo contengan.[1] Una idea aún mejor, que te será de utilidad incluso mucho después de completar el programa *Power Up Your Brain*, es considerar la posibilidad de hacerte un análisis de sangre completo en busca de alergias alimentarias que incluya un perfil completo de ellas, como el ofrecido por el Comprehensive Food Allergy Profile, del Genova Diagnostics Laboratory. Este análisis de sangre determinará tu nivel de sensibilidad a los ochenta y ocho alimentos más comunes.[2] El análisis proporciona una clasificación de los alimentos tomando como baremo tu sensibilidad. Por lo general, recomendamos que los pacientes eliminen permanentemente de sus dietas todos los alimentos con una puntuación de 2+ o 3+, y desde luego durante el resto del programa *Power Up Your Brain*.

Prescinde todo lo posible de los azúcares y otros carbohidratos simples, como las harinas muy refinadas. Esto significa no consumir nada de pasta o de panes hechos con harinas procesadas. En su lugar, decántate por productos elaborados con harinas integrales que podrás encontrar en tiendas dietéticas y herboristerías.

GRASAS: este es también el momento de empezar a concentrarnos en las grasas de tu dieta. Aunque pudiera sonar poco lógico, las grasas son *buenas* para el cerebro. Esta afirmación cobra sentido cuando se recuerda que alrededor del 70% del cerebro está constituido por grasa y que la fuente de esa grasa es tu propia alimentación. Por tanto, no se trata tanto de la *cantidad* de grasa que haya en tu dieta, sino del *tipo* de grasas que tomes. Consumir alimentos que contengan grasas hidrogenadas o saturadas no solo ayuda a crear un cerebro menos funcional que corre el riesgo de padecer enfermedades como el Alzheimer o el Parkinson, sino que también perjudica sus funciones cotidianas a la vez que aumenta el riesgo de padecer muchas de las enfermedades sistémicas que se han convertido en epidémicas en nuestra sociedad actual, como la diabetes, la depresión, la hipertensión y la cardiopatía coronaria. Ahora es el momento de introducir en tu dieta fuentes de ADH y grasas saludables, como el aceite de oliva virgen orgánico, que puede ayudar a proteger al cerebro del Alzheimer. Investigaciones recientes han descubierto que el oleocantal, un compuesto hallado en el aceite de oliva virgen, modifica unas proteínas concretas, los ligandos difusibles derivados del amiloide beta (LDDA, o ADDLs), que interfieren en la función nerviosa normal y podrían provocar la pérdida de memoria. Esas modificaciones hacen que los LDDA sean menos perjudiciales para el cerebro.

ALCOHOL: aunque consumir un vaso de una bebida alcohólica al día, en el caso de las mujeres, y un par de vasos en el de los hombres, ha demostrado que reduce el riesgo de declive cognitivo e incluso de Alzheimer, recomendamos abstenerse de cualquier consumo de alcohol durante las primeras cuatro semanas del programa *Power Up Your Brain*.[3]

CAFEÍNA: suspende el consumo de cafeína. Podrás volver a introducirlo más adelante.

SÍNTOMAS DE ABSTINENCIA: si eres consumidor compulsivo de azúcar, cafeína o alcohol, tal vez experimentes fuertes síntomas de abstinencia. La importancia de estos síntomas es enorme e incluye un poco de todo, desde dolores de cabeza, depresión, fatiga y cambios de humor hasta náuseas, vómitos, insomnio y fiebre, dependiendo de la sustancia de la que estés prescindiendo.

Para controlar estos síntomas, añade a tu dieta un vaso de 250 ml de agua dos o tres veces al día, preferiblemente de agua mineral o purificada por ósmosis inversa, y medita, tal y como aparece descrito a continuación. Acepta que al principio puedes sentirte algo peor, antes de empezar a encontrarte mejor.

Ayuno

No ayunes durante la primera semana.

Suplementos dietéticos

Añade los siguientes suplementos naturales a tu dieta.

- **ADH de origen vegetal:** 1.000 mg diarios. El ADH de origen vegetal suele presentarse en cápsulas de 200 mg, así que toma cinco cápsulas al día, todas a la vez o repartidas durante la jornada, con o sin comida. Mantenlo refrigerado.
- **Aceite de oliva:** una cucharada sopera diaria. Puedes añadirlo a las ensaladas, rociarlo sobre verduras hervidas, o combinarlo con zumo recién exprimido de verduras orgánicas o con pan integral. El aceite debe consumirse crudo, pues el se utiliza para cocinar pierde ciertas propiedades.
- **Ácido alfa-lipoico de liberación controlada:** 600 mg diarios, treinta minutos antes de las comidas o con el estómago vacío. Está disponible con el nombre comercial ALAmax CR en www.Xymogen.com (tel. 800-647-6100, Estados Unidos).
- **Aceite de coco virgen orgánico:** una cucharada sopera cada mañana. Puedes añadírselo a un batido

o untarlo en una rebanada de pan integral. También existen cápsulas de aceite de coco.
- **Pterostilbeno:** 50 mg por la mañana y por la noche, con o sin comida.*
- **Sulforafano:** 30 mg por la mañana y por la noche, con o sin comida.*
- **Curcumina de extracto de cúrcuma:** 200 mg por la mañana y por la noche, con o sin comida.*
- **Extracto de té verde:** 200 mg por la mañana y por la noche, con o sin comida.*

* Estos suplementos se hallan presentes en una cápsula de Nrf2 Activator, disponible en Xymogen: 800-647-6100 o www.Xymogen.com. El Nrf2 Activator también contiene BioPerine, un extracto de pimienta que ayuda enormemente en la absorción de los componentes activos de ese suplemento único.

Ejercicio físico

Consulta con tu médico para que te ayude a determinar tu tolerancia al ejercicio físico.

EJERCICIOS AERÓBICOS: haz ejercicio físico —camina, monta en bici o corre— a un ritmo aeróbico regular durante veinte minutos al día o más, si estás en buena forma física. Tu pulso cardíaco debe rondar las 180 pulsaciones menos tu edad, a no ser que tu médico te aconseje lo contrario. No incluyas el tiempo de calentamiento o de recuperación en esos veinte minutos.

Si lo crees necesario, adquiere un pulsímetro de muñeca —como el Polar Heart Rate Monitor—, que te proporcionará una lectura inmediata de tu pulso. Pueden encontrarse en la mayoría de las tiendas de deportes y en Internet.

Yoga/estiramientos: practica yoga o un ejercicio similar de estiramientos/flexibilidad al menos dos veces por semana y unos treinta minutos como mínimo por sesión.

Ejercicios chamánicos

El baño chamánico: disfrútalo una vez a la semana, el día que prefieras, por la noche antes de acostarte.

Serena tu eje HPA: realiza este ejercicio dos veces a la semana, por la noche antes de acostarte.

Meditación

Participa en la meditación planetaria diaria del programa *Power Up Your Brain*. Descarga esta meditación de paz —junto con una imagen que puedes utilizar como salvapantallas en tu escritorio— de www.PowerUpYourBrain.com. Mientras meditas, intenta sintonizarte con otras personas que también lo están haciendo en otros puntos del planeta al mismo tiempo.

Relaciones personales

Reflexiona sobre tus relaciones personales contigo mismo y con los demás, sobre todo aquellas personas que te importan. Piensa sobre quiénes son esas personas y cómo te aproximarás a ellas hoy. ¿Cuánto aprecias a aquellos que amas? ¿Cómo te honras a ti mismo?

Contempla tu interconexión con todos los seres humanos y con todas las criaturas de la Tierra. Cuando te dispongas a consumir una comida, pronuncia una corta oración de agradecimiento e imagina las distintas plantas, animales y personas que han contribuido a tu alimentación. No pienses únicamente en los agricultores, granjeros y ganaderos, sino también en los manipuladores, transportistas y tenderos.

DE LA SEGUNDA A LA CUARTA SEMANA

Mientras pasas de la segunda a la cuarta semana, experimentarás una mayor conciencia de tu ser, más aprecio por ti mismo, y una menor ira y ansiedad. Sonriéndole a la persona que se cuela delante de ti en la caja del supermercado, avanzarás un paso más en tu camino hacia una vida iluminada.

Dieta

Continúa eligiendo todos los alimentos orgánicos que puedas.

Sigue evitando los alérgenos, las grasas hidrogenadas y saturadas, el alcohol y la cafeína.

FRUTAS Y VERDURAS: consume, al menos, entre cinco y seis piezas de frutas y verduras frescas cada día. Cuando no puedan ser frescas, es mejor optar por preparados congelados que enlatados.

HIDRATOS DE CARBONO: reduce tu consumo de hidratos de carbono a una porción diaria: dos rebanadas de pan integral, una ración de pasta integral o cereales –a menos que realices ejercicio vigorosamente, en cuyo caso tu cuerpo necesitará una mayor cantidad de carbohidratos complejos, como cereales, pastas o panes integrales.

EL PROGRAMA POWER UP YOUR BRAIN

Ayuno

Ayunarás dos veces en esta parte del programa *Power Up Your Brain*: una vez durante la segunda semana y otra vez durante la tercera.

Elige un día para realizar el ayuno.

Si empiezas el programa un día de luna llena, el cuarto día de esa segunda semana será el undécimo después de la luna llena, que sería el día ideal de ayuno y meditación, tal y como aparece en los textos ayurvédicos —como mencionamos en el capítulo 12—; eso sincronizará tu ayuno y hará que profundices en tu experiencia meditativa, ya que te hallarás energéticamente conectado con otras personas que también estén llevando a cabo este programa.

Si no puedes ayunar ese día, elige otro en el que no tengas asuntos pendientes u obligaciones personales.

Ayuna otra vez la tercera semana, preferentemente siete días después del primer ayuno.

No ayunes durante la cuarta semana.

Los días que ayunes beberás bastante agua.

Si te parece que ayunar es un desafío insuperable, el día del ayuno come fruta fresca, como naranjas. Es importante que consultes con tu médico antes de iniciar el ayuno, sobre todo si eres diabético, hipotenso, tomas medicamentos o experimentas algún malestar físico.

Suplementos dietéticos

Sigue las mismas recomendaciones que en la primera semana.

El día que ayunes, continúa tomando todos los suplementos nutricionales, pero añade una segunda cucharada sopera de aceite de coco y otra de aceite de oliva por la tarde.

Toma una dosis doble de pterostilbeno, sulforafano, curcumina y extracto de té verde, solo ese día. O puedes simplemente tomar dos cápsulas de Nrf2 Activator por la mañana y por la noche.

Ejercicio físico

Practica yoga o una actividad similar de estiramientos/flexibilidad, al menos dos veces por semana y unos treinta minutos como mínimo por sesión.

Aumenta tu programa aeróbico diario a treinta minutos, si te es posible.

Abstente de hacer ejercicio el día que ayunes.

Ejercicios chamánicos

Empieza y acaba tus ejercicios chamánicos con la oración de «crear un espacio sagrado» o con una parecida de tu propia creación o elección.

CONTEMPLAR EL CIELO: realiza este ejercicio por la mañana, al amanecer.

EL YOGA DEL SUEÑO Y EL SUEÑO LÚCIDO: efectúa estos ejercicios todas las noches.

SERENAR TU EJE HPA: realiza este ejercicio dos veces a la semana por la noche, antes de acostarte.

VOLVER A SELECCIONAR TU DESTINO GENÉTICO: realiza esta meditación una vez a la semana.

SOMOS NUESTRAS PROPIAS HISTORIAS: realízalo una vez a la semana y desarrolla tu nueva historia vital, en la que tu mitología personal te convierte en el héroe.

EL BAÑO CHAMÁNICO: disfruta de él una vez a la semana por la noche, antes de acostarte.

Meditación

Participa en la meditación planetaria diaria del programa *Power Up Your Brain*. Descarga esta meditación de paz –junto con una imagen que puedes utilizar como salvapantallas en tu escritorio– de www.PowerUpYourBrain.com. Mientras meditas, intenta sintonizarte con otras personas que también lo están haciendo en otros puntos del planeta al mismo tiempo.

Tómate cierto tiempo, varias veces durante el día, para hacerte consciente de la respiración, a fin de cultivar el sosiego. Respira hondo, sintiendo cómo el aire entra y sale de tu cuerpo. Observa las sensaciones de este mientras respiras. A medida que tu respiración se torne más rítmica, descubrirás que tu sensación de paz interior aumenta.

Relaciones personales

Elimina tus relaciones personales negativas. Escribe una lista de personas a las que has de perdonar y utiliza la práctica del perdón radical del capítulo 13.

Quinta semana

En la quinta semana continuarás tu viaje heroico con mayor conciencia y aprecio de ti mismo y de tu ser. Estás en el camino de la iluminación.

Según vayas eliminando las toxinas del cuerpo y del cerebro, te irás dando cuenta de que tus sentidos se van refinando: los colores se tornan más intensos, las sensaciones más profundas y claras, y tus otros sentidos –el tacto, el oído y el olfato– se intensifican. Te darás cuenta de que las situaciones que antes te causaban estrés o que te intimidaban, ahora son más manejables. Según se vaya aclarando tu cerebro, la meditación se tornará más fácil. El nivel de agitación mental se reducirá enormemente.

Dieta

Continúa eligiendo todos los alimentos orgánicos que puedas.

Sigue evitando los alérgenos, las grasas hidrogenadas y saturadas, el alcohol y la cafeína.

Continúa comiendo un elevado número de frutas y verduras integrales, al menos de cinco a seis piezas diarias.

Continúa consumiendo únicamente una porción de hidratos de carbono al día.

ALCOHOL: puedes tomar alcohol si quieres, preferiblemente vino tinto ecológico. Bebe, como máximo, un vaso en la cena tres veces durante esta semana. No consumas alcohol el día del ayuno.

CONSUMO DE CALORÍAS: reduce su consumo o, si ya tomas la cantidad recomendada de calorías, mantenlo así y no lo disminuyas.

Mujeres: reducir el consumo diario de calorías a 2.000, o a la cantidad recomendada por el médico.

Hombres: reducir el consumo diario de calorías a 2.550, o a la cantidad recomendada por el médico.

Recuerda que estas son solo recomendaciones generales. Consulta con tu médico o dietista para obtener recomendaciones concretas basadas en tu altura, grado de actividad física, masa muscular, metabolismo, estado general de salud, medicación y otros factores.

Ayuno

Durante esta semana ayunarás un día.

De ser posible, elige el undécimo día después de la luna llena, que sería el día ideal de ayuno y meditación; eso sincronizará tu ayuno y hará que profundice tu experiencia meditativa, ya que te hallarás energéticamente conectado con otras personas que también estén llevando a cabo este programa.

Suplementos dietéticos

Sigue las mismas recomendaciones que en la primera semana.

El día que ayunes, continúa tomando todos los suplementos nutricionales, pero añade una segunda cucharada sopera de aceite de coco y otra de aceite de oliva por la tarde. Toma una dosis doble de pterostilbeno, sulforafano, curcumina y extracto de té verde, solo ese día. O puedes simplemente tomar dos cápsulas de Nrf2 Activator por la mañana y por la noche.

Ejercicio físico

Practica yoga o una actividad similar de estiramientos/flexibilidad, al menos dos veces por semana y unos treinta minutos como mínimo por sesión.

Reduce el tiempo que dedicas a la práctica de ejercicio físico y pasa de realizar las sesiones diariamente a solo cinco veces por semana, pero aumenta el intervalo de cada sesión a cuarenta o cuarenta y cinco minutos siempre que te sea posible. Haz que coincida el día libre de ejercicios con el de ayuno.

Ejercicios chamánicos

Empieza y acaba tus ejercicios chamánicos con la oración de «crear un espacio sagrado» o con una oración parecida de tu propia creación o elección.

Practica el ejercicio contemplar el cielo todas las mañanas al amanecer.

Practica los ejercicios el yoga del sueño o el sueño lúcido por la noche.

Practica el ejercicio serenar tu eje HPA dos veces durante esa semana por la noche, antes de acostarte.

Disfruta del baño chamánico una vez a la semana por la noche, antes de acostarte.

Meditación

Participa en la meditación planetaria diaria del programa *Power Up Your Brain*. Descarga la imagen diaria como salvapantallas del escritorio y sintonízate con la matriz humana global de otras personas de todo el planeta que meditan al mismo tiempo que tú.

Trata de ser consciente de tu respiración durante el día y cultiva la calma.

Relaciones personales

Pídeles perdón a todas aquellas personas a las que pudieras haber ofendido. Envíales una nota, o bien telefonéalas y pídeles perdón sin rodeos. «Lo siento» es una de las frases más potentes que reconoce nuestro cerebro superior. Luego continúa trabajando para perdonar a todos aquellos que consideres que te han ofendido, utilizando el ejercicio del perdón radical que aparece en el capítulo 13.

Después

Tras cinco semanas siguiendo el programa *Power Up Your Brain*, habrás recorrido mucho camino de cara a tener un cerebro sano, que cada vez estará más libre de los perniciosos efectos del estrés y de los traumas, y que ya se está preparando para la iluminación.

Dieta

Continúa eligiendo todos los alimentos orgánicos que puedas.

Sigue evitando los alérgenos, las grasas hidrogenadas y saturadas, el alcohol y la cafeína.

Continúa consumiendo un elevado número de frutas y verduras frescas, al menos de cinco a seis piezas diarias.

Continúa consumiendo únicamente una porción de hidratos de carbono al día y solo un vaso de vino —si te apetece—, pero no durante el día del ayuno.

Continúa con tu plan de restricción calórica. Las mujeres pueden consumir hasta 2.000 calorías al día, y los hombres hasta 2.550. Recuerda que son solo recomendaciones generales. Consulta con tu médico o dietista para obtener recomendaciones específicas.

CAFEÍNA: reintroduce la cafeína en forma de café o té, si así lo deseas. No consumas más de 60 mg de café al día, preferiblemente por la mañana.

Lee las etiquetas. La típica taza de 250 ml de café contiene entre 60 y 120 mg de cafeína, dependiendo del tipo y del grosor del molido. El té verde contiene aproximadamente unos 20 mg de teína en una taza de 250 ml, y el té negro 45 mg en una taza similar.

Observa tu respuesta a la cafeína y a la teína. Reduce la cantidad si aparecen síntomas de estimulación excesiva, como el insomnio.

Ayuno

Continúa ayunando un día al mes, preferiblemente el undécimo después de la luna llena.

Suplementos dietéticos

Sigue tomando tus suplementos nutricionales.
Los días que ayunes debes aumentarlos, tal y como aparece en la página 255.

Ejercicio físico

Practica yoga o una actividad similar de estiramientos/flexibilidad, al menos dos veces por semana y unos treinta minutos como mínimo por sesión.
Continúa realizando ejercicios aeróbicos durante cuarenta o cuarenta y cinco minutos, cinco días a la semana. Abstente de hacer ejercicio el día que ayunes.

Ejercicios chamánicos

Continúa con los ejercicios chamánicos crear un espacio sagrado, contemplar el cielo, el yoga del sueño, el sueño lúcido, serenar el eje HPA y el baño chamánico.

Meditación

Participa en la meditación planetaria diaria del programa *Power Up Your Brain*. Descarga esta meditación de paz —junto con una imagen que puedes utilizar como salvapantallas en tu escritorio— de www.PowerUpYourBrain.com. Mientras meditas, intenta sintonizarte con otras personas que también lo están haciendo en otros puntos del planeta al mismo tiempo.

Tómate cierto tiempo, varias veces durante el día, para hacerte consciente de tu respiración, a fin de cultivar el sosiego. Realiza respiraciones largas y profundas, sintiendo cómo el aire entra y sale de tu cuerpo. Observa las sensaciones de este mientras respiras. A medida que tu respiración se torne más rítmica, descubrirás que tu sensación de paz interior aumenta.

Relaciones personales

Cultiva las relaciones personales con aquellos individuos que te inspiren y eleven. Elige con cuidado tus amistades, y ocúpate de ellas, igual que un jardinero cuidaría de sus flores. Invierte tiempo y energía en las amistades que quieres mantener durante el resto de tu vida.

PRIMERA SEMANA	
DIETA	
• *Orgánicos*: elegir	• *Frutas y verduras*: sin cambios
• *Alérgenos*: reducir	• *Hidratos de carbono*: sin cambios
• *Grasas*: evitar las hidrogenadas y saturadas	• *Consumo de calorías*: sin cambios
• *Alcohol*: evitar	• *Ayuno*: no ayunar esta semana
• *Cafeína*: evitar	

CONECTA TU CEREBRO

SUPLEMENTOS DIETÉTICOS

• *ADH de origen vegetal*: 1.000 mg al día	• *Pterostilbeno*: *50 mg mañana y noche
• *Aceite de oliva*: 1 cucharada sopera al día	• *Sulforafano*: *30 mg mañana y noche
• *Ácido alfa-lipoico*: 600 mg al día, 30 minutos antes de las comidas	• *Curcumina*: *200 mg mañana y noche
• *Aceite de coco virgen orgánico*: 1 cucharada sopera por las mañanas	• *Extracto de té verde:* 200 mg mañana y noche

* Nota: todos estos suplementos están contenidos en 1 cápsula de Nrf2 Activator, disponible en Xymogen

EJERCICIO FÍSICO

• *Ejercicios aeróbicos*: 20 minutos diarios	• *Yoga/estiramientos*: al menos dos veces a la semana

EJERCICIOS CHAMÁNICOS

• *Serenar el eje HPA*: dos veces a la semana antes de acostarte	• *El baño chamánico*: una vez a la semana al finalizar la jornada

MEDITACIÓN

• *Meditación planetaria*: diaria	

RELACIONES PERSONALES

• Aprecia a quienes tienes cerca y a ti mismo	• Imagina la interrelación entre todos los seres de la Tierra

DE LA SEGUNDA A LA CUARTA SEMANA

DIETA

• *Orgánicos:* elegir	• *Frutas y verduras:* aumentar
• *Alérgenos:* evitar	• *Hidratos de carbono:* reducir a 1 porción al día
• *Grasas:* evitar las hidrogenadas y saturadas	• *Consumo de calorías:* sin cambios
• *Alcohol:* evitar	• *Ayuno:* una vez a la semana en la 2ª y 3ª semanas; sin ayuno en la 4ª
• *Cafeína:* evitar	

SUPLEMENTOS DIETÉTICOS

• *ADH de origen vegetal:* 1.000 mg al día	• *Pterostilbeno:** 50 mg mañana y noche; el doble el día del ayuno
• *Aceite de oliva:* 1 cucharada sopera al día, más 1 adicional el día de ayuno	• *Sulforafano:** 30 mg mañana y noche; el doble el día del ayuno

EL PROGRAMA POWER UP YOUR BRAIN

• Ácido alfa-lipoico: 600 mg al día, 30 minutos antes de las comidas	• *Curcumina:** 200 mg mañana y noche; el doble el día del ayuno
• *Aceite de coco virgen orgánico:* 1 cucharada sopera por las mañanas, más 1 adicional el día del ayuno	• *Extracto de té verde:** 200 mg mañana y noche; el doble el día del ayuno

* *Nota:* todos estos suplementos están contenidos en 1 cápsula de Nrf2 Activator, disponible en Xymogen

EJERCICIO FÍSICO

• *Ejercicios aeróbicos:* 30 minutos diarios; no realizar ejercicio el día del ayuno	• *Yoga/estiramientos:* al menos dos veces a la semana; no practicar el día del ayuno

EJERCICIOS CHAMÁNICOS

• *Crear un espacio sagrado:* diario antes de los demás ejercicios chamánicos	• *Contemplar el cielo:* diariamente al amanecer
• *Serenar el eje HPA:* dos veces a la semana antes de acostarte	• *El yoga del sueño:* diariamente
• *Volver a seleccionar tu destino genético:* una vez a la semana	• *El sueño lúcido:* diariamente
• *El baño chamánico:* una vez a la semana al finalizar la jornada	• *Somos nuestras propias historias:* una vez a la semana

MEDITACIÓN

• *Meditación planetaria*: diaria	• *Conciencia de la respiración:* a menudo

RELACIONES PERSONALES

• Elimina las relaciones personales negativas	• Practica el perdón radical

QUINTA SEMANA

DIETA

• *Orgánicos:* elegir	• *Frutas y verduras:* aumentar
• *Alérgenos:* evitar	• *Hidratos de carbono:* reducir a 1 porción al día
• *Grasas:* evitar las hidrogenadas y saturadas	• *Consumo de calorías:* las mujeres las reducen a 2.000 diarias, los hombres, a 2.550 diarias

• *Alcohol:* si se desea, vino tinto, 1 vaso tres veces a la semana; evitar al ayunar • *Cafeína:* evitar	• *Ayuno:* una vez a la semana
SUPLEMENTOS DIETÉTICOS	
• *ADH de origen vegetal:* 1.000 mg al día • *Aceite de oliva:* 1 cucharada sopera al día, más 1 adicional en el día del ayuno • *Ácido alfa-lipoico:* 600 mg al día, 30 minutos antes de las comidas • *Aceite de coco virgen orgánico*: 1 cucharada sopera por las mañanas, más 1 adicional en el día del ayuno	• *Pterostilbeno:* *50 mg mañana y noche; el doble el día del ayuno • *Sulforafano:* *30 mg mañana y noche; el doble el día del ayuno • *Curcumina:* *200 mg mañana y noche; el doble el día del ayuno • *Extracto de té verde:* *200 mg mañana y noche; el doble el día del ayuno
* *Nota:* todos estos suplementos están contenidos en 1 cápsula de Nrf2 Activator, disponible en Xymogen	
EJERCICIO FÍSICO	
• *Ejercicios aeróbicos:* 40-50 minutos diarios, 5 días a la semana; no realizar ejercicio el día del ayuno	• *Yoga/estiramientos:* al menos dos veces a la semana; no practicar el día del ayuno
EJERCICIOS CHAMÁNICOS	
• *Crear un espacio sagrado:* diario, antes de los demás ejercicios chamánicos • *Serenar el eje HPA:* dos veces a la semana antes de acostarte • *Volver a seleccionar tu destino genético:* una vez a la semana • *El baño chamánico:* una vez a la semana al finalizar la jornada	• *Contemplar el cielo:* diariamente al amanecer • *El yoga del sueño:* diariamente • *El sueño lúcido:* diariamente
MEDITACIÓN	
• *Meditación planetaria*: diaria	• *Conciencia de la respiración:* a menudo
RELACIONES PERSONALES	
• Pedir perdón	• Perdonar utilizando el perdón radical

EL PROGRAMA POWER UP YOUR BRAIN

DESPUÉS	
DIETA	
• *Orgánicos:* elegir	• *Frutas y verduras:* aumentar
• *Alérgenos:* evitar	• *Hidratos de carbono:* 1 porción al día
• *Grasas:* preferiblemente aquellos hidratos de carbono y grasas saturadas bajos en grasa	• *Consumo de calorías:* las mujeres las reducen a 2.000 diarias; los hombres, a 2.550 diarias
• *Alcohol:* si se desea, vino tinto, 1 vaso tres veces a la semana; evitar al ayunar	• *Ayuno:* una vez al mes
• *Cafeína:* si se desea, café o té, máximo 60 mg al día	
SUPLEMENTOS DIETÉTICOS	
• *ADH de origen vegetal:* 1.000 mg al día	• *Pterostilbeno:* *50 mg mañana y noche; el doble el día del ayuno
• *Aceite de oliva:* 1 cucharada sopera al día, más 1 adicional el día del ayuno	• *Sulforafano:* *30 mg mañana y noche; el doble el día del ayuno
• *Ácido alfa-lipoico:* 600 mg al día, 30 minutos antes de las comidas	• *Curcumina:* *200 mg mañana y noche; el doble el día del ayuno
• *Aceite de coco virgen orgánico:* 1 cucharada sopera por las mañanas, más 1 adicional el día del ayuno	• *Extracto de té verde:* *200 mg mañana y noche; el doble el día del ayuno
* *Nota:* todos estos suplementos están contenidos en 1 cápsula de Nrf2 Activator, disponible en Xymogen	
EJERCICIO FÍSICO	
• *Ejercicios aeróbicos:* 40-50 minutos diarios, 5 días a la semana; no ejercitarse el día del ayuno	• *Yoga/estiramientos:* al menos dos veces a la semana; no practicar el día del ayuno
EJERCICIOS CHAMÁNICOS	
• *Crear un espacio sagrado:* diario antes de los demás ejercicios chamánicos	• *Contemplar el cielo:* diariamente al amanecer
• *Serenar el eje HPA:* dos veces a la semana antes de acostarte	• *El yoga del sueño:* diariamente
• *El baño chamánico:* una vez a la semana al finalizar la jornada	• *El sueño lúcido:* diariamente

CONECTA TU CEREBRO

MEDITACIÓN	
• *Meditación planetaria*: diaria	• *Conciencia de la respiración:* a menudo
RELACIONES PERSONALES	
• Cultivar relaciones personales con personas que te inspiren y eleven	

Capítulo 15

En Busca de tu Alma

La búsqueda del alma es algo que ha preocupado a los seres humanos durante siglos. Al principio, nuestros antepasados creyeron que el alma tenía su asiento en el corazón; más tarde, otros órganos, como el hígado y el bazo, pasaron a convertirse en candidatos para albergarla. Finalmente, cuando no pudimos descubrir el alma en ninguno de esos sitios, decidimos que debía de residir en la cabeza, en el interior del cerebro. No obstante, aunque todos los órganos de los muertos se momificaban cuidadosamente, los antiguos egipcios tenían en poca estima el cerebro: lo eliminaban insertando pajas a través de los conductos nasales hasta llegar a la cavidad craneal para luego descartar toda aquella masa sanguinolenta.

En la actualidad, la mayoría de los científicos afirmaría que lo que denominamos conciencia es un epifenómeno o subproducto del cerebro. Es decir, es el conjunto de circuitos neuronales del cerebro lo que crea la conciencia. De hecho, Francis Crick, uno de los descubridores del ADN, afirma en su libro *The Astonishing Hypothesis: The Scientific Search for the Soul (La búsqueda científica del alma)*, que todo lo que hay que aprender sobre el alma puede descubrirse estudiando el funcionamiento del cerebro humano. Por el contrario, los chamanes tienden más bien a creer lo contrario, que el cerebro es un epifenómeno de la conciencia, y que esa conciencia utiliza complejos mecanismos evolutivos para crear el conjunto de circuitos neuronales que nos permiten ser conscientes de nosotros mismos y del universo.

Tal vez algún día descubramos que tanto los científicos actuales como los antiguos chamanes y místicos tenían razón. Tal vez los científicos averigüen que, en realidad, somos algo más que un saco de neuronas, y tal vez los místicos descubran que el cerebro y el cuerpo son elementos esenciales de la conciencia. Pero ¿y si no tuviéramos que esperar a que científicos punteros y líderes espirituales tuvieran que dar un veredicto al respecto? ¿Y si nosotros mismos pudiésemos llevar a cabo ese experimento?

AL PRINCIPIO FUE EL MUNDO

La ciencia proporciona respuestas a las grandes preguntas que antaño solo podían ser contestadas por la religión. Cuando esas respuestas científicas fueron descubiertas por primera vez, al orden establecido le parecieron herejías. Antes creíamos que el mundo fue creado hace seis mil años, que la Tierra era plana y que nuestro planeta azul era el centro del universo. Cuando Galileo intentó describir la ciencia que subyacía tras el descubrimiento hecho por Copérnico de que la Tierra gira alrededor del Sol, fue sentenciado a arresto domiciliario por su herejía. No obstante, hoy en día todo el mundo acepta que la Tierra no es el centro del universo.

Muchas religiones dicen que tenemos un alma eterna e inmortal, aunque nuestros cuerpos físicos acaben regresando al polvo. Los científicos materialistas afirman que, en efecto, la energía y la materia no se destruyen, y que todas las partículas de nuestros organismos se reciclarán convirtiéndose en ríos, águilas y polvo cósmico.

Pero el chamán cree que es posible que cada uno de nosotros tengamos la experiencia de un aspecto eterno de nosotros mismos.

Alberto: piensa con el corazón, siente con la cabeza

Recuerdo la primera vez que sostuve un cerebro humano en las manos. Mi amigo Brian, estudiante de medicina, me animó a unirme a él esa noche mientras extraía el cerebro de un cadáver con el que habían trabajado él y su compañera de disección. Brian tenía el cerebro para él solito, pues su compañera le había traspasado el honor, aduciendo que iba a especializarse en obstetricia y que sentía poco interés por esa parte de la anatomía humana.

La puerta de dos hojas del laboratorio de anatomía de la Universidad de California era de un pesado color gris institucional. El sonido de su cerrojo retumbó en el frío suelo de linóleo. La sala tenía el tamaño de un pequeño almacén, iluminada por un fluorescente gris azulado. Había cuatro hileras de mesas con revestimiento de baquelita, sobre las que reposaban unas formas imprecisas envueltas en negras sábanas de hule. El hedor a formol me hizo arrugar la nariz. Brian colocó una sierra de arco junto a una cubeta de Kentucky

Fried Chicken y una botella vacía de cerveza, y luego acercó un taburete alto a la cabecera de la mesa.

El cadáver era el de una mujer joven. La sábana de hule estaba doblada hacia atrás, dejando al descubierto la parte superior del pecho, el cuello y la cabeza. Su piel se parecía a la de una ternera; la tez de color gris estaba teñida de un verde oliva apagado.

—Es Jennifer —explicó Brian—. Llevamos juntos todo el semestre.

Levantó la sierra quirúrgica.

—Ella me ha enseñado más sobre el cuerpo humano de lo que imaginaba que había que saber. Nunca la olvidaré.

—Brian...

—Esta noche perderá la cabeza por mí, y quiero que tú estés aquí para verlo.

—Vaya, gracias.

Sus ojos mantuvieron mi mirada durante unos instantes.

—Hoy en día, para presenciar una decapitación ya no has de tener una beca de diez mil pavos y un año de experiencia en una facultad de medicina. Me pareció que podría interesarte.

—¿Por qué?

—Por lo de la psicología.

—Sí, bueno —le dije—. Cuando la gente pierde la cabeza viene a verme.

Me miró fijamente durante un segundo, tratando de calibrar el tono de mi voz.

—No tienes por qué estar aquí si no quieres —aseguró—. Solo que creí... Bueno, que si te sientes incómodo...

—Está bien, no te preocupes —dije.

—Si prefieres...

Miré el cubilete del pollo.

—Estoy tratando de evitar los fritos —dije.

No estaba preparado para admitir que me sentía extrañamente repugnado, pero a la vez irresistiblemente fascinado por ese cuerpo que había sobre la mesa. Me alargó una cerveza.

—¿Comemos luego? –preguntó.

—Si podemos.

—Es increíble, ¿no te parece? Justo al otro lado del pasillo hay un laboratorio donde llevan a cabo investigaciones punteras sobre la recombinación del ADN. En el piso de abajo, los neurólogos hacen piña con bioquímicos y gurús informáticos para estimular las conexiones neuronales de funciones cerebrales simples. Pero aquí estamos nosotros, diseccionando a gente muerta, igual que debió de hacer Leonardo da Vinci hace cinco siglos –dijo, y miró alrededor de la habitación, hacia todas aquellas figuras cubiertas de hule negro.

—Empezaremos por atrás –me anunció–, porque hace falta estar acostumbrado a lo que se hace, y es más fácil si no tienes que verles la cara, como si fuesen a mirarte y a hacerte sentir culpable por vulnerarlos con un bisturí.

Apoyó la barbilla del cadáver en la palma de su mano y le movió la cabeza ligeramente hacia atrás. Colocó la hoja de la sierra, con decisión, en una cuña de cartílago entre las vértebras visibles del cuello. No pude apartar la vista. Cuando la cabeza estuvo separada del cuerpo, la sostuvo con ambas manos. Mientras hablábamos, tomó de un cajón lo que parecía un enorme taladro dental, lo enchufó a la corriente y seleccionó una hoja pequeña, redonda, como un disco de unos cinco centímetros de diámetro.

—Dejan lo mejor para el final –dijo, y la herramienta chirrió–. Sostenla, ¿quieres?

Tomé la cabeza con las manos, tal y como él me indicó que debía hacerlo, y luego acercó la hoja giratoria hacia la frente. Cuando hubo acabado, cuando hubo girado la cabeza trescientos sesenta grados, desenchufó la sierra. El chirrido de la hoja seguía presente en mis oídos. Noté un curioso olor que flotaba en el aire, y un polvo fino de hueso que reposaba en el rostro del cadáver y colgando de sus pestañas. Brian se inclinó un poco y sopló el polvo delicadamente.

—Imagina –dijo–. Ningún ser humano ha visto nunca el cerebro de Jennifer. Tú y yo seremos los primeros. Redoble de tambor, maestro.

Y quitó la tapa del cráneo. Yo ya había visto un cerebro humano. Había visto muchos, flotando en vasijas de laboratorio llenas de formol. Pero aquel momento lo recordaría siempre.

Aristóteles pensó que el cerebro enfriaba la sangre, que pensar era una función de este órgano. René Descartes lo describió como la bomba de una fuente nerviosa. Se lo ha comparado a un reloj, a un conmutador telefónico, a un ordenador... No obstante, el mecanismo del cerebro es bastante más complejo que cualquier posible analogía. El teórico Lyall Watson escribió que si fuese tan simple que pudiéramos comprenderlo, nosotros seríamos tan simples que no podríamos entenderlo. Y el origen de todas estas teorías y especulaciones era aquella masa gris de tejido carnoso con forma de nuez que tenía delante de mí.

Brian me miró y asintió con la cabeza en dirección a la de Jennifer. Una vez más, deposité una mano a cada lado de su rostro, y Brian sacó el cerebro del cráneo. Lo sopesó en sus manos durante unos instantes, y luego me lo pasó. Era pesado.

Brian interrumpió el silencio:

—Yo tampoco me lo creo –dijo.[1]

Esa noche me llevé un trozo diminuto del cerebro de Jennifer, que rebanamos, cortamos y colocamos en un portaobjetos de cristal, del tipo que se utiliza con el microscopio. Me dije a mí mismo que más adelante me gustaría «mirar en el interior de su cabeza» con más detenimiento. El portaobjetos contenía un trocito del córtex prefrontal de Jennifer.

Unas semanas más tarde me hallaba en Cuzco, la capital del antiguo Imperio inca y la ciudad habitada más antigua de América. Los antepasados de los incas construyeron unas originales estructuras de adobe, y los incas levantaron enormes palacios de piedra sobre ellas. Me hallaba visitando a don Antonio Morales, mi traductor e informante, mientras investigaba a los curanderos y sabios de los Andes, y que más tarde descubriría que en realidad era uno de los grandes chamanes de la zona. Esa noche, cuando entré en la sencilla cabaña de don Antonio, lo primero que me dijo fue:

—Has venido con alguien más.

Contesté que había ido solo, pero miró detrás de mí, al fondo de la habitación, y dijo que la persona que había traído no había sido invitada. A continuación, empezó a describirme a Jennifer, cómo había vivido, a quién había amado y cómo había muerto. Se me erizó el pelo de la nuca. No estaba acostumbrado a ser acompañado por huéspedes que no habían sido invitados, pero recordé que había dormido mal desde aquella experiencia con Brian en el laboratorio de anatomía. Y ahora, aquel viejo sabio me decía que el alma de Jennifer se había unido a mí.

—Es porque eres afectuoso y compasivo –dijo el anciano–. Aunque ha muerto, su alma está atrapada entre el mundo de los vivos y el de los espíritus. Está aprisionada en una pesadilla de la que no puede despertar. Y tal vez supo, en su interior, que la traerías hasta mí para que pudiera liberarla de su sufrimiento.

El anciano señaló que el alma de Jennifer se había apegado a algo de su propiedad que yo había extraído de ella sin su permiso. Empecé de inmediato a revolver mi mochila, hasta que saqué el portaobjetos.

—¿Qué es eso? –preguntó don Antonio.
—Es un pedacito de su cerebro –contesté.
Me miró y frunció el ceño.
—Has hecho algo muy grave –dijo–. Pero tal vez sea mejor así. Ahora podré curarla y así podrá regresar al mundo de los espíritus.

Así inicié mi formación con los chamanes. Hasta entonces había tenido una experiencia directa y palpable de mi propia alma y de la belleza de las de quienes me rodeaban. Había descubierto que el alma es el aspecto más elevado de la naturaleza humana, esa parte de nosotros que descubre la belleza en todos los lugares, a pesar de la fealdad que se acumula a nuestro alrededor. Es la parte de nosotros que no busca la verdad sino que, más bien, añade la verdad a todos los encuentros. Es la parte de nosotros que ya no busca la felicidad sino que insufla todos los instantes de alegría. Es la parte de nosotros que practica la bondad y vive con simplicidad.

Los chamanes creen que el alma es todo lo que es hermoso y noble en el ser humano. El alma tiene la posibilidad de ser eterna porque la belleza y la nobleza son eternas. Pero para experimentarlo así, primero hemos de curar los traumas y el dolor de nuestro pasado, y alcanzar la iluminación.

El gran experimento que podemos llevar a cabo consiste en recuperar un aspecto esencial de nosotros mismos que hemos perdido como resultado del dolor, los traumas y el estrés. En términos metafóricos, es esa parte de nosotros que nunca salió del Jardín del Edén, que sigue recorriendo el mundo con belleza, conectada a los ríos y a los árboles, y que habla con Dios fácil y continuamente. Creemos que la clave reside en nuestra frente, encima de las cejas, en nuestro córtex prefrontal. Una vez que se despierta el cerebro, podemos experimentar la sinergia cerebral, y comprender quiénes somos y qué queremos de la vida.

Epílogo

Alberto Villoldo: la recompensa del vidente

Tercer día de ayuno. Me encuentro en la ladera meridional, por debajo de las ruinas de Machu Picchu, en un templo grutesco que los arqueólogos todavía no han restaurado. Las abandonadas terrazas de cultivo, que antaño alimentaron a toda una ciudadela, se hallan ahora en ruinas por encima y por debajo de donde estoy acampado. La refinada mampostería inca resulta evidente en la parte de atrás de la roca, y después de cortar la hierba alta, pude disponer un agradable rincón para mí protegido del sol y de la lluvia. Esta mañana me encontré una serpiente, que obviamente se había calentado toda la noche gracias al calor de mi cuerpo, enroscada a los pies de mi saco de dormir. No estoy seguro de cuál de los dos se asustó más, ya que la serpiente seguía letárgica, pues había sido una noche heladora, y por ello pude persuadirla de que saliera de la cueva con la ayuda de un palo. Estoy seguro de que es su cueva, de que yo soy el intruso, pero no discutimos de ello. Durante dos días más será mi hogar.

Ayer fue un auténtico suplicio. Las quejas de mi estómago vacío no fueron peores que el tormento de mi mente. Intenté meditar, pero no podía dejar de salivar cada vez que mi pensamiento iba a parar a la tableta de chocolate que tenía guardada en el fondo de la mochila, recreándose en el sabor del chocolate caliente, y con cada célula de mi cuerpo anhelando el efecto reconfortante del azúcar y el cacao. Finalmente, en el ocaso, metí la mano en la mochila y encontré el objeto de mi tormento, abrí el envoltorio y tiré la tableta al río Urubamba, que pasaba por allá abajo.

Qué alivio. Ahora solo tenía que preocuparme de los ruidos de mis tripas...

Diario de Alberto

Alguien me explicó en una ocasión que la diferencia entre la religión y la ciencia es que con la segunda se llega a una hipótesis que se comprueba contrastándola con hechos. Si los hechos no apoyan tu teoría, la descartas y lo intentas nuevamente con otra mejor. Si tu teoría es que las piedras caen hacia arriba y los hechos demuestran que estás equivocado, has de sacar a relucir una premisa mejor. En cambio, con la religión, si los hechos no apoyan tu hipótesis, descartas la evidencia hasta que se te ofrezcan mejores pruebas, porque la religión pertenece a la esfera de la fe y no a la de los hechos. La fe ha empujado a hombres y mujeres a realizar actos heroicos, inspirándoles grandes obras de arte. Los hechos rara vez han conmovido el alma o la imaginación.

En religión, cuanto más viejo, mejor. Son pocas las religiones nuevas. Con la ciencia, por el contrario, cuanto más nuevo, mejor. Tanto la física como la medicina de hace veinte años están desfasadas, pero las religiones de hace siglos siguen vivitas y coleando. Para los chamanes, lo viejo y lo nuevo, el presente y el pasado, se desvanecen en el momento eterno. El chamanismo, que no es ni ciencia ni religión, no se basa ni en pruebas ni en creencias. Se basa en la experiencia.

Los chamanes, los yoguis y los místicos de todo el mundo concibieron una serie de experimentos sobre la conciencia que todo aquel que esté dispuesto a invertir el esfuerzo y el tiempo necesarios en investigarlos podría también comprobar. El experimento es en extremo simple: *serena la mente y descubre tu vidente interior*. Una vez que descubres al Vidente y puedes mantenerte presente entre un lapso de tiempo y otro, cuando el reloj deja de hacer tictac y no has muerto, experimentas el infinito y puedes controlar tu propio destino.

Y aunque los videntes fueron a menudo hombres y mujeres capaces de interpretar lo que las grietas de un caparazón de tortuga indicaban sobre el futuro del emperador, o el lugar donde estarían los bisontes pastando a la mañana siguiente, esta capacidad se consideraba una manifestación externa de un don más profundo. La recompensa que el vidente descubría cuando dirigía su mirada hacia el interior era la de comprender el funcionamiento de la creación y su papel en el desenvolvimiento de un diseño divino.

Los maestros chamanes de los Andes se refieren a ello como la «sabiduría que puede conocerse pero no expresarse». No soy lo suficientemente buen poeta como para expresar la libertad y la alegría que se alcanza como resultado del descubrimiento del vidente interior. La experiencia está al alcance de todos aquellos que estén dispuestos a intentarlo. Es tan antigua como la propia humanidad. Pero requiere amansar a la gran bestia de las emociones negativas, una criatura tan temible como la tableta de chocolate que me tenía obsesionado en los Andes, tan aterradora como una serpiente de múltiples cabezas, parecida a la Hidra con la que luchara Hércules, a la que cada vez que le cortaba una cabeza, le crecían dos nuevas.

Los ejercicios chamánicos de *Power Up Your Brain* son de los más efectivos y potentes que conozco. Cuando se combinan con los nutrientes cerebrales recomendados, los consejos dietéticos, el ayuno, la reducción de calorías y el ejercicio físico, ayudan a sanar los traumas y a descubrir una paz interior y una creatividad antes desconocidas para nosotros. Te permitirán participar en la experiencia más antigua de la conciencia humana.

Te invito a probar el programa y a que compruebes por ti mismo lo que tu cerebro puede llegar a conseguir. Pero primero deberás deshacerte del chocolate de tu mente, tirar al río la continua charla interior que te desvitaliza y produce tus emociones negativas, alejar de tus pies las letárgicas serpientes de la discontinuidad. Aprovecha el programa *Power Up Your Brain*, y después de haberlo probado, ¡haznos saber qué tal te ha funcionado!

David Perlmutter: la más potente de todas las medicinas

Nos hallamos en el umbral del próximo salto cuántico en la evolución humana. Por primera vez en la historia de todos los seres vivos de este planeta, hay una especie que adoptará un papel activo y consciente en la dirección de su destino genético. Hasta ahora, la evolución ha sido progresiva y conforme a la doctrina darwinista. En cierto sentido, incluso la evolución autodirigida, como ya hemos descrito, es darwinista, pues la elección de seguir sus propios constructos representa un proceso de «selección natural».

EPÍLOGO

El objetivo final en la amplificación de la neurogénesis y en la mejora de la neuroplasticidad, utilizando las modificaciones dietéticas y de los estilos de vida recomendadas en este texto, es crear un terreno fértil que facilite la efectividad de los programas de meditación que aparecen en él descritos. Durante los dos últimos años, según este proyecto se ha ido desarrollando, mi tarea se ha concentrado en lo primero, mientras que la de Alberto, con sus ricas experiencias de trabajo vividas junto a los chamanes de los Andes, ha encajado perfectamente en lo último.

No obstante, según fuimos progresando, Alberto y yo nos dimos cuenta de que gravitábamos hacia un terreno común más compartido, pues yo empecé a recomendar las técnicas de meditación en la práctica de la neurología, y él a aceptar la tecnología y los enfoques nutricionales que se habían convertido en la parte central de mi práctica médica.

Con la idea de combinar totalmente nuestros dos enfoques, aparentemente tan dispares, ofrecimos un programa de terapia intensivo de una semana en Naples, Florida, en el que se formaba a los pacientes con enfocadas y profundas prácticas chamánicas, a la vez que se les aplicaba tratamientos agresivos y de tecnología punta, para aumentar la función y receptividad cerebral. Esto último incluía la oxigenoterapia hiperbárica y la administración intravenosa de glutatión.

El resultado nos cambió la vida, no solo a los participantes, sino también a Alberto y a mí. Personas que llevaban toda la vida luchando con los mismos problemas pudieron obtener finalmente el entendimiento necesario para comprender y redirigir muchas de sus arraigadas e inadecuadas respuestas.

El programa demostró claramente que su resultado total era mucho más importante que la suma de las partes. Y estos logros han servido para apoyar el desarrollo de nuestros programas en nuestros respectivos centros: el Centro de Medicina de la Energía, en Chile, y el Perlmutter Health Center, en Naples, Florida. Mejorar la protección antioxidante, la desintoxicación, el aumento de las mitocondrias y la reducción de la inflamación mediante la implantación de las técnicas descritas en el programa *Power Up Your Brain* proporciona saludables beneficios que van mucho más allá de la mera mejoría de la función cerebral y del enriquecimiento de la experiencia meditativa. La inflamación, la actividad excesiva de los radicales libres y la toxicidad representan una bioquímica patológica que subyace a una amplia variedad de problemas de salud, como la cardiopatía coronaria, el cáncer, la artritis, la diabetes, el asma, la enteropatía inflamatoria y el autismo. Y más allá de los beneficios sobre esas enfermedades, la atención que se dedica a estos factores proporciona otros que van desde la simple sensación de bienestar hasta la mejora del rendimiento deportivo y de la resistencia a las enfermedades.

Aunque he dedicado los últimos veinticinco años a practicar la medicina y a explorar las fronteras de la bioquímica nutricional aportando enfoques innovadores al cuidado cotidiano de pacientes con trastornos complejos, el papel eficaz, potente y fundamental de la espiritualidad como parte de un tratamiento me había resultado ajeno... hasta ahora.

Ahora tengo claro que las antiguas creencias, combinadas con las beneficiosas y modernas prácticas físicas y mentales, pueden conformar la medicina más potente de todas, la manera de potenciar tu cerebro para perseguir y alcanzar la búsqueda primordial de la humanidad: la iluminación.

NOTAS

INTRODUCCIÓN
1. Buettner, Dan, *The Blue Zones: Lessons for Living Longer from the People Who've Lived the Longest*, Washington, DC: National Geographic, 2008.

CAPÍTULO 1. LA NEUROCIENCIA DE LA ILUMINACIÓN
1. Griaule, Marcel (1898-1956), *The Pale Fox* (1965), traducido del francés por Stephen C. Infantino, Chino Valley, AZ: Continuum Foundation, 1986.
2. Hameroff, Stuart R., *Ultimate Computing: Biomolecular Consciousness and Nanotechnology*, Nueva York: Elsevier, 1987; R. Hameroff, Stuart y W. Kaszniak, Alfred, y Scott, Alwyn, *Toward a Science of Consciousness*, Cambridge: MIT Press, 1996.
3. Tuszynski, Jack A., *The Emerging Physics of Consciousness*, Nueva York: Springer, 2006.
4. Su Santidad el Dalai Lama, *Becoming Enlightened*, Nueva York: Atria Books, 2009, p. 88.
5. Ibid, p. 217.

Capítulo 2. La mente poderosa
1. Craighead, W. Edward y Nemeroff, Charles B., *The Corsini Encyclopedia of Psychology and Behavioral Science*, vol. 3, Nueva York: John Wiley & Sons, 2001, p. 1212.
2. Treffert, Darold A., *Extraordinary People*, Backinprint.com, 2006.

Capítulo 3. La evolución del cerebro y la mente
1. Deuteronomio 2:20, *Biblia del rey Jacobo*.

Capítulo 4. Las mitocondrias y la fuerza vital femenina
1. Haciendo una distinción científica, las células también tienen la capacidad de utilizar otras conexiones químicas para producir ATP cuando no hay oxígeno presente. Sin embargo, este proceso, llamado metabolismo anaeróbico, solo demuestra un decimoctavo de eficiencia respecto al metabolismo oxidativo.
2. En un sentido científico estricto, el término «radicales libres» no solo hace referencia a especies reactivas del oxígeno, o ERO, sino también a una familia de radicales denominados especies reactivas del nitrógeno (ERN), pero con el objetivo de simplificar utilizamos el término «radicales libres» para hacer referencia a las especies reactivas del oxígeno, algo que se ha convertido en norma en las publicaciones no científicas.
3. Lane, Nick, *Power, Sex, Suicide: Mitochondria and the Meaning of Life*, Nueva York: Oxford University Press, 2005, p. 189.
4. Kerr, J.F.R., Wyllie, A.H. y Currie, A.R., «Apoptosis: A Basic Biological Phenomenon with Wide-Ranging Implications in Tissue Kinetics», *British Journal of Cancer* 26, n° 4, agosto de 1972, pp. 239-257.
5. Harman, D., «Aging: A Theory Based on Free Radical and Radiation Chemistry», *Journal of Gerontology* 11, n° 3, 1956, pp. 298-300.
6. Véase Margulis, Lynn, *Symbiosis in Cell Evolution*, 2ª ed., Nueva York: W. H. Freeman, 1992.

Capítulo 5. Redes neuronales y hábitos mentales
1. Kessler, R. C., *et al.*, «Posttraumatic Stress Disorder in the National Comorbidity Study», *Archives of General Psychiatry* 52, n° 12, diciembre de 1995, pp. 1048-1060.
2. *Ibid.*
3. Peres, Julio F., *et al.*, «Cerebral Blood Flow Changes during Retrieval of Traumatic Memories before and after Psychotherapy:

NOTAS

A SPECT Study», *Psychological Medicine* n° 37, octubre de 2007, pp. 1481-1491.
4. Hillman, James, Prefacio de *The Logos of the Soul*, de Christou, Evangelos, Nueva York: Spring Publications, 2007, p. 8

CAPÍTULO 6. CÓMO EL ESTRÉS DAÑA AL CEREBRO

1. Stephenson, Joan, «Exposure to Home Pesticides Linked to Parkinson Disease», *Journal of the American Medical Association* 283, n° 23, 21 de junio de 2000, pp. 3055-3056.
2. «First BPA Detection in U.S. Infant Cord Blood», comunicado de prensa del Environmental Working, 2 de diciembre de 2009.
3. Dias-Ferreira, E., *et al.*, «Chronic Stress Causes Frontostriatal Reorganization and Affects Decision-Making», *Science* 325, n° 5.940, 31 de julio de 2009, pp. 621-625.
4. Sapolsky, Robert M., citado en Angier, Natalie «Brain is a Co-Conspirator in a Vicious Stress Loop», *New York Times*, 17 de agosto de 2009, www.nytimes.com/2009/08/18/science/18angier.html.
5. Sapolsky, Robert M., *Stress, the Aging Brain, and the Mechanisms of Neuron Death*, Cambridge: MIT Press, 1992, p. 327.

CAPÍTULO 7. EL DON DE LA NEUROPLASTICIDAD

1. Véase Begley, *Train Your Mind, Change Your Brain*, p. 158.
2. Ibid, p. 159.
3. Dispenza, Joe, *Evolve Your Brain: The Science of Changing Your Mind*, Deerfield Beach, FL: HCI Books, 2007, pp. 193-194.
4. Begley, Sharon, «How Thinking Can Change the Brain», *The Wall Street Journal*, 19 de enero de 2007, http://online.wsj.com/article/SB116915058061980596.html.
5. Pascual-Leone, Álvaro, *et al.*, «The Plastic Human Brain Cortex», *Annual Review of Neuroscience*, 28 de julio de 2005, pp. 377-401.
6. Dispenza, *Evolve Your Brain*, p. 193.
7. Veáse Begley, *Train Your Mind, Change Your Brain*, p. 152.
8. Schwartz, Jeffrey M. y Begley, Sharon, *The Mind and the Brain: Neuroplasticity and the Power of Mental Force*, Nueva York: Harper Collins, 2003, pp. 17-18.
9. Newberg, Andrew y Waldman, Mark Robert, *How God Changes Your Brain: Breakthrough Findings from a Leading Neuroscientist*, Nueva York: Ballantine Books, 2009, pp. 19-20.
10. Ibid, p. 124.

Capítulo 8. Neurogénesis: el crecimiento de nuevas células cerebrales

1. Begley, *Train Your Mind, Change Your Brain*, p. 65.
2. Su Santidad el Dalai Lama, «Prefacio», *Ibid*, pp. vii-viii.
3. Lautenschlager, Nicola, *et al.*, «Effect of Physical Activity on Cognitive Function in Older Adults at Risk for Alzheimer's Disease», *Journal of the American Medical Association* 300, n° 9, 3 de septiembre de 2008, pp. 1027-1037.
4. Weuve, Jennifer, *et al.*, «Physical Activity, Including Walking, and Cognitive Function in Older Women», *Journal of the American Medical Association* 292, n° 12, 22 de septiembre de 2004, pp. 1454-1461.
5. Witte, A.V., *et al.*, «Caloric Restriction Improves Memory in Elderly Humans», *Proceedings of the National Academy of Science* 106, n° 4, 27 de enero de 2009, pp. 1255-1260.
6. Mattson, Mark P., *et al.*, «Prophylactic Activation of Neuroprotective Stress Response Pathways by Dietary and Behavioral Manipulations», *NeuroRx* 1, n° 1, enero de 2004, p. 112.
7. *Ibid*, p. 113.
8. Kaufman, Yakir, *et al.*, «Cognitive Decline in Alzheimer Disease: Impact of Spirituality, Religiosity, and QOL», *Neurology* n° 68, mayo de 2007, pp. 1509-1514.
9. Yurko-Mauro, Karin, *et al.*, «Results of the MIDAS Trial: Effects of Docosahexaenoic Acid on Physiological and Safety Parameters in Age-Related Cognitive Decline», *Alzheimer's & Dementia* 5, n° 4, julio de 2009, p. 84.

Capítulo 9. Tres estados físicos indeseables

1. Markesbery, William R. y Lovell, Mark A., «Damage to Lipids, Proteins, DNA, and RNA in Mild Cognitive Impairment», *Archives of Neurology* 64, n° 7, julio de 2007, pp. 954-956.
2. *Ibid*, p. 955.
3. Gao, Ling, *et al.*, «Novel n-3 Fatty Acid Oxidation Products Activate Nrf2 by Destabilizing the Association between Keap1 and Cullin3», *Journal of Biological Chemistry* 282, 26 de enero de 2007, p. 2536.
4. Vargas, M. R., *et al.*, «Increased Glutathione Biosynthesis by Nrf2 Activation in Astrocytes Prevents p75NTR-dependent Motor Neuron Apoptosis», *Journal of Neurochemistry* 97, n° 3, mayo de 2006, pp. 687-696.

NOTAS

5. Stewart, Walter F., et al., «Risk of Alzheimer's Disease and Duration of NSAID Use», Neurology 48, marzo de 1997, pp. 626-632; Chen, Honglei, et al., «Nonsteroidal Anti-inflammatory Drugs and the Risk of Parkinson's Disease», Archives of Neurology 60, n° 8, agosto de 2003, pp. 1059-1064.
6. Cagnin, A., et al., «In-Vivo Measurement of Activated Microglia in Dementia», Lancet 358, 11 de agosto de 2001, pp. 461- 467.
7. Venkatesan, Narayanan, et al., «Curcumin Prevents Adriamycin Nephrotoxicity in Rats», British Journal of Phramacology 129, n° 2, enero de 2000: pp. 231-234.
8. Perry, T. L., et al., «Parkinson's Disease: A Disorder Due to Nigral Glutathione Deficiency?», Neuroscience Letters 33, n° 3, diciembre de 1982, pp. 305-310.
9. Perlmutter, D. y Townsend, D., «Parkinson's Disease: New Perspectives», Townsend Letter for Doctors and Patients, enero de 1997, pp. 48-50.

Capítulo 10. Terapias de vanguardia para aumentar la producción de energía

1. Mensaje personal del doctor Richard Neubauer, 20 de diciembre de 2006.
2. El glutatión puede adquirirse en Wellness Pharmacy, 3401 Independence Drive, Suite 231, Birmingham, AL 35209; (800) 227-2627 (Estados Unidos).
3. Sechi, G., et al., «Reduced Intravenous Glutathione in the Treatment of Early Parkinson's Disease», Progress in Neuro-Psychopharmacology and Biological Psychiatry 20, n° 7, octubre de 1996, pp. 1159-1170.
4. Shaw, Christopher A., Glutathione in the Nervous System, Boca Raton, FL: CRC Press, 1998, p. 4.
5. Ye, L., et al., «Quantitative Determination of Dithiocarbamates in Human Plasma, Serum, Erythrocytes and Urine: Pharmacokinetics of Broccoli Sprout Isothiocyanates in Humans», International Journal of Clinical Chemistry 316, n° 1-2, febrero de 2002, pp. 43-53.

Capítulo 11. El don del chamán

1. Clawson, Calvin C., Mathematical Sorcery: Revealing the Secrets of Numbers, Nueva York: Basic Books, 2001, p. 10.

Capítulo 12. Prepara tu cerebro para la iluminación

1. Calvin, William H., *A Brain for All Seasons: Human Evolution and Abrupt Climate Change*, Chicago: University of Chicago Press, 2002, p. 307.
2. Cahill, G. F. Jr. y Veech, R. L., «Ketoacids? Good Medicine?», *Transactions of the American Clinical and Climatological Association* 114, 2003, p. 149.
3. Reger, M. A., *et al.*, «Effects of Beta-hydroxybutyrate on Cognition in Memory-impaired Adults», *Neurobiology of Aging* 25, n° 3, marzo de 2004, pp. 311-314.
4. Véase www.treeoflife.nu/media-library/articles-videos-more/why-fast/.
5. Yogananda, Paramahansa, *Man's Eternal Quest: Collected Talks and Essays*, vol. 1, Los Ángeles: Self-Realization Fellowship, 1982, p. 107.
6. Ryan, Thomas, CSP., *The Sacred Art of Fasting: Preparing to Practice*. Woodstock, VT: SkyLight Paths Publishing, 2005, p. 163.
7. Lautenschlager, N. T., *et al.*, «Effect of Physical Activity on Cognitive Function in Older Adults at Risk for Alzheimer Disease», *Journal of the American Medical Association* 300, n° 9, 3 de septiembre de 2008, pp. 1027-1037.
8. Weuve, J., *et al.*, «Physical Activity, Including Walking, and Cognitive Function in Older Women», *Journal of the American Medical Association* 292, n° 12, septiembre de 2004, pp. 1454-1461.
9. Abbott, R. D., *et al.*, «Walking and Dementia in Physically Capable Elderly Men», *Journal of the American Medical Association* 292, n° 12, septiembre de 2004, pp. 1447-1453.

Capítulo 13. Ejercicios chamánicos

1. Epel, E., *et al.*, «Can Meditation Slow Rate of Cellular Aging? Cognitive Stress, Mindfulness, and Telomeres», *Annals of the New York Academy of Sciences* 1172, agosto de 2009, pp. 34-53.
2. Interpretación poética de los Yoga Sutras de Patañjali, 1.32, de Alberto Villoldo, en *Yoga, Power, and Spirit: Patañjali the Shaman*, Nueva York: Hay House, 2007, p. 27.

Capítulo 14. El programa Power Up Your Brain (Conecta tu cerebro)

1. Celiac Disease Awareness Campaign of the National Institutes of Health, «Provider Points: Testing for Celiac Disease», http://

NOTAS

digestive.niddk.nih.gov/ddiseases/pubs/celiactesting/Celiac_Testing_CDAC_PP.pdf.
2. Tu médico puede realizar este análisis poniéndose en contacto con Genova Diagnostics (800) 522-4762 o en www.genovadiagnostics.com, (Estados Unidos).
3. «Moderate Drinking Can Reduce Risks Of Alzheimer's Dementia And Cognitive Decline, Analysis Suggests», *Science Daily*, 31 de diciembre de 2008, www.sciencedaily.com/releases/2008/12/081229200750.htm.

Capítulo 15. En busca de tu alma
1. Villoldo, Alberto y Jendresen, Erik, *Dance of the Four Winds: Secrets of the Inca Medicine Wheel*, Rochester, VT: Destiny Books, 1994, p. 10.

AGRADECIMIENTOS

Estamos muy agradecidos a Robert Weir y a Nancy Peske, que han probado exitosamente su capacidad de combinar dos voces aparentemente dispares en un todo coherente. También hacemos partícipes de nuestra más sincera gratitud al equipo de Hay House, incluyendo a Patty Gift, cuya visión y perspicacia han apoyado este proyecto desde su comienzo, y a Laura Koch, por sus impecables comentarios y por su destreza editorial, así como a Reid Tracy, Richelle Zizian, Johanne Mahaffrey, Sally Mason y Christy Salinas.

SOBRE LOS AUTORES

 DAVID PERLMUTTER es neurólogo titulado y miembro del American College of Nutrition. Desempeña el cargo de director médico del Perlmutter Health Center y del Perlmutter Hyperbaric Center, en Naples, Florida, y es también profesor adjunto del Institute for Functional Medicine. El doctor Perlmutter es reconocido internacionalmente como líder en el campo de la influencia nutricional en los trastornos neurológicos. En 2002, fue galardonado con el premio Linus Pauling por sus enfoques innovadores de los trastornos neurológicos, y en el mismo año, recibió el premio Denham Harman por su labor de acercamiento al papel de la bioquímica de los radicales libres en los trastornos neurológicos. En 2006 recibió el premio al Médico

del Año por parte de la National Nutritional Foods Association, y en 2010, el premio al Personaje Altruista del Año, concedido por el American College of Nutrition. Ha contribuido ampliamente al mundo de la divulgación médica con publicaciones en numerosas revistas. También es autor de cuatro libros: *BrainRecovery.com, The Better Brain Book, LifeGuide: Your Guide to a Longer and Healthier Life* y *Raise a Smarter Child by Kindergarten.*

El doctor Perlmutter ha sido entrevistado en numerosos programas de radio y televisión en Estados Unidos, como *20/20, The Faith Daniels Program, Larry King Live, CNN, Fox News, Fox & Friends, The Today show, The Oprah Winfrey Show* y el programa de la CBS *The Early Show.*

www.Dr.Perlmutter.com

Alberto Villoldo se formó como psicólogo y antropólogo médico, y ha estudiado las prácticas curativas de los chamanes amazónicos y andinos durante más de veinticinco años. Mientras ejercía de profesor adjunto en la Universidad Estatal de San Francisco, fundó el Biological Self-Regulation Laboratory, para estudiar cómo la mente crea psicosomáticamente tanto la salud como la enfermedad. Convencido de que la mente podía crear salud, abandonó su laboratorio y viajó a la Amazonia para trabajar con curanderos de la selva tropical y aprender sus métodos curativos y su mitología.

El doctor Villoldo dirige The Four Winds Society, donde forma a personas de Estados Unidos y Europa en la práctica de la medicina energética chamánica. Es fundador de la Healing the Light Body School, que cuenta con centros en Nueva York,

SOBRE LOS AUTORES

California, Park City, Australia, Reino Unido, Suecia, Holanda y Alemania. Actualmente dirige la Four Winds Society en Estados Unidos y el Centro de Medicina Energética en Chile, donde investiga y practica la neurociencia de la iluminación. También es autor de *Chamán, Sanador, Sabio*; *La iluminación, Soñar con valentía; La cuatro revelaciones* (publicados por esta editorial) y *Mending the Past and Healing the Future with Soul Retrieval*, entre otros títulos.

www.thefourwinds.com
www.PowerUpYourBrain.com

ÍNDICE

PRÓLOGO	9
PREFACIO	13
INTRODUCCIÓN	25
1. LA NEUROCIENCIA DE LA ILUMINACIÓN	31
2. LA MENTE PODEROSA	43
3. LA EVOLUCIÓN DEL CEREBRO Y DE LA MENTE	59
4. LAS MITOCONDRIAS Y LA FUERZA VITAL FEMENINA	71
5. REDES NEURONALES Y HÁBITOS MENTALES	87
6. CÓMO EL ESTRÉS DAÑA AL CEREBRO	101
7. EL DON DE LA NEUROPLASTICIDAD	117
8. NEUROGÉNESIS: EL CRECIMIENTO DE NUEVAS CÉLULAS CEREBRALES	135
9. TRES ESTADOS FÍSICOS INDESEABLES	155
10. TERAPIAS DE VANGUARDIA PARA AUMENTAR LA PRODUCCIÓN DE ENERGÍA	169
11. EL DON DEL CHAMÁN	193
12. PREPARA TU CEREBRO PARA LA ILUMINACIÓN	205
13. EJERCICIOS CHAMÁNICOS	219
14. EL PROGRAMA POWER UP YOUR BRAIN (CONECTA TU CEREBRO)	247
15. EN BUSCA DE TU ALMA	269
EPÍLOGO	277
NOTAS	283
AGRADECIMIENTOS	291
SOBRE LOS AUTORES	293

NOTAS

NOTAS

NOTAS

NOTAS

NOTAS

NOTAS

NOTAS

NOTAS

NOTAS

NOTAS

NOTAS

NOTAS